日本の明るい未来を切り拓く人材を養成

地域創生への招待

序　文

学校法人大正大学専務理事　柏　木　正　博

　周知の通り地域においては少子化と人口流出によって人口減少が加速し、生産人口が激減し、地域そのものの存続が危ぶまれている。そのような状況下、社会的要請を受けて、平成26年10月に地域構想研究所を設立、続いて平成28年4月に地域創生学部を設置した。

　本学の地域教育・研究にあたっては、「地域」の概念を基礎自治体に置いている。その理由は、地域が集って国家を形成している、すなわち、地域が国家を支えている。地域を形成する自治体には政治、経済、産業、生活、文化、歴史、固有の自然環境があり、ひとつの社会として完成しているとの認識からである。また、地域とはさまざまな側面をもつトータルな存在である一方で、地域間ネットワークが拡大し、地域間の距離が埋められ、地域の連携・協働が求められることもあり、地域の概念も変化しつつある。

　本学の「地域創生学部」の教育活動、特に長期にわたる実習は、基礎自治体を単位にさまざまな情報収集活動（フィールドワーク）を実施、課題解決や新たな価値創造を模索し、提案する活動を毎学年繰り返しおこなっている。その学部が、開設以来4年を経過、令和2年3月には第1回の卒業生を送り出すこととなった。

　東京に設置された本学が、地域（地方）創生に関する教育・研究を行うことについては、学内の合意形成や大学設置申請等において、常に疑問を呈される点があった。曰く、なぜ東京の大学が地域（地方）創生なのか、地域のことは地域の大学が担うべきミッションではないか。その疑問に対する明快な回答を必ず求められた。

　本学部最大の特徴である「地域回帰」という教育のコンセプトは、こうして生まれた。

　すなわち、地域の高校生が、巨大マーケットが集結する東京に全国から集う同世代の若者達が互いに交流し、大いに学び、語らい、高い志を醸成する。彼らは卒業後には「地域戦略人材」として地域に回帰する（Uターンという意味

ではない）。多くの卒業生が広範な地域に散らばることによって、地域同士を結ぶネットワークが構築される。やがて、そうした人々によって共通する地域課題に対峙し、解決に向けて取り組むこととなり、地域に新しい価値（ビジネスなど）を生み出すためのネットワークとなるのである。

　本学部の基幹の学問領域は、経済学、経営学である。学生は基礎理論に加え、産業、観光、自然、教育、福祉などの分野科目（理論知）の学びと、年間2ヶ月にわたる地域実習（フィールドワーク）を3年間繰り返す。この「理論知」と「実践知」を統合し、各自の創生テーマを卒業研究としてまとめることとなる。

　本書は、そうした4年間が一巡したところで、その成果を教科書としてまとめ上げたものである。

　ここに至るまで、担当教員はさまざまな試行錯誤によって、経済学理論に加え、学際的学びを実践知としていく今までになかった教育体系づくりに邁進されてきた。これからも新しい発想による教育プログラムが提案されるごとに本書の改訂を繰り返し、より充実したテキストに成長することを期待したい。

　最後に、執筆いただいた16名の先生方に感謝するとともに、地域での多くの人々の支援に対して深く御礼申し上げるものである。

目 次

第 I 部

経済の視点から地域創生を考える

地域創生と地域経済循環

1. 地域創生とは

　日本経済は、第二次世界大戦後、1950年代半ばから1964年の東京オリンピックを経て、1970年代の前半期にかけ、高度経済成長を経験し、人口が首都圏に集中した。経済成長に伴う労働力需要の増加によって、農村部から若い労働力が首都圏に集団就職した。

　経済と人口の都市圏への一極集中は、都市の過密と地方の過疎という国土の不均衡な発展をもたらし、それを是正するために、全国総合開発計画（1962年）の下で、鉄鋼や石油化学などの重化学工業を地方に分散するという新産業都市法が施行された。さらに、新全国総合開発計画（1969年）では、苫東・むつ小川原の開発計画、1980年代以降は、内陸部での工業団地を促進するテクノポリス法も施行された。こうした工場の地方分散政策は、高速道路や新幹線などのインフラ整備とともに進められ、1980年代末のバブル期には観光リゾート整備等も取り組まれた。

　しかし、大規模な財政支援を受けて行われた外発的な開発計画は、地方において新たな産業や雇用を生み出すものの、他方で、環境汚染や自然破壊を生み出し、また、マクロ経済の影響を地域がストレートに受ける構造を生み出した。特に、産業構造の重化学工業から知識集約型産業への転換や、経済のグローバル化による企業の海外進出に伴う地域産業の空洞化等は、地域経済に対して大きな影響を及ぼした。

　こうした状況を踏まえて、1980年代以降、地域の内発的な力によって活性化を進める動きがみられるようになり、特に1980年代に大分県で始まった一村一品運動は新しい動きとして注目を浴びた。提唱者は、通産官僚から大分県知事に転身した平松守彦氏であった。この運動は、地域住民の自発的な取り組みによって、一地域で1つ以上の特産品を作るというものであり、国に依存しない地域の主体的な創意で地域を活性化するというものであった。

　一村一品運動のシンボルは由布院温泉の活動であった。数多くの調査で九州の温泉の第 1 位に選ばれている由布院温泉では、老舗の温泉旅館の経営者等が、1971年、欧州に50日間に及ぶ町づくり視察研修旅行を行った際、当時の西ドイツの保養温泉地構想に出会い、帰国後、温泉観光協会が中心となってまちづくりを始めた。まちづくりは、建築物の高さ、色彩、敷地内の植栽等々の景観保全を行うとともに、高級ホテルの料理長は、地元の産物を積極的に利用し、パン作り等の職員にのれん分けして、由布院町に店舗を広げる役割を果たした。こうした観光業が地域のまちづくりや、地域産業を支援する活動を受けて、1981年には、平松知事から「一村一品運動奨励賞」が贈られ、同年、由布院町は環境庁の国民保健温泉地の指定を受けることになった。

　一方、内発的な地域開発を目指す自治体地域が、最も期待しているのは自由度の高い交付金である。この自治体の期待に応えたのが、1988年から89年にかけて行われた「ふるさと創生事業」であり、地方交付税の交付団体全ての自治体に対して、1億円という一律の交付金が配られ、市町村独自の事業が展開された。但し、この事業は、金額の規模が小さく、一回限りという持続的なものではなく、事業の成果が評価されず、その効果は全国各地で共有されることはなかった。

　そして、2015年、内閣府に、「まち・ひと・しごと創生本部」が作られ、5か年計画に基づいて、地方創生特別交付金が交付されることになった。これは、地方創生本部が、全国の自治体に、人口ビジョンと地方版総合戦略を作成するよう要請し、この自治体の計画に基づいて、全国の自治体に、地域創生の交付金を支出するものである。「地方人口ビジョン」と「地方版総合戦略」は、すべての都道府県と1738市区町村で策定され、2014年に地方創生先行型交付金（補正予算）1700億円が交付された。さらに、2015年に地方創生加速化交付金（補正予算）1000億円、2016年に地方創生推進交付金1000億円（事業費ベース2000億円）、補正予算で地方創生拠点整備化交付金900億円、2017年に地方創生推進交付金900億円（事業費ベース1800億円）、補正予算で地方創生拠点整備交付金600億円（事業費ベースで1200億円）が交付され、全国各地の地域創生の試みが、内閣府のホームページから閲覧できる。

　2015年の交付金設定の契機になったのが、前年の2014年8月に刊行された

増田寛也編著『地方消滅―東京一極集中が招く人口急減』であった。同書は「2010～2040年に20～39歳の女性の人口が5割以下に減少すると推計される自治体」と「消滅可能性」自治体の概念を打ち出した。少子化や人口流出に歯止めがかからず、2040年には、存続できなくなる恐れのある自治体は、全国の市町村の約半数に該当するとする指摘は大きな衝撃を与えた。

　これまで、日本の少子・高齢化は、国際的にも突出して進んできた。1989年、合計特殊出生率（1人の女性が生涯に産むと推計される子供の数）は、戦後最低の1.57に落ちこんで、「1.57ショック」といわれた。人口維持の分岐点の出生率は2.07であるが、2005年にはさらに1.26にまで落ち込み、その後、やや上昇したが、2017年の出生率は1.43で、1.57を上回る年はなかった。少子化の影響を最も多く受けるのが、高齢化が急激に進み、社会的な人口流出が続く地方の地域であり、人口減少を防ぐための子育て環境の改善等とともに、地域回帰による過疎地域への定住・移住政策が大きな課題になった。

　消滅可能地域、限界集落とも呼ばれる地域では、主に農林水産業を営む従事者の高齢化とともに、人口減による後継者難に陥り、また、地域社会の祭りなどのイベントを実施することが困難になり、買い物・医療などのインフラの縮小により、生活が困難になったことが、地域回帰を求める大きな要因となった。

　一方、近年、地域に関心を寄せる動きも生じている。こうした関心の社会経済的な背景としては、農業等の第一次産業が、その生産だけでなく、農村というコミュニティの維持、自然環境の保全、自然資源の活用などの社会的価値が再認識されるなったことが挙げられるであろう。農産物に対する補助金を価格支持政策から、農業の多面的機能に対する直接的支払い政策（2015年から実施）への転換、再生可能エネルギー、インバウンド観光、体験型観光、グローバリズムに対する反動、在宅勤務（リモートワーク）の増加等の要因が、地域回帰の社会経済的背景を形成してきたといえよう。

　地方創生交付金の制度が始まってから5年、東京都市圏への一極集中はますます増進し、人口減少も進んでいる。地域回帰への取り組みは、現代社会の大きな課題である。以下では、地域創生を促すために、地域経済の循環を高め、地域の雇用や生産を増やすという視点から、地域経済の在り方について論述していく。

2．地域経済循環の視点

　市町村という自治体地域では、各種の産業が経済活動を行っている。地域の産業は、農林水産業などの第 1 次産業、製造業などの第 2 次産業、そして、商業、金融、運輸などの第 3 次産業から構成される。各産業間では、生産物が取引されることによって、産業間の連関が成立している。これを、サプライチェーンという場合もある。

　さて、ある地域の産業間連関を、パン販売店という商業から考えてみよう。図表 1 のモデルケースでは、 1 年間にパンが1000万円、販売されているとしよう。第 3 次産業の売り上げは1000万円である。1000万円を売り上げるためには、製パン業者からのパンを仕入れ、従業員に給与を支払はなくてはならない。パン屋さんは、製パン業者から600万円でパンを仕入れ、400万円を従業員（店舗を運営する店主も含む）に支払うものとしよう。仕入れ額を、経済学では、中間投入と呼び、給与支払額などを付加価値と呼ぶ。商業的には、付加価値は一般にマージン、粗利（あらり）などと呼ばれ、付加価値は給与支払いだけでなく、店舗の借地料などを含む場合もある。

　パン屋さんが仕入れたパンは、製パン業で作られる。製パン業は、小麦や、砂糖、バターなどの中間投入を仕入れて、従業員を雇用して、パンを生産する。製パン業の売り上げは600万円で、そのうち、400万円が付加価値、200万円が中間投入に対する支払金であるとしよう。付加価値が大きいのは、このパン製造業が従業員への支払いだけでなく、機械の減価償却費の積み立て、企業利潤が付け加えられるからである。パン製造は、食品産業という第 2 次産業に分類される。

　製パン業が中間生産物として仕入れた小麦などは、農林水産業から購入する。農林水産業は自然資源を活用して生産を行うという特徴を持っており、農林水産業という同じ部門からの原料以外は他部門からの中間投入を仕入れることはあまりない。したがって、農林水産業という第 1 次産業の売り上げである200万円は、同じ農林水産業の付加価値ということになり、農業従事者の所得となると仮定することができる。

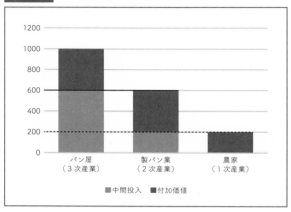

図表1　パンの付加価値と中間投入

中間投入　付加価値

　以上のことから、ある地域の住民が、1000万円を支出して、パン購入という消費を行うと、第3次産業で400万円、第2次産業で400万円、第1次産業で200万円という付加価値が生み出されることになる。この付加価値は、賃金・給与、利潤、地代・賃貸料などの所得を地域住民にもたらす。付加価値の合計額である1000万円は、パン屋さんの売上高に等しく、パン屋さんの売上高は最終生産物と呼ばれる。つまり、最終生産物は所得に等しいのであるが、最終という言葉の意味は、中間生産物が購入されたのち、付加価値をつけて再販売することがないからである。

　ところで、一般的に、中間投入は必ずしも、同じ地域内で調達できるとは限らない。仮に、製パン業者の中間生産物を、同一の地域内から全てを調達するのではなく、その半分を他の地域から調達した場合（これを地域経済では移入という）、地域内の第1次産業の付加価値は、200万円ではなく100万円となる。移入額（中間生産物）は、100万円である。この場合、地域内所得は900万円となり、100万円の所得が地域外に流出する。

　また、家計が1000万円のパンの購入を、地域内のパン屋さんではなく、隣接する他の地域のパン屋さんで行ったとすれば、地域内所得は500万円に減少する。この場合の移入額（最終生産物）は、500万円であり、かくして、地域経済は、経済循環を高めることによって、所得を増やすことが可能になるので

あって、仮に、全ての中間投入を地域内で完結することができるならば、いわゆる産業の 6 次化（地域内で完全自給）が成立することになる。

　一般に、農林漁業の 6 次産業化とは、1 次産業としての農林漁業と、2 次産業としての製造業（特に、食品加工業）、3 次産業としての小売業などの事業との総合的かつ一体的な推進を図り、農山漁村の豊かな地域資源を活用した新たな付加価値を生み出す取り組みを指す。これにより、農山漁村の所得の向上や雇用の確保を目指すことができる。生産が、地域内で完全（つまり自給率が 100％）に循環するならば、6 次産業化が成立する。

　以上の例から明らかなように、地域で支出される所得が他の地域に流出するのを防ぐためには、消費支出を地域内で行い、そして、事業者は地域内で中間投入を仕入れることが求められる。つまり、"地産地消"を推進することによって、消費支出（この例では、1000万円）を増やさなくても、地域内の所得を増やすことができ、また、雇用も増やすことができる。地産地消には、地域の自然資源を利用することも含まれ、具体的には、地域のバイオ燃料や水力発電を用いて、電力消費量を減らしたり、地域の木材を利用して木工製品を作り、建築を行ったりすることで、地域の所得と雇用を増やし、地域の活性化につなげることができるのである。

　地域の経済循環という視点から、地産地消を目指している例は、島根県益田市に本社を構えるスーパーの「キヌヤ」である。同社の22の店舗は、「地のもんひろば」というコーナーを構え、地元の新鮮な野菜や果物、生花、さらに、牛乳、豆腐、地元ワインなどを販売し、その金額は約21億6000万円、売り上げに占める比率は16％となって、地元の所得を増やすのに貢献しているという（朝日新聞、島根県版、2019年2月20日）。

　地域の経済循環を高めることによって、地域の所得を増やし、雇用を増やすことは地域創生において重要なポイントであることは、移入代替（地域外からの購入を減らし、地域内で生産を増やす）を主張したJ.ジェイコブズの地域経済論において展開された。ジェイコブズの著書は1984年に発行され、時代的には古いが、示唆に富む著作である。

　ジェイコブズは、受動的経済、輸入代替（輸入置換）という用語を使って、地域、都市の活性化を論じている。受動的経済とは、自力で経済的変化を創造せず、

遠方の都市で生じた力に対応するだけの経済を意味する。彼女は、フランスの最貧地域の一つである中南部のセベンス山脈の高所にある集落のバルドーを例にして、同地域が、1960年代に、人口がパリに脱出して、ほぼ廃墟に至った経緯を説明し、その後、アメリカ人、ドイツ人の２人のハイカーによる移住を契機に、今日では芸術家や作家達が住む美しい村として、再生した例を挙げている。

　ジェイコブズは、輸入置換の特徴について、以下のように述べている。「およそ有効に輸入を置換する都市は、加工品を置換するだけでなく、同時に、数多くの生産財やサービスを置換する。諸都市は、しかるべく臨機応変にそれを行う。たとえば、まず、それまで輸入していた果物の砂糖づけを地元で加工するところから始める。続いて、それまで輸入していた広口瓶や包装の生産を始めるのであるが、これらを扱う地元生産者の市場は、第一の段階を経て初めて形成されたものである。──中略──　東京で自転車産業が始められたとき、最初は、輸入自転車の部品をはずして修理する仕事であった。続いて、修理作業に必要ないくつかの部品の製造が始まり、次いでより多くの部品の製造が、そして最後には東京製自転車全体の組み立てが始まった。そして、東京が日本国内の都市に自転車を輸出し始めるやいなや、それらの顧客都市のいくつかでは、外国からではなく、東京から輸入した自転車を置換するという同じ過程が生じた」（ジェイン・ジェイコブズ、翻訳64-65頁）。

　ジェイコブズは、経済の発展を担うのは、国民経済ではなく、都市経済、地域経済であると主張する。「都市における重要な輸入置換は、爆発的に発生し、五つの大きな経済的拡大力を生み出す。すなわち、新しい様々な輸入品に対する都市の市場、都市における仕事の急増、農村の生産と生産性の上昇のための技術、都市の仕事の移植、都市で生み出された資本である」（翻訳78頁）。ここには、輸入置換によって、地域社会で、中堅企業と多様な関連産業が集積することによって、革新的な技術が生み出されるという産業クラスターの姿が描かれている。

　地域経済の発展は、移入（輸入）置換から始まるとする主張は、地域の経済から漏出した所得を取り戻すことによって可能になるという主張とも重なる。

　もっとも、地域外からの最終生産物や中間生産物を買い入れるという移入を

減らすこと自体は、必ずしも、地域経済を成功させることにはならないかもしれない。自由貿易の主張を裏付けたリカードの比較生産費の原理によれば、他の地域と比較して、相対的に生産性の低い地域内の産業が、他地域からの移入を代替したとしても、同産業は競争力が弱く、持続可能性は小さい。このような場合には移入代替よりも、競争力の高い移出産業を育成していくことが望まれるのである。

3．地域の産業連関表の基本

　複数の産業間での中間投入と付加価値の関係を表した産業連関表は、最終需要（支出）の変化に対する総生産額の変化を表しており、観光、建設投資、地域特産物の販売などによる地域経済への影響を示すものとして、大変便利なものである。

　以下では、産業連関表の基本的な性格と、その応用例について説明したい。図表2の2つのA、B産業からなる経済の連関表は、縦軸（列）に中間投入額と付加価値額が記入されており、横軸（行）には両産業の生産物がどの産業に販売（需要）されたかを示している。

図表2

（単位：億円）

		中間需要		最終需要	生産額
		A産業	B産業		
中間投入	A産業	30	150	120	*300*
	B産業	60	250	190	*500*
付加価値		210	100		
生産額		*300*	*500*		

まず、縦軸の列の数字を見ていこう。Ａ産業は、中間投入として、同じＡ産業から30の生産物を購入し、Ｂ産業から60の生産物を購入して、従業員を雇って210の付加価値を生産して、合計、300の生産額を生み出している。一方、Ｂ産業は、Ａ産業から150、Ｂ産業から250を購入し、付加価値を100付加し、500の生産を行っている。

　次に、第１行目を見ると、Ａ産業の300の生産物は、同じＡ産業に中間需要として30販売し、Ｂ産業に中間需要として150販売し、120を最終需要（消費、投資、政府支出、輸・移出——輸・移入）として販売している。Ｂ産業の500の生産物は、Ａ産業に60、Ｂ産業に250を中間需要として、190を最終需要として販売している。最終需要は、消費支出は家計が行い、投資は企業・生産者が行い、政府支出は自治体（政府）が行い、輸・移出は海外、他の地域が行っている。一方、輸・移入は、Ａ、Ｂ産業が生産する生産物と同じ財貨のうち、海外から輸入、他地域から移入された金額が記入されている。

　消費、投資、政府支出のそれぞれの違いは、自動車購入というケースを考えてみるとわかりやすい。家計が自動車を購入するのは、自動車を利用する便益を享受するためである。企業（タクシー会社や運送会社）が自動車を購入するのは、生産手段として、付加価値を生み出すためである。そして、政府が自動車を購入するのは、公用車・警察用自動車を利用することによって、国民に公共サービスを提供するためである。

　尚、図表２の取引表では、最終需要（310）と付加価値（310）が等しくなっていることが読み取れるであろう。

　さて、中間投入を生産額で割ったものを投入係数（生産額1単位当たりの投入額）といい、１列目のＡ産業のＡ産業からの投入係数は0.1であり、Ｂ産業からの投入係数は0.2となり、付加価値を生産額で割った付加価値係数は0.7となる。同様に、第2列目のＢ産業のＡ産業からの投入係数は0.3、Ｂ産業からの投入係数は0.5、付加価値係数は0.2となる。こうして、投入係数表を作成することができた（図表3）。

図表3　投入係数表

	A産業	B産業
A産業	$0.1\left[=\dfrac{30}{300}\right]$	$0.3\left[=\dfrac{150}{500}\right]$
B産業	$0.2\left[=\dfrac{60}{300}\right]$	$0.5\left[=\dfrac{250}{500}\right]$
付加価値	$0.7\left[=\dfrac{210}{300}\right]$	$0.2\left[=\dfrac{100}{500}\right]$
計	$1.0\left[=\dfrac{300}{300}\right]$	$1.0\left[=\dfrac{500}{500}\right]$

　この投入係数から、逆投入係数表を導出する。最終需要をF、輸入をM、A産業の生産額をX_1、B産業の生産額をX_2とすると、各行は以下の式で表される。

$$X_1=0.1X_1+0.3X_2+F_1-M_1$$
$$X_2=0.2X_1+0.5X_2+F_2-M_2$$

　この連立方程式を解いて、X_1とX_2を求める。

$$X_1=1.282(F_1-M_1)+0.769(F_2-M_2)$$
$$X_2=0.513(F_1-M_1)+2.308(F_2-M_2)$$

　逆行列係数表（図表4）を縦に読むと、A産業に1単位の需要が発生すると、A産業とB産業にそれぞれ1.282と0.513（列和1.795）、B産業に1単位の需要が発生すると、A産業とB産業にそれぞれ0.769と2.308（列和3.077）の生産が誘発されること意味している。つまり、産業連関表から逆行列係数表を導出しておけば、A産業への需要増加が10億円であれば、A産業に12億8200万円、B産業に5億1300万円、合計、17億9500万円の生産額を誘発することが可能になるのである。同様に、B産業への需要増加が10億円あれば、A産業に7億6900万円、B産業に23億800万円、合計、30億7700万円の生産額を誘発することができるのである。

　逆行列表の第j列（縦軸）の列和は、他の産業の最終需要をゼロとして、産

図表 4　逆行列係数表

	A産業	B産業
A産業	1.282	0.769
B産業	0.513	2.308
列和	1.795	3.077

業 j の最終需要 1 単位が経済全体に与える影響力と考えることができる。そこで、他の産業部門の列和と比較して、影響力の高い産業はどの部門であるかということを調べるために、影響力係数が計算されている。影響力係数は、全産業の列和の平均値で、当該部門の産業の列和を割ることによって得られる。表 3 の例でいえば、A産業の影響力指数は、A、B両産業の列和の平均値は2.436であるから、0.74（小数点第3位で四捨五入）となり、同じく、B産業の影響力指数は1.26（小数点第3位で四捨五入）となる。A産業に比較して、B産業の影響力が大きいので、同じ10億円という需要増加でも、B産業はより大きな影響を及ぼすことができるので、B産業の需要を増やす政策・仕組みづくりが効果的なのである。

　逆行列係数表の第 i 行（横軸）の合計、すなわち行和は、産業の全ての最終需要が 1 単位であるとき、産業 i が生産できる生産額である。この産業 i の感応の大きさを経済全体と比較するために、感応度係数が定義されている。感応度係数は、経済全体の産業の感応度の平均値に対する産業 i の感応度の比率であり、1 以上になると感応度が高いということになる。逆行列係数表では、A産業の行和は2.051、B産業の行和は2.821であるから、その平均値は2.436となり、この平均値を上回っているB産業の感応度は高いことになる。以上から、影響力係数と感応度係数がともに平均値の 1 を上回っているB産業は、他産業への影響力も、他産業からの感応度も高い産業ということになる。B産業は、地域の産業クラスターの核となっているのである。

　尚、本事例では、2 産業という単純な産業構成になっているが、実際に自治体で使われる産業連関表では、30以上の業種が使われており、逆行列係数表を計算するためには、コンピューターを使用しなければならない。

　ところで、なぜ、Ａ産業に１単位の需要が発生すると、１単位以上の生産
増加が生じるのだろうか。１単位の需要が発生すると、地域経済循環率が1.0、
つまり、地域内で中間生産物が全て調達できる経済では、１単位の生産、付加
価値が生み出されることは、前章で、指摘したとおりである。このＡ産業での
１単位の増加は、直接効果と呼ばれる。しかし、需要増加の効果はそれだけで
はない。通常の産業連関表の分析では、直接効果と第一次、あるいは、第２次
の間接効果まで求められるので、図表５を使って、Ａ、Ｂ両産業への波及効果
をたどってみよう。

図表5　　**新規需要の発生に伴う生産の波及**

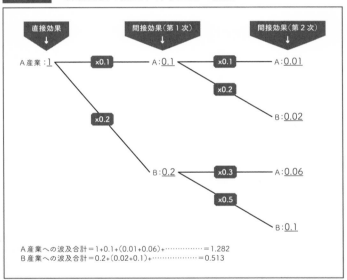

　産業連関表から読み取れるように、Ａ産業で１単位の生産が増えるためには、
Ａ産業で0.1単位の生産と、Ｂ産業で0.2単位の生産が必要となる。Ａ産業の0.1
単位の増加は、Ａ産業の第1次間接効果となる。さらに、Ａ産業で0.1単位の
生産を追加するためには、Ａ産業から0.1×0.1＝0.01単位の追加が必要となる。
一方、Ｂ産業で0.2単位の生産を追加するためには、Ａ産業から0.2×0.3＝0.06
単位の購入（合計、0.07）が必要となる。よって、Ａ産業への波及効果（直

接効果と、第1次、第2次の間接効果、1＋0.1＋0.06）の合計は1.17となるが、第3次から第n（n→∞）次へと波及効果を加えれば、最終的には1.282になる。同様に、B産業への波及効果は、第1次で0.2、第2次で（0.02＋0.1）となり、合計で0.32となり、第3次以降の波及効果を加えると、最終的には0.513となる。

　これまで、地域創生にとって有効な概念である、地域内の生産と雇用を増やす地域経済循環の内容と、産業連関表の基本について説明してきた。こうした分析道具を、具体的にどのように応用するかについては、紙幅の関係で展開することは困難である。

　そこで、最後に、産業連関表と地域経済循環を地域創生に応用した例に、参考文献以外にも、内閣府地方創生推進「地方創生に関する知的基盤の整備（RESAS地域経済循環マップ普及促進及び地域経済循環構造の分析にかかわる調査）」の第3篇──地方自治体における地域経済循環分析用データの作成の検討（平成29年3月）等があることを指摘しておこう。

　これらの資料から、地域経済循環から見た地域経済の特徴、地域経済の強みと弱み、地域経済の移入と移出に関係している産業、基幹となる産業を中心とした地域内産業連関の進め方などの分析が行われている。

　また、産業連関表を用いて、具体的に、地域創生に資する政策の効果を数量的に表す事例も示されており興味深い。政策効果の事例では、移住目的の空き家対策によって、移住者による食料品購入の増加、空き家のリノベーション・リフォームによる住宅投資の増加、住宅賃料の増加による生産誘発額を計測するケースがある。第2の事例として、高齢者の健康促進策による元気高齢者の増加が、外出回数の増加による運輸、通信業、サービス業の消費増をもたらすケースが指摘されている。第3に、少子化対策が、子供増加によるサービス業（教育費）の消費増加をもたらすケース、第4に、観光振興が、お土産、サービス業（旅館、飲食）の増加をもたらすケース、第5に、新産業の育成が、民間投資の増加をもたらすケース、第6に、公共投資が建設業の需要増加をもたらすケース等が取り上げられている。以上、地方自治体で具体的にどのように産業連関表を作成するのかとともに、最終需要の増加が地域経済にどのような影響を及ぼすことができるかについて言及しているこれらの報告書は参考になる。

○ 補論

産業連関表を行列表示で表すことができる。

$$X=\begin{bmatrix}x_1\\x_2\end{bmatrix} \quad A=\begin{bmatrix}a_{11} & a_{12}\\a_{21} & a_{22}\end{bmatrix} \quad F=\begin{bmatrix}F_1\\F_2\end{bmatrix} \quad M=\begin{bmatrix}M_1\\M_2\end{bmatrix} \quad I=\begin{bmatrix}1 & 0\\0 & 1\end{bmatrix}$$

Xは産出高ベクトル、Fは最終需要列ベクトル、Mは輸入（移入）列ベクトル、Aは投入係数行列、Iは単位行列である。

行列の横並びは行、縦の並びは列といい、一般に、行列の第 i 行、第 j 列にある要素を表す場合には、下付きの数字を二つつけて、aij のように記号で書く。

上記の行列表示で産業連関表を表すと以下のようになる。

$$X=AX+F-M$$
$$(I-A)X=F-M$$
$$X=(I-A)^{-1}(F-M)$$

ここで、$(I-A)^{-1}$ はレオンチェフの逆行列と呼ばれ、連立方程式を解いた時の係数行列となる。本文中の連関表では、以下のようになっていたことを想起してください。

$$\begin{bmatrix}X_1\\X_2\end{bmatrix}=\begin{bmatrix}1.282 & 0.769\\0.513 & 2.308\end{bmatrix}\begin{bmatrix}F-M\\F-M\end{bmatrix}$$

最後に、輸・移入係数を $Ḿ$ として、$1-Ḿ$ を自給率とすると、レオンチェフの逆行列は $(I-(I-Ḿ)A)^{-1}$ となる。また、$(F-M)$ の項目を、最終需要(F)を国内需要 Fd（消費、投資、政府支出）に輸・移入係数を掛け合わせることによって、輸・移入額を求めることができるので、輸・移入と輸・移出(E)を組み入れたもの、つまり $((I-Ḿ)Fd+E)$ に転換することが出きる。最終的には以下の式が導出される。

$$X=(I-(I-Ḿ)A)^{-1}((I-Ḿ)Fd+E)$$

（永井進）

参考文献
- 小磯修二・村上祐一・山崎幹根（2008）『地域創生を超えて』（岩波書店）
- 土居英二・浅利一郎・中野親徳（1996）『はじめよう地域産業連関分析』（日本評論社）
- 土居英二・浅利一郎・中野親徳（2019）『はじめよう地域産業連関分析［改訂版］』（日本評論社）
- 中村剛次郎編（2008）『基本ケースで学ぶ地域経済学』（有斐閣）
- 中村良平（2014）『まちづくり構造改革』（日本加除出版）
- 中村良平（2019）『まちづくり構造改革Ⅱ』（日本加除出版）
- 藤田昌久・浜口伸明・亀山嘉大（2018）『復興の空間経済学：人口減少時代の地域再生』（日本経済新聞社）
- 藤山浩（2015）『田園回帰1％戦略』（農文協）
- 山田浩之・徳岡一幸（2018）『地域経済学入門　第3版』（有斐閣）
- Jane Jacobs（1984）*Cities and the Wealth of Nations：Principles of Economic Life*、Random House. ジェイン・ジェイコブズ（2012）『発展する地域　衰退する地域』（中村達也訳、ちくま学芸文庫）

地域活性化問題の
ミクロ経済的視点からの切り口

1．過密と過疎

　高度成長期に地方から都市圏へ若年層を中心に人口移動が進み、地方では過疎化、都市圏では過密化の問題が認識されてきた。経済が成熟化したのちは、東京への集中がとくに目立つようになり、さらに、人口減少期に入ると、地方の高齢化や、小都市の衰退がより目立つようになってきている。地方を活性化させるという問題は、地域の住民の暮らしをよくするという目標も持つが、同時に国全体の人口を適正に配置するという問題とも絡み合ってくる。ここでは、このような観点も含めて、ミクロ経済学と関連がありそうな話題について、いくつか取り上げるが、本稿ではあくまでも理論アプローチのエッセンスを示す材料という意味で、一種お伽話的な例示を主に用いる。

　なぜ都市に人が集まってくるのかという質問への答えは、人が集まることから様々な利益が発生するからだろうというものになる。これは「集積の経済」と呼ばれる経済活動の相互作用が働いた結果である。たとえば、いろいろな意味での人々の活動間の距離が縮まるとき、輸送費用やコミュニケーションを阻害する要因が軽減される。さらに、集まる企業や人間の数が増えると、交通インフラなど、共同して利用できる社会資本が相対的により便利になり、一人当たり建設費も安くなるという規模の経済が発生する。加えて、より多様な専門化された小売、サービス業の店舗が増えるなど、消費の価値も増加する。（集積の経済についてはたとえば佐藤（2014）を見られたい。）

　その反面、都市化の拡大は、混雑現象に代表されるマイナスの効果ももたらす。通勤地獄や、災害による被害の増幅、自然にふれる機会の減少など、都市の負の側面が、際限のない都市の拡張を阻止するだろう。このような現象は、都市の「過密」の問題を表しているといえる。

　同様の集積のメリットは、各地方の中心都市においても発生するし、小さな集落単位でもその力を発揮する局面があるだろう。人の密度は低くても、会っ

て話す機会が増えて、より密度の濃い人間関係を保ち、互いに協力して生きていくベースを形成することができるのではないだろうか。これが、人口が減りだすと、逆の回転を始める。特に人口減少と高齢化が進む地域では、さまざまなサービスの提供費用が人口減少によって増大し、誰かの負担増となっていることが想像に難くない。これらを、「過疎」の弊害と呼んでいいだろう。

　簡単な集積の経済の例として、商店街の形成を取り上げてみよう。ある商店が、２つの地点ＡとＢのどちらかに出店しようと考えている場合を想定する。同時にもう一つの別の商店も、同じくこれらの２つの地点の間で出店を考えているとしよう。それぞれ別の物を売っている場合を考えれば、競合はない。他方、顧客にとってみれば、２店舗が同じところにある方が、いっぺんに買い物が済むし、時間などの交通費用も安くて済む。結果として、同一地点にともに出店した方が多数の来客や売り上げ増が期待できる。そうだとすれば、もし２店舗が、順に、場所を決める、あるいは、事前に相談するような機会を持つとき、同一地点を選ぶだろう。選ばれる地点がどちらになるかは、さして重要ではないはずである。（もっとも、実際に完全に同等な地点と言うケースはまれで、交わる道路の便利さや、周辺の人口などの些細な差で、一つの地点が、共通した出店地として選ばれる。Ａ地点かＢ地点かのような選択は、標準を選ぶ問題などと共通しており、「調整問題」と呼ばれることもある。）このようなストーリーを多数の店舗について積み重ねてゆけば、商店街の形成が、消費の上での集積の経済を追求した結果だとみることができる。（集積の経済は、もっぱら、生産の観点から語られることが多い。さらに拡大が続けば、同タイプの店舗同士の客の奪い合いという、マイナス面も出現しうる。それでも分野によっては、集客効果のプラス面が相乗効果を発揮して、専門店街が出現するなどのケースもありうる。）

２．シャッター街

　集積の経済のまさに裏返しの現象として、シャッター街の現象がある。１店舗がシャッターを下ろすと、商店街の他の店舗に対して、街の賑わいが減って見える、来街者が商店街へ来ることのメリットが減る、などという効果を通じ

て、マイナスの影響を与える。他方、シャッターを閉める商店主は、店を賃貸に出すことから生じる借り手とのトラブルや家賃滞納、新たな借り手探しなどのリスクや煩雑さ（取引費用といわれる）より、持ち家として利用することに価値を見出す。当の商店主が、他の商店主が受ける損害を補償することはない。

　このように、市場での価格を通じた取引では支払われない利益や負担が存在するとき、外部経済が発生していると経済学では言われ、市場は十分な機能を発揮していない可能性が出てくる。外部経済の代表例である環境問題では環境汚染を引き起こす工場等に、直接規制や課徴金などの政策が適用されて、市場での自由な取引に介入することが多い。シャッター街の例でも、補助金などで、残された商店の負担を緩和し、ときには閉められたシャッターを開けるようインセンティブを与える政策が支持される理由となりうる。もちろん、環境問題でも、汚染者と被害者が直接交渉して補償を求めることがあるように、シャッター街の問題も、当事者だけで話し合って、補償や店を転貸する約束をしたりすることも考えられる。（コースの交渉と呼ばれることもある。ただし、閉められる店の顧客だった人々と交渉するのはむつかしいかもしれないので、その利害は代表されないかもしれない。）

3. 東京一極集中

　集積の経済は、人の移動などの行動が、そのまま他者に直接利益や損害を与えるので、ミクロ経済学の伝統から見ても、市場に委ねるだけでは満足な結果が得られないことが知られる。とくに、集積が弱くなる地方が、それを食い止めるような施策を採用するのはむしろ当然のこととなる。（教科書的な扱いについては、たとえば林他（2018）を見よ。）他方、東京を代表とする都市の側からは、果たして東京への集中を弱めてよいのかと言う設問があり、これには、明快な解答は得られていない。八田（2006）では、人口規模でほぼその都市の所得水準が説明できるという実証結果を報告。これらだけでただちに結論を出すわけにはいかないが、地方分散を積極的に進めることがもたらす日本経済全体へのインパクトを考えることはつねに念頭に置かれるべきである。西崎（2015）は、このような観点から、文献をサーベイし、東京への集

中が日本の成長には特に寄与しているとはいいがたい、という結論を導いて、地域活性化促進策が経済にマイナスの効果を与えるという可能性を否定する論拠としている。

　地域創生と市場について、さらに付け加えれば、市場に任せない取引が地域活性化の観点から推奨される場合が増えてきている。たとえば、長期的な地域全体としての協力関係を重視する立場から、商店街のテナントとして全国チェーン店を入れないことが勧められたり、食品の安全性確保の観点から、生産者が誰かわかるような商品の提供や持続的な顧客関係の構築によって、他との競争から抜け出そうとしたりする。また、域内生産物を優先的に購入するように勧めることも、品質や顧客の満足を超えて、地域経済を意識しての行動だと、市場主義とは一線を画した行動になる。（もちろん、個々人の行動基準に初めから地域振興が加味されている場合には、必ずしも、これらの行動がミクロ経済学の想定と異なることにはならない。）

4．移住

　実際の移住は、所得・賃金の差に、直ちに反応するのではなく、徐々に調整する形で行われることが、実証的に確認されてきている。（黒田他（2008））移住に要する金銭的、さらには、人間関係、固定資産などの固定費用を考えれば当然のことであろう。人々の間の多様性を考慮するミクロ経済学的な発想のもとでは、移動に要する固定的な費用は、人によって変わることを明示的に取り入れる。さらに、それ以外の要因は人々の間で差がないとすれば、移動による所得の増加が、移動費用を上回る人々から移動を始める。しかし、他の要因も重要でありうる。たとえば、東京での多様な消費機会に魅力を感じる度合いも人によって異なるだろう。同様に、地方居住の環境の良さや人間関係の濃さに魅力を感じる人もいるだろう。東京対地方（もしくは地元）の魅力の相対差を考えれば、移転費用＋地元と東京の魅力の相対差を考えるべきことになり、これを拡張解釈した移動費用と呼んでみよう。拡張された移住費用の順番に人々を並べたとき、この拡張された費用が低い順に移住を決意する可能性が高いだろう。残された人々は相対的に何らかの費用負担が高い人々だということ

になり、移住促進にはどのような対策が有効かを一部推し量ることができる。このような考え方は、ブランド化とマーケティングや、アンケートに答えてくれる人の社会の中の相対的な偏り、あるいは、補助金を出す時にどのような主体が応募してくるかなどの考察に有効な、情報の経済学の一分野となっている。

　同じ情報の経済学では、たとえば、移住地を選ぶのに、すでに多数の移住者を受け入れている地域が良いか、それとも、あまり移住者がいない地域の方が自分の希少価値を高められないか、などと言う判断がありうるが、これは地域側がその受け入れ態勢を間接的に示す、シグナルとなる可能性をも示唆する。また、自然志向の強い人々の比率は、果たして都会生まれの人々と地方出身者とで異なるかどうかなども、取り入れると、より発展性のある議論が可能となるであろう。このほか、潜在的移住者と、移住先の組み合わせは、先に言ったように労働市場としてとらえることができ、いろいろな適性と希望を持った人々を、同様に受け入れたい人のタイプやさまざまな受入準備状況などが異なる地域とで、結び付けが必要となるマッチングの問題としてもとらえられる。（マッチングは近年経済学で盛んに取り扱われるようになったトピックである。）

5.　競争と協調

　地方活性化が広く認識されるようになると、各地域の対策がときには競合関係になることが生じる。移住や企業立地の勧誘から、特産品の宣伝、ブランド化の競合、補助金の奪い合いなど、いろいろな側面での競合が考えられる。ふるさと納税のお礼品額の高比率化なども、絵にかいたような競争の過程だといってよい。総務省が各自治体に対してお礼品の価値額の比率を３割など一定水準以下に抑えるよう要請するに至ったが、それ以前の時点で、この比率を各自治体が自主的に選ぶものとしてみよう。たとえば、２つの自治体が、お礼品の価値比率を50％か30％か選ぶとしてみる。比率が低いと、自治体のお礼品の費用負担は低くなる。他方、寄付してくれる総額は減少するだろう。結果として、「寄付総額－お礼品の費用」を純寄付額とでも呼んで、この純寄付額が多くなることを自治体は希望しているものとしてみよう。しかし、別の自治体

があるとき、相手の返礼品率がどのくらいかによって、寄付額は変わるだろう。別の自治体が高い返礼品率を提示していれば、低い返礼品率を提示する自治体への寄付額は、低くなるだろう。このような競争関係のパターンはいろいろありうるが、費用負担も含めた純寄付額の水準を、高＞中＞低＞最低の四つに絞って、次のような状況を考えてみよう。

図表1

		別の自治体の選択肢	
		30%	50%
自治体の選択肢	返礼品率 30%	中	最低
	返礼品率 50%	高	低

（納付金額）

　表の見方は、ある自治体が返礼品率を3行目の30％か、4行目の50％かを選んでいるとき、結果として得られる純寄付額は、1行目に示された、別の自治体の返礼品率に応じた水準となる。たとえば、この自治体が30％を選んだ時、別の自治体も30％を選ぶなら、純寄付額の水準は、中の水準だということを表している。

　次に、この表を使って、各自治体が自分に有利になるように独自で返礼品率を設定する場合の選択を考えてみよう。別の自治体が30％を選ぶだろう時には、中より高水準の純寄付額が良いはずだから、この自治体の返礼品率は、50％の方が良いことになる。また、別の自治体が50％を選んでいるときも、純寄付額の水準が最低水準であるよりも低水準の方がましなはずだから、やはり50％を選ぶことが良いことになる。したがって、結論は、返礼品率50％を選ぶことがこの自治体にとって良いことになる。

　かりに、別の自治体についても状況は全く同様であるとしてみる。すると、上と同じ手続きを経て、別の自治体にとっても50％の方が選ばれるという結論を得る。この結果を組み合わせてみると、両方の自治体ともに50％を選ぶ

ということになる。得られる純寄付額の水準は、いずれも低水準である。しかも、両方の自治体が30％を選べば、ともに中水準の純寄付額を達成することができる。この意味で、双方に多少の悔いが残る結末だということになるだろう。

　上での観察は、2つの自治体が、独立に、かつ、同時に返礼品率を選ぶという、いささか極端な想定に基づいているなど、いろいろな意味で一般的ではない。しかし、可能性として、このようなケースが存在するということは、経済の仕組みの機能を評価するうえでは重要な意味を持つ。とくに、ミクロ経済学の出発点が、一定の前提が成立すれば市場に任せておくことで経済はうまく機能するという主張にあることを顧みれば、まさに逆の可能性が示唆される。各自治体という経済主体が、純寄付額を増やそうという動機の下で、返礼品率を決定することによって、双方にとって望ましくない状態に陥るという可能性がありうることを示す。

　上で述べた例は、囚人のディレンマという名称でも知られる、競争の罠のような状況を象徴しており、いろいろな競争的局面などに適用される。また、日本のような社会では、しばしば、当事者の協調によってこのような状況から抜け出すことが、経験的に知られている。（他方、経済学的に見れば、競争の当事者である企業が協力して互いの競争を停止する、カルテルとよばれるような行為を行うと、消費者が割を食うことになり、このような協調は、消費者を含めた社会全体から見れば、望ましくないことになる。）とくに、伝統的な日本社会では、上で見たような自己利益を追求すると集団の利益が損なわれるように見える状況では、もっぱら集団の利益が優先される結果が採用されてきたという印象がある。どのように、個別の成員による自己利益の追求を抑制してきたかは、日本的慣習がより残っていると考えられがちな地域社会の考察において重要であろう。また、ディレンマ的な状況の罠に陥っている場合、その解決法を示唆する枠組みを提供するという意味でも重要である。

6. 長期的関係

　前節の例では、みんなが良くなるのだから、協力しようと約束して、それをみんなが信じて実行することで事足りるとも考えられる。しかし、上でみたよ

うに、他人が協力的な行動をとると信じるとき、裏切ってより利益を得ようと する行動がとられないという保証がないと、協力を信じることはできないかも しれない。このためには、いちど約束したならば、その約束は守られると信じ られる条件が整っていなければならない。たとえば、行動選択を直前に自分勝 手に変更する自由をなくして、第三者に実行を委託してしまう場合や、違反者 が直ちに重い処罰を受けるような環境では、約束は信じられるだろう。そして、 小さなコミュニティでは、伝統的に約束のために話し合ったり、互いの行動を 観察しあったりするなど、約束の実行を担保できる条件が整っているかもしれ ない。(移住者が祭りに参加しなかったために家の前の雪かきをしてもらえな かったり、現代でも村八分に対する訴訟が行われていたりするという側面はこ のような制裁の存在を示しているのかもしれない。)

　直接的な約束は、多人数の間の約束の場合など、誰が約束を破ったかわから ず、制裁がうまく機能しないことがありうる。また、先にふれたカルテルや小 集団内での重い処罰などは、法的に禁じられている場合もあり、その実現が必 ずしも信頼できないかもしれない。さらに、行動の委託もそう簡単に実現でき るものではないだろう。そのような場合でも、協力を実現する効果を持つもの として、長期関係を利用した制裁の可能性が論じられる。非協力に対して、軽 くてもよいから、協力的行動をとることを一定期間やめるという、目標とする 協力行動の変更そのものによって、制裁を行うという手法である。これだと、 第三者や別の処罰などに頼ることなく、協力行動を実現する可能性がある。た だし、人々があまり長期的な視野に立って利害を考えない場合にはうまくいか ない。ずっとその地域に住み続け、人口密度が低い代わりに、出会うことも多く、 互いの行動が観察(モニター)しやすい地域社会では、このような長期的な関 係を利用した制裁の可能性によって、協力を実現することが可能だと考えられ る。(もちろん、積極的に協力的行動を好むという人々の気持ちに基づいて協 力行動が実現することを否定しているわけではなく、その場合には、負担感が 小さくなり時には負担でなくプラスの利益になるという形で前傾の表の大小関 係が修正されて、結論も逆転するというケースになる。)いわゆる日本的慣行は、 このような仕組みによって、その信頼性が担保されているケースがおおいので はなかろうか。

7．自発的寄付もしくは公共財の私的供給

　市場でうまくいかない問題の一つに、公共財の供給がある。町全体をよくするような景観の整備や、街路灯の設置、便利になる連絡通路の新設など、有料化して金を集めて建設するにはいろいろと困難な問題が妨げとなるケースでは、建設＝設置を別途集める手立てを工夫しなければならない。同様に、街の美化や、故障の点検と修理など、施設の維持管理にも同様の問題が起きる。これらは、公的機関にゆだねるのが、日本では多数派であろう。

　基本的構造は、先の競争の例と代わりはない。みんなの利益になることを自分の負担で行うときには、社会全体から見たら過小な負担しか負わないという結果が予想される。たとえば、歴史的な街並みの保存整備による町全体の観光需要拡大の試みを考えてみよう。もし２つの家の保存がそれぞれの家の負担にもなるが、いずれも観光需要拡大からのメリットは、負担ほどではないとしてみよう。それぞれが、保存か保存しないかの選択に迫られるとき、先のふるさと納税の表において、30％を保存に、50％を保存しないに読み替えたようなケースが出現しうる。（この場合、「保存のための自己負担＞観光客増による利益」と言う関係が、前の例での「返礼品率増加による寄付増＞返礼品費負担増」と言う対応関係になっている点を、気になる人は注意してほしい。）結果は、前例と同じく、社会的に価値がありそうな町並み保存が、自発的には選ばれないという結果になる。少しだけ先の例を変えて、一方の家には、観光客増による利益が保存の自己負担よりも大きい場合を見てみよう。

図表2

		別の家の選択肢	
		保存	保存しない
ある家の選択肢	保存	高	低
		結果としての合計利益	
	保存しない	中	最低

上の表のような場合には、結果は、ある家は「保存」を選び、別の家は「保存しない」を選ぶという結果となる。それでもなお全体の利益から見ると、悔いの残る結末になっていることを確認していただきたい。また、相手が全体の利益になる行動をとっているときに、自らは負担を逃れて、利益だけを受けることを、フリーライド（ただ乗り）、また、そうする人をフリーライダーと呼ぶ。祭りの準備を手伝わずに、祭りの見物だけするような場合にも、フリーライドが発生しているといえるかもしれない。

　この他、特別なタイプの公共財のいくつかが近年注目されてきた。地域の防犯において、潜在的な犯罪者に地域が目をつけられないように、みんなで簡単には侵入できないように努力しているとき、一人のうっかりした発信等で、みんなの努力がふいになるような場合を考えてみよう。これはウィーケストリンクの問題と呼ばれ、もっとも薄い努力の人の水準を超えて努力しても無駄なので、一番低い人の努力水準にみんなが落してゆくようになる。他方、食材であれ、コンテンツであれ、ある地域の知名度を上げるきっかけは、一つ人気になるものがあればよいという場合などには、ベストショットの問題と呼ばれる。一つだけの成功があれば、他はそれに乗っかることができるので、最大の努力がなされる分野以外の人は、いわば後からただ乗りすることを期待して手を抜くことが予想される。

8．コモンズ問題

　漁業では、乱獲による資源の枯渇が大問題となっている。例として２人の漁業者の直面する問題を考えてみよう。単純に選択肢は「乱獲」か「伝統的漁獲」かで、それぞれがどれを選ぶかで、今期の漁獲だけでなく、来期以降の漁業資源の量が影響を受けるものとしてみよう。すると、両者が伝統的漁法を選ぶと、来期からも同じ資源が維持されて、並みの漁獲高だが、ずっと同じ水準を保てるだろう。たほう、両者が乱獲を選ぶと、今期の漁獲はそれなりに高くなるが、将来は０になってしまう。一方だけが乱獲を選ぶ場合、それぞれ今期の漁獲は、両方が同じ漁法を選んだ場合と同じ漁獲高を得るが、来期からは資源が半減するとしてみよう。これだけでもストーリーは完全にはならないが、例えば、将

来と今期の漁獲を合計した漁獲高が、下の表のようになっていたとしよう。

図表3

		相手の選択肢	
		乱獲	伝統的漁法
自分の選択	乱獲	10	15
	伝統的漁法	5	12

　このような例の数値の場合は、先のケースと同様に、乱獲が近視眼的に、最適な選択肢となり、何らかの手段を通じた協調によってのみ、双方伝統的漁法という選択が実現できる。この例は、産児制限運動の啓蒙のため、生物学者のハーディンが牧畜に関して創り上げたたとえ話が発端だが、要点は、みんなが自由に資源を利用できる状態にあることが問題にされる。封建期の入会地にも似た、コモンズ（共有地）の管理の問題は、所有と監視インセンティブの関係を考えさせる例であり、人口減少は、集落の監視機能を衰えさせる一方で、技術進歩は監視による強制を容易にする側面も持つ。

9. 最後に

　ここでは、ミクロ経済分析にかかわりそうなトピックの一端を駆け足で紹介した。重点を、市場を介さない直接的な人と人との関係を地域社会や地域振興策を念頭に置いた。そのために、協力を前提とした交渉問題など、他のトピックを多く端折っている。教科書的な文献の紹介を兼ねて以下にざっとまとめてみる。マクロ分析を含めて総合的に地域経済分析を展望したものに、山田・徳岡（2018）、地域振興政策を、東京一極集中支持の立場から批判的に触れたものに、八田（2009）、集積の経済について触れた高度な分析を提示するのが、藤田・ティス（2017）である。このほか、政策を評価する上で、その経済効果を予測することは、不可欠となっているが、その手法にはミクロ分析の考え

方が多数用いられている（金本他（2015）、中村（2014）等）。また、ここで
は民間経済主体のインセンティブのトピックを中心に取り上げたが、自治体を
も含めた地域振興政策のインセンティブを議論したものに、八田（2018）が
ある。

（今井晴雄）

参考文献
- 金本良嗣・蓮池勝人・藤原徹（2015）『政策評価ミクロモデル』（東洋経済新報社）
- 黒田達朗・田渕隆俊・中村良平（2008）『都市と地域の経済学』（有斐閣）
- 佐藤泰裕（2014）『都市・地域経済学への招待状』（有斐閣）
- 中村良平（2014）『まちづくり構造改革』（日本加除出版）
- 西崎文平（2015）「東京一極集中と経済成長」（JRIレビュー , 6,2-28.）
- 八田達夫（2006）『都心回帰の経済学』（日本経済新聞社）
- 　　〃　　（2009）『ミクロ経済学2』（東洋経済新報社）
- 　　〃　　（2018）『地方創生のための構造改革』（時事通信社）
- 林宜嗣・山鹿久木・林亮輔・林勇貴（2018）『地域政策の経済学』（日本評論社）
- 藤田昌久・J.ティス（2017）『集積の経済学』（東洋経済新報社）
- 山田浩之・徳岡一幸（2018）『地域経済学入門（第3版）』（有斐閣）

第③章　**地方財政と地域創生**

1．はじめに

　本章では、地域創生を財政（政府の経済活動）の側面からみる場合に必要となる基礎知識について、2019年6月1日現在[1]の制度や状況をもとに説明する。よって、制度内容やデータについては、法令の改正や社会・経済動向により更新が必要であることをあらかじめ記しておく。章全体の構成については、2節において地方自治体[2]に必要な財源を保障する仕組み（地方財政計画）の紹介を行う。つづく3節では、法人課税の地域間の偏在について、これまでの是正措置やそこで生じた自治体間の対立を説明する。なお、地方消費税の清算基準変更と「ふるさと納税」制度についてもあわせて論じる。そして4節では、国の「地方創生」政策にもとづく予算措置について、その制度内容、現在までの経緯と特徴を説明した上で課題を考察し、最後に今後に向けた展望を述べて締めくくりたい。

2．地方財政調整制度による財源保障

（1）地方財政計画と地方交付税制度（マクロの財源保障）

　日本の地方自治体の中で、自地域の地方税収入等だけで必要な行政活動を実施できるところは少ない。普通地方交付税の配分を受けない、財政的に自立している不交付団体（後述）の数は、2018年度で1都77市町村1特別区[3]の合計79自治体にすぎず（総務省 2019a）、他の1,709自治体では財源不足が生じている。

1）以降、「現在」という用語は、2019年6月1日を指すものとする。
2）本章では、地方自治法上の普通地方公共団体（2019年4月1日現在：47都道府県＋1,718市町村）および特別地方公共団体のうち東京都の23特別区を総じて「地方自治体」または「自治体」と呼ぶ。
3）特別区については、都区財政調整制度にもとづく普通交付金の配分を受けない区（千代田区）をカウントしている。

日本の地方自治体が提供する行政サービスは、法令により全国一律で定められている部分が大きく、財源不足により行政活動を縮小することは難しい。逆にいえば、国民はどの自治体に住んでもほぼ同一の行政サービスを必ず受けることができる。こうしたナショナル・ミニマムの行政サービスを全国で確保し、そのために必要な財源を保障する地方財政調整制度が存在する。具体的には、地方財政計画という全国の自治体を網羅した年度の収支予測ならびに財源不足対策の根幹となる地方交付税制度のことである。

　それでは、制度の内容を詳しくみてみよう。

　まず、地方交付税法第7条には、内閣の責務として、地方団体（自治体）の歳入歳出総額の見込額に関する書類を作成し、国会に提出するとともに、一般に公表することが定められている。この書類が地方財政計画であり、2019年度の計画については、2019年2月8日に閣議決定し、国会に提出するとともに、同月22日に一般に公表している（総務省自治財政局 2019）。

　2019年度地方財政計画の通常収支分[4]について、一般財源（使途の指定がない財源）の補填を中心に概要を紹介すると、以下のとおりとなっている（図表1）。

図表1　**地方財政計画上の一般財源不足額の補填**

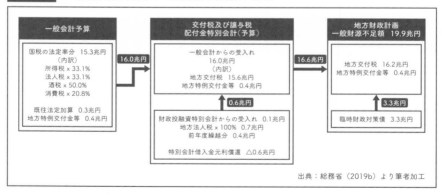

出典：総務省（2019b）より筆者加工

4）東日本大震災後の（1）復旧・復興事業と（2）全国防災事業については、「東日本大震災分」として「通常収支分」とは別に計画が策定されている。2019年度の収支規模は両事業あわせて約1.2兆円である。

　まず、2019年度の地方の歳出総額は89.6兆円と見積もられており、この歳出をまかなうために必要な一般財源が計画上で19.9兆円不足している。この不足額を補填する役割を担うのが地方交付税であり、その原資は地方交付税法により国税の一定率分（乗じる率を「地方交付税率」という）と決まっている[5]。2019年度の場合、所得税の33.1％、法人税の33.1％、酒税の50％、消費税の20.8％[6]である。この国税定率分15.3兆円が法律にもとづいて国の一般会計から交付税及び譲与税配布金特別会計（以下「交付税特会」とする）に繰り入れられる。しかし、それだけでは財源が不足するため、実際には一般会計が加算した0.3兆円とあわせて15.6兆円が一般会計から交付税特会に繰り入れられる。

　なお、上記の他に地方特例交付金等[7]の財源0.4兆円が一般会計から交付税特会に繰り入れられるが、この金額は、その後に加算・減算はなく、そのまま地方に地方特例交付金等として配分されるため、以降の説明は省略する。

　次に交付税特会では、地方法人税（後述）0.7兆円、前年度からの剰余金0.4兆円、財政投融資特別会計から地方公共団体金融機構の公庫債権金利変動準備金の一部0.1兆円などあわせて1.2兆円がさらに加算される。しかし、交付税特会が過去に一般会計から借り入れた借入金[8]の元利償還で0.6兆円の支払いが生じるため差し引きで0.6兆円の加算となる。この段階で地方公共団体に交付される地方交付税は16.2兆円となる。

　ただし、この地方交付税16.2兆円と地方特例交付金0.4兆円だけでは、一般

5）地方交付税については、国が配分する一般補助金の性質があるものの、法律上の規定から「国税の一定率分」は「地方固有の財源」と位置づけるのが一般的である。

6）2018年度の消費税の地方交付税率は22.3％であったが、2019年10月に消費税率の引き上げがあるため、半年分の増収を勘案して変更された。2020年度は一年度を通して税率引き上げ後の消費税収入があるため、消費税の地方交付税率はさらに19.5％まで下がる。なお、通常「消費税」と呼ばれている税は、国税の消費税と地方税の地方消費税をあわせた総称であり、税率8％の内訳は消費税6.3％と地方消費税1.7％である（2019年10月以降の税率10％については、消費税7.8％と地方消費税2.2％）。地方交付税の財源となるのは、国税の消費税である。

7）地方特例交付金は国の恒久減税にともなって不足する地方税収入を国の責任で補填する役割を果たしている。なお、2019年度の0.4兆円については、2019年10月から始まる「幼児教育の無償化」にともなう一時的な財源不足を補うために創設された0.2兆円の臨時交付金が含まれている（2020年度以降は地方交付税により措置されるため、臨時交付金は継続しない）。

8）交付税特会の借入金は、2002年度まで一般財源不足に対する補填に使用されていたが、透明性に欠ける「隠れ借金」という評価があり、2003年度以降新規の借入は行われていない。

財源不足の19.9兆円をカバーしきれないため、地方公共団体に臨時財政対策債[9] という赤字公債3.3兆円の発行を計画上で認めている。臨時財政対策債は、経常的経費に充当できる一般財源として扱われ、元利償還額は地方交付税の算定に100％反映するため、実質的に「地方交付税の前借り」という位置づけになる。

　以上をまとめると、日本全国の自治体の一般財源不足額については、地方交付税とともに、①国の一般会計からの加算、②交付税特会への種々の加算、および③地方自治体の赤字公債発行で補填される仕組みとなっている。それでは、個別の自治体における財源保障がどのような仕組みで計算されているのかを次に説明する。

（2）普通地方交付税の所要額計算方法（ミクロの財源保障）

　地方交付税については、各自治体の一般財源不足額を計算して、その補填に充てる普通地方交付税（以下「普通交付税」とする）と特別地方交付税（以下「特別交付税」とする）の２種類がある。現時点での地方交付税法では、地方交付税総額のうち普通交付税が94％、特別交付税が６％となっている。それでは、前者の普通交付税の計算方法をみてみよう。

　普通交付税の計算にあたっては、まず「基準財政需要額」という各自治体が１年間に必要とする一般財源総額[10]を算定する。具体的には、各行政目的別（教育費の小学校費、土木費の道路橋りょう費など）に「単位費用（測定単位の単価）×測定単位（行政需要と比例すると考えられる指標）×補正係数（地域の特殊事情などを反映した係数）」で求めた財政需要を足し合わせる（道府県と市町村で個別算定経費の項目や測定単位等は異なる）。例えば、市町村の教育費のうち小学校費については、児童数、学級数、学校数の３つが測定単位となり、それぞれに設定された単価を乗じた上で、地域事情等（例．寒冷地の場合には暖房に要する燃料費などの加算）を反映した補正係数をかけて所要額を求

9）地方財政法第５条の特例として発行する赤字地方債であり、交付税特会の一般会計借入金に代わって財源不足を補填するため、2001年度以降発行が続いている。

10）目的税や国庫支出金などの特定財源（使途が指定されている財源）で賄われる財政需要は、基準財政需要額に含まれない。

める。行政目的別の個別算定項目は、道府県で35、市町村で39あり、その他
に包括算定項目として人口と面積にもとづいた値が加わる。

　次に基準財政収入額という各自治体が 1 年間に収入する見込みの一般財源額
を計算する。対象となる一般財源は、市町村であれば住民税や固定資産税など
の法定普通税、都道府県から交付される税交付金、地方特例交付金、地方譲与
税などである。このうち、地方譲与税以外の法定普通税等については、75％（基
準税率という）を乗じた金額が使用される。

　以上の計算を行った上で、各自治体の「基準財政需要額－基準財政収入額」
の差額、つまり 1 年間の所要一般財源額から一般財源の収入見込み額を差し引
いた財源不足額が普通交付税として交付される。なお、基準財政収入額の算出
にあたり、基準税率75％を掛けているため、普通交付税は法定普通税等の収
入見込み額×25％分多く自治体に配分されることが分かる。この25％分は「留
保財源」と呼ばれており、自治体の徴収努力を削ぐことなく、地域の特性に応
じた独自の施策を展開していく財源と位置づけられている。

　ちなみに自治体の財政的自立性を確かめる指標として「財政力指数」がある。
「基準財政収入額÷基準財政需要額」で計算されるため、各自治体の一般財源
収入見込み額が所要額に対して足りていれば1.0以上となり（基準財政収入額
≧基準財政需要額）、不足するほど数値は下がる。そして、1.0以上の場合には、
普通交付税の交付がなくなる（「不交付団体」と呼ばれる）。

　図表 2 は、全国の都道府県について、2017年度の財政力指数が高い方から
並べたグラフである。全都道府県の平均値は0.52、つまり一般財源収入見込
み額の充足度は半分程度であり、また不交付団体は東京都のみとなっている。
過半が0.50を切っており、島根県の一般財源の自立性は 4 分の 1 ほどである。
つまり、47都道府県だけをみてもこのような格差がある中、地方交付税を中
心とした財政調整制度により、一般財源が補填され、全国でほぼ同等の行政サー
ビスが提供できるようになっている。

　最後に地方交付税の 6 ％を占めている特別交付税について触れておく。特別
交付税は普通交付税を補完する財源であり、基準財政需要額で捕捉できない財
政需要、基準財政収入額で過大に算定された財政収入、災害等のために生じた
特別な財政需要などへの対応を目的としている。ただし、配分方法については、

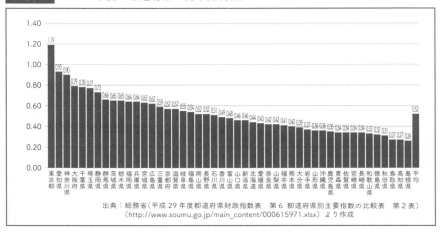

| 図表2 | 2017年度・都道府県の財政力指数 |

出典：総務省（平成 29 年度都道府県財政指数表　第 6 都道府県別主要指数の比較表　第 2 表）
（http://www.soumu.go.jp/main_content/000615971.xlsx）より作成

普通交付税のような客観的な算定式はなく、総務省の裁量に任されているため、
透明性に欠けるという批判もある。

3．税源偏在問題と自治体間の対立

（1）地方法人課税の税源偏在とその是正策

　前節では、国内の全自治体で一般財源が不足しないようにマクロとミクロの
財源保障制度が整えられていることを紹介した。ただし、こうした制度が存在
しても、企業等の立地が一部の地域に集中することにより、法人課税の税収に
は地域間で著しい偏りがある。図表3は、2013 〜 17年度の5年平均の人口1
人当たり法人2税（都道府県および市町村の法人住民税＋都道府県の法人事業
税）を全都道府県平均＝100とした指数で表しているが、最大の東京都と最小
の奈良県の間でその差は6倍超に達している。

　こうした事態に対して、2014年度の税制改正で法人住民税の法人税割[11]の一
部（都道府県と市町村あわせた税率17.3％のうち4.4％）を国税の地方法人税と

11）国税の法人税額を課税標準とした地方の法人所得課税。

して国が一旦収納し、その100％を地方交付税の財源とした。そして、2019年10月の消費税率引き上げ時に、残りの12.9％のうち5.9％をさらに地方法人税に移し、立地自治体が自地域の法人から収入する税率は7.0％まで下がる。

　また、都道府県税である法人事業税に関しては、2008年度の税制改正で総額5.8兆円のうち2.6兆円を国税の地方法人特別税として国が一旦収納し、その全額を地方法人特別譲与税として人口と従業員数にもとづいて都道府県に譲与する制度が始まった。その後、2014年度に国税化の規模を3分の1に縮小し、2016年度には偏在是正の抜本策の施行をもって終了する予定であった。しかし、抜本策を決定しないまま制度は延長され、現在に至っている。ただし、2019年度税制改正により、消費税率の引き上げ時に法人事業税の3割を国税の特別法人事業税に移管し、その総額を特別法人事業譲与税として都道府県の人口をもとに按分・譲与することが決定している。

| 図表3 | 2013～17年度平均・人口一人当たり法人2税の指数（全国平均＝100） |

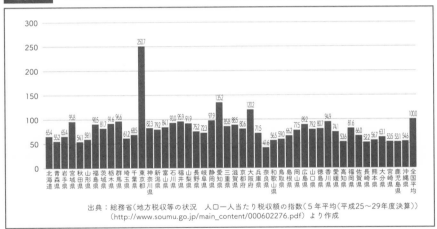

出典：総務省〔地方税収等の状況　人口一人当たり税収額の指数（5年平均（平成25～29年度決算））
（http://www.soumu.go.jp/main_content/000602276.pdf）より作成

　こうした動きに対して、法人税収が国に吸い上げられ出超となる自治体は当然反発している。例えば、2018年度の東京都税制調査会の答申は、人口比の税収規模（図表3）という単一の指標には、人口に比例しない都市の膨大な財政需要が反映されておらず、是正措置は「受益と負担」に反していると指摘し、

財源の不均衡是正は本来地方交付税制度で行われるべきと主張している（東京都主税局 2018）。また、神野・小西（2014, 73）は、法人事業税を都道府県の基幹税として独立化を進めてきた過去の努力に水を差すものとして非難している。

　これに対して、入超となる地方団体の主張は東京都（および都下の特別区長会、市長会、町村会）や指定都市などの意見と対立している。例えば、全国知事会、全国市長会、全国町村会は、偏在性の少ない地方税体系の構築を求めつつ、地方交付税制度とは別建ての税源偏在是正措置の継続を主張している（地方法人課税に関する検討会 2018, 22-23）。

　よって、税財源の再配分を含めた「地方税制のあり方」については、持てる自治体と持たない自治体の間にある利害対立をあわせてみておく必要がある。

（2）その他の自治体間対立

　ここでは、上記（1）以外で、自治体間における税収配分の対立が生じた事例を2つ紹介する[12]。

①地方消費税の清算基準

　1つ目は、地方消費税の清算基準である。地方消費税は都道府県税であるが、国税の消費税と一緒に国が収納した上で、都道府県に清算する。清算にあたっ

図表4　　**地方消費税清算基準の変遷**

マクロ指標	1997～2014年度	2015年度税制改正	2017年度税制改正	2018年度税制改正
消費指標：①小売年間販売額（商業統計）＋②サービス業対個人事業収入額（経済センサス活動調査）	75.0%	75.0%[※1]	75.0%[※2]	50.0%[※3]
消費代替指標：人口（国勢調査）	12.5%	15.0%	17.5%	50.0%
消費代替指標：従業者数（経済センサス基礎調査）	12.5%	10.0%	7.5%	―

出典：西沢（2019, 6）より筆者作成

※1（サ）情報通信業、土地売買業などを除外。
※2（小）通信・カタログ販売とインターネット販売を除外。
※3（小）医療用医薬品小売、自動販売機による販売、百貨店、衣料品専門店、家電大型専門店、衣料品中心店を除外。
　　（サ）建物売買業、不動産賃貸業（貸家業、貸間業を除く）、不動産管理業、医療・福祉（社会保険事業団体を除く）などを除外。

12）総務省は、ここで取り上げる2つの事例は税源偏在の是正措置にあたらないとしている。

ては、消費に関連するマクロ指標を使用して最終消費地に帰属させる「仕向地原則」がとられている。そして、都道府県は清算により収入した地方消費税の半分を「地方消費税交付金」として市町村に再配分する[13]。

　図表4は、1997年度に地方消費税が導入されて以降の清算基準の変遷を示している。ここで確認できるのは、2015年度以降一貫して人口をもとに按分する割合を増やし続けている点である。そして、一連の清算基準の変更は、実態として「都市圏からそれ以外の地方へと税収を移転する仕組みとして機能している」（西沢 2019, 6）。例えば、人口の影響度を大きく引き上げた2018年度の改正については、東京都が1,020億円、大阪府が120億円減少し、減少分は他の道府県に分配されたとの試算もある（同, 8）。

　これに対して東京都（2017）は、（1）地方消費税は消費活動を支える公共サービスの対価であり消費指標以外での按分により応益負担原則が歪む、（2）最終消費地とは商品が購入された場所であり商品を使用している場所ではないため人口を必要以上に使用するのは不適切である、（3）消費指標の割合を下げ代替指標の割合を上げるのは本末転倒である、（4）地域間税収格差は地方交付税制度により調整されているため地方消費税の清算基準で対応すべきではない、といった主旨で反論している。総務省は、清算基準の変更目的を「税収格差の是正」としていないが、「十分に納得のいく検討や関係者への説明が行われた形跡はない」（西沢 2019, 8）。

②ふるさと納税

　ふるさと納税は、正確には「納税」ではなく自分が選んだ自治体に対する寄附制度である。寄附額から2千円を差し引いた金額（上限額あり）が寄附を行った年の所得税と翌年の住民税から控除される。

　この制度自体は2008年度に開始されたが、2015年度以降に件数、金額とも急増し、現時点で発表されている最新の実績（2017年度）は1,730万件3,653

---

13) 1989年度に消費税が国税として創設されて以降、1996年度までは総額の20％が消費譲与税として地方に譲与されていた。その際の基準となるマクロ指標は、都道府県が人口25％＋従業者数75％、市町村が人口50％＋従業者数50％であった。1997年度の地方消費税導入後も市町村への交付金交付基準は、過去の譲与税譲与基準と同じ「人口50％＋従業者数50％」であるが、2014年度の税率引き上げ後は引き上げ分（1.7％のうち0.7％）を「人口」のみで按分交付している。

億円となっている（総務省自治税務局市町村税課 2018）。こうした急増の要因については、（1）自治体が用意した多彩な返礼品、（2）「さとふる」や「ふるさとチョイス」などインターネット上の仲介サービスによる手続きの利便性向上、（3）2015年度の控除上限額引き上げとワンストップ特例制度[14]の開始があげられる（日本経済新聞 2016）。

　結局、この制度は自治体間で税収を奪い合っているだけで新しい財源を生み出している訳ではない。例えば、2017年度に住民税控除額がふるさと納税受入額を上回った自治体の赤字規模は、神奈川県川崎市、横浜市、愛知県名古屋市、大阪府大阪市の4政令市で合計97億円、東京都の世田谷区をはじめとした15特別区で合計266億円となっている（佐々木 2018）。

　住民税は、住民が居住している自治体から受ける行政サービスの対価とみることができるが、ふるさと納税制度により税収が居住とは関係のない地域に移転してしまい、応益原則を歪めているという根本的な問題がある。また、寄附という行為は、本来は自分の応援したい地域（例えば、自然災害の被災地など）に対して、利他的な動機[15]で行われるべきである。しかし、日本のふるさと納税制度は、寄附先の自治体から贈られる返礼品[16]を目当てとした利己的な動機で利用が拡大した点にも課題がある。

　返礼品については、パーソナルコンピュータや電化製品、amazonギフト券や旅行券などの金券等、地元と無関係でも人気のある品物をメニューに加え、なりふり構わない様相をみせていた。そうした中、寄附額に対する返礼割合（2017年度）[17]は全国平均で38.5%、送料や事務経費等を含めると55.5%となり（総務省自治税務局市町村税課 2018）、自治体が自身の政策に使用できるのは寄附額の半分未満という状況に陥った[18]。

---

14) 年間の寄付先が5件以内の場合には、確定申告を要せず、翌年の住民税から控除可能となった制度。
15) 2016年の熊本地震後に被災地自治体に対して、返礼品なしの寄附金20億円が1年間に寄せられた（産經ニュース 2017）。
16) 返礼品について、その価値が50万円の特別控除枠を超える部分は「一時所得」として所得税法上の課税所得となる。この件について、総務省は自治体に対して寄附者への周知を要請している。
17) 2017年4月の総務大臣通知で寄附者に対する返礼割合が3割を超えている場合には、速やかに3割以下にするように要請がでていたが、法的な拘束力はなかった（技術的な助言）。
18) 寄附者には2,000円以上の返礼品が得られる限り、控除上限額まで寄附をするインセンティブがあり、自治体が他の自治体との競争環境を前提に非協力的な行動をとるのであれば、「返礼品＋

　結局、返礼品の自粛を求めて再三発せられた総務大臣通知等に従わず、地元とは関係のない品物や返礼割合3割を超える高額品を贈りつづけた自治体があり、政府は地方税法の改正（2019年3月27日成立・同年6月1日施行）に踏み切った。この改正により、総務大臣が地方財政審議会の意見を聴取した上で、ふるさと納税制度を利用できる自治体を指定する新制度が導入された。指定にあたっては、（1）返礼品の返礼割合を3割以下とする、（2）返礼品を地場産品とするという2点を守ることが条件になっている。

　この新制度により、大阪府泉佐野市、静岡県小山町、和歌山県高野町、佐賀県みやき町の4市町は、6月1日時点で新制度の指定を受けることができなかった。また、不適切な返礼品など寄附集めの手法に問題があった43市町村については、税優遇の適用期間が6～9月の4カ月間に限定された（総務省2019c）。

　ふるさと納税制度は、地方自治体が寄附者を獲得するために地域や地場産品の魅力発信に知恵を絞り、努力を重ねた点で、今までになかった機会を提供できたものと思われる。しかし、当初の制度設計に明らかな瑕疵があり、地方の行政活動を支える地方税本来の役割を棄損するような返礼品競争に発展してしまった。競争に一定の歯止めがかかった今こそ、真に自地域を応援してくれる寄附者を得るために、さらなる工夫と努力が必要となる。

4.　地方創生関連予算の推移と動向

　本節では、国の地方創生関連予算について、時系列の推移と制度設計を紹介するとともに、現状と課題をまとめる。

（1）消滅可能性都市と地方創生政策
　2014年11月に成立、2016年4月に施行された「まち・ひと・しごと創生法」にもとづく地方創生政策は、通称「増田レポート」（日本創成会議・人口減少問題検討分科会 2014）の消滅可能性都市に関する指摘を受け、人口減少対策

　諸経費」が寄附額に達する直前まで返礼品競争をつづけることになる（湯之上・広田 2017, 116; 日本経済新聞 2018）。つまり、理論的には当初の制度設計から欠陥が含まれていた。

に正面から取り組んだ点でそれまでの地域振興政策と趣を異にする。同法は、国に「まち・ひと・しごと創生総合戦略」と「人口ビジョン」を策定し、閣議決定した上で公表することを義務づけている。そして、都道府県および市町村（特別区を含む）については、それぞれ「都道府県まち・ひと・しごと創生総合戦略」と「市町村まち・ひと・しごと創生総合戦略」（あわせて「地方版総合戦略」と呼ばれる）と「地方人口ビジョン」を策定・公表するように努力義務[19]を定めている。そして、地方財政調整制度や地域再生法（2005年4月施行）などと連動しながら、地方への財源配分が実施されている。

（2）地方創生先行型交付金と地方創生加速化交付金

　全国の自治体が地方版総合戦略と地方人口ビジョンを策定するために、特別な財源措置によるインセンティブも用意された。具体的には、2014年度補正予算で措置された地方創生先行型交付金である。この交付金は総額1,700億円で、事業費に対して補助率100％となっている。内訳は、基礎交付分1,400億円と上乗せ交付分300億円であり、前者は地方版総合戦略を策定したすべての自治体に配分された。後者については、タイプⅠとタイプⅡに分かれており、タイプⅠは先駆的事業に対する交付となっている。

　このタイプⅠをさらに詳しくみてみると、（1）人材育成・移住、（2）地域産業、（3）農林水産、（4）観光、（5）まちづくりのいずれかの分野の事業であり、仕組みとして（1）RESAS等客観的なデータやこれまでの類似事業の実績評価に基づき事業設計がなされていること、（2）事業の企画・実施にあたり地域における関係者との連携体制が整備されていること、（3）重要業績評価指標（KPIs）が原則としてアウトカムで設定され、基本目標と整合的であり、その検証と事業の見直しのための仕組み（PDCA）が整備されていることが求められている。そして、「先駆性」については、官民協働、地域間連携、政策間連携、事業推進主体形成などを基準に評価している。

　次にタイプⅡは、2015年10月末までに地方版総合戦略を策定したすべての

19）東京都中央区は、現在のところ地方版総合戦略を策定していない唯一の自治体である（人口ビジョンは策定済）。その理由は、2020年の東京オリンピック・パラリンピック選手村跡地の利用計画が未定のためとされている（産經ニュース 2016）。

自治体に配分される「早期対応」のインセンティブであり、結果として34都道府県・690市区町村が交付を受けている。しかし、タイプⅡについては、「「早いもの勝ち」的な手法は地方創生の理念にそぐわない印象を正直受けた」（小磯他 2018, 6）という評価もなされている。

　先行型交付金に続く地方創生加速化交付金も当初予算ではなく2015年度補正予算で措置されたものである。規模は1,000億円であり、事業費に対する補助率は100％となっている。加速化交付金は先行型交付金の上乗せ交付分タイプⅠを継承しており、（1）しごと創生、（2）地方への人の流れ、（3）働き方改革、（4）まちづくりの4分野のいずれかで、先行型交付金タイプⅠと同じ仕組みを備え、先駆性（自立性、官民協働、地域間連携、政策間連携、事業推進主体形成など）のある事業を交付対象に決定した。つまり、先行型交付金の基礎交付分のような無条件の配分はこの段階でなくなった。

（3）地方創生推進交付金と地域再生計画

　その後、2016年度に至り、初めて当初予算で交付金が措置された。それが、地方創生推進交付金であり、2019年度まで同規模（1,000億円）で継続している。ただし、事業費に対して補助率が50％となっており、自治体は事業費の半額を自己財源で用意しなければならない。

　推進交付金には「推進交付金」（非公共事業型）と「整備推進交付金」（公共事業型）があり、ここでは前者を詳しくみてみよう。

　2019年度の推進交付金（非公共事業型）の事業タイプは、大きく「先駆タイプ・横展開タイプ」と「移住・起業・就業タイプ」に分かれている。「先駆タイプ・横展開タイプ」の分野は、加速化交付金と同じ（1）しごと創生、（2）地方への人の流れ、（3）働き方改革、（4）まちづくりとなっており、求められる事業の仕組みについては、先行型交付金タイプⅠから継承されてきた3つの条件に「効果の検証と事業の見直しの結果について、公表するとともに、国に報告すること」が加わっている。また、「先駆性」と呼ばれていた評価基準は「先導性」と名称を変えているが、自立性、官民協働、地域間連携、政策間連携、事業推進主体形成などの基準構成に変わりはない。

　次に「移住・起業・就業タイプ」については、「わくわく地方生活実現政策パッ

ケージ」[20] を着実に実行し、東京圏への過度な一極集中の是正と地方の担い手不足対策を目的としている。分野は、（1）地方創生移住支援事業・マッチング支援事業、（2）地方創生起業支援事業、（3）女性・高齢者等新規就業支援事業の３つであり、先導性の評価基準は官民協働、地域間連携、政策間連携の３つに絞られている。

なお、地方創生推進交付金については、地域再生法にもとづく地域再生計画を策定し、内閣総理大臣の認定を受けることが交付の条件となる。しかし、地方版総合戦略に加えて個別の地域再生計画を作成しなければならないことについては、地域再生法の改正を審議する国会でも大きな議論になっていたため（小磯他 2018, 5）、今後、法令や制度の整理が必要になる可能性がある。

その他にも、2016年度の補正予算では、ハード整備を支援する地方創生拠点整備交付金900億円が措置され、その後2017・18両年度とも600億円が確保されている。

こうした一連の交付金による財源措置が継続される中、小磯他（2018, 9）には、地方創生関連交付金に対する市町村ヒヤリングの結果として「先駆性と優良事業が強調され過ぎて、現場が真剣に求めている事業が採択されない」というコメントが記録されている。これは、地方創生推進交付金の「特定定率補助金」という性質に起因する厚生上の損失[21] を示している可能性がある。

（4）まち・ひと・しごと創生事業費

2015年度以降、地方財政計画上で「まち・ひと・しごと創生事業費」１兆円が措置されており、地方創生政策を支えている。しかし、この予算は（2）〜（3）で紹介した交付金と異なり、地方交付税制度をとおして自治体に配分されている。具体的には、基準財政需要額の個別算定項目のうち「地域の元気

20）「東京圏から地方への移住者の移住費用などの経済負担を軽減する取組」と「女性・高齢者等の新規就業費用などの経済負担を軽減する取組」からなる。UIJターン希望者のマッチング支援と移住・起業に対する補助が主である。（https://www.kantei.go.jp/jp/singi/sousei/meeting/chiikimiryoku_souzou/h30-09-26-shiryou1.pdf, 2019年６月６日参照）
21）特定の施策に対して定率補助金が充当されることにより、他の施策に対する当該施策の相対価格が下がり、過剰に実施されてしまう状態を指す。使途指定のない一般補助金が同額交付された場合には、より効果の高い他の施策に予算を充当できるが、それができないために生じる損失である。

創造事業費」（2018年度3,900億円）と「人口減少等特別対策事業費」（2018年度6,000億円）が全国合計で約１兆円となっており、不交付団体以外の自治体が受け取る普通地方交付税の算定に反映している。そして、上記２項目の算定にあたっては、補正係数に自治体の施策に対する評価が含まれており、特殊なものになっている。

　例えば、地域の元気創造事業費については、職員の給与水準や人件費の変動を中心に行革努力を評価するとともに、地域の経済指標や雇用指標を施策の成果として交付税に反映する仕組みになっている。また、人口減少等特別対策事業費は、人口指標や雇用指標を地域課題の困難さを表すものとしており、その改善が進めば成果として評価する形になっている。こうした算定項目の是非について、単純に評価することは難しいが、地域の元気創造事業費の行革努力に関する指標以外は、行政が指標の改善に直接関与することが難しく、また施策と指標の因果関係も証明しきれないものと思われる。

5．まとめ

　地方財政計画にもとづく地方交付税の財源保障機能によって、日本の地方自治体は財源不足額が補填され、収支が合うように毎年計画されている。これは、地域間の互助制度ともいえる仕組みがマクロレベルで存在していることを示している。しかし、近年は法人課税分を中心とした税源偏在の是正、地方消費税の清算基準の変更、ふるさと納税制度を使った寄附金獲得競争といった形で自治体間の対立も露わになってきた。国の地方創生政策にもとづく交付金の配分も、成果をKPIsで約束し、他の自治体との競争で資金を獲得する制度設計になっている。

　こうした既存の自治体単位での競争は、緊張感を持った行政運営を生み出し、効率や効果を真剣に考えるきっかけになるのであれば、有効であろう。しかし、現在の自治体の単位が最適であるとは限らない。近年は連携中枢都市圏や定住自立圏、あるいは地方制度調査会における「圏域」設定の議論など、少子高齢化を見据えてスケールメリットの見いだせる広域単位での協力体制構築や再編が視野に入り始めている。

本章の後半では、国が地方自治体に対して財政制度をとおした政策誘導を行っている例を紹介した。今後は、広域での連携体制など、どのような地方制度の設計を考えて、いかなる財政的インセンティブを国が自治体に提供するのかについて、注意深く見守る必要があるだろう。

（水田健輔）

参考文献

- 小磯修二・村上裕一・山崎幹根（2018）『地方創生を越えて これからの地域政策』（岩波書店）
- 佐々木亮祐（2018）「1位は川崎市、ふるさと納税「実質流出」の実態」（東洋経済オンライン，2018年8月6日）
  （https://toyokeizai.net/articles/-/232240, 2019年6月5日参照）
- 産經ニュース（2016）「1784自治体が地方版総合戦略を策定　石破地方創生相「取り組みを支援」」（2016年4月19日）
  （https://www.sankei.com/politics/news/160419/plt1604190027-n1.html, 2019年6月6日参照）
- 産經ニュース（2017）「ふるさと納税　復旧に一役　返礼無し寄付20億円」（2017年4月13日）
  （https://www.sankei.com/politics/news/170413/plt1704130040-n1.html, 2019年6月5日参照）
- 神野直彦・小西砂千夫（2014）『日本の地方財政』（有斐閣）
- 総務省（2019a）『第198回国会 平成31年度地方交付税関係参考資料』
- 総務省（2019b）『国の予算と地方財政計画（通常収支分）との関係（平成31年度当初）』
- 総務省（2019c）『ふるさと納税に係る総務大臣の指定について』
- 総務省自治財政局（2019）『平成31年度地方財政計画の概要』
- 総務省自治税務局市町村税課（2018）『ふるさと納税に関する現況調査結果（平成29年度実績）』
- 地方創生推進交付金のあり方に関する検討会（2019）『「地方創生推進交付金のあり方に関する検討会」最終とりまとめ』（2019年5月23日）
- 地方法人課税に関する検討会（2018）『地方法人課税に関する検討会──報告書──』
- 東京都（2017）『国の不合理な措置に対する東京都の主張──地方消費税の清算基準見直しに向けた反論──』
- 東京都主税局（2018）『平成30年度東京都税制調査会答申』
- 内閣府地方創生推進事務局（2018）『地域再生制度』
- 内閣府地方創生推進事務局（2019）『地方創生推進交付金事業の効果検証に関する調査報告書』
- 西沢和彦（2019）「地方消費税の在り方──平成30年度改正の評価」（『JRIレビュー』, 2019, pp.1-13）
- 日本経済新聞（2016）「ふるさと納税なぜ急増」（2016年8月15日・夕刊・2面）
- 日本経済新聞（2018）「ふるさと納税の非効率」（2018年11月21日・朝刊・21面）
- 日本経済新聞（2019）「ふるさと納税新制度開始」（2019年5月26日・朝刊・6面）
- 日本創成会議・人口減少問題検討分科会（2014）『成長を続ける21世紀のために「ストップ少子化・地方元気戦略」』（2014年5月8日）
- 持田信樹・堀場勇夫・望月正光（2010）『地方消費税の経済学』（有斐閣）
- 湯之上英雄・広田啓朗（2017）「第4章　自治体運営（再編・競争）と財政」赤井伸郎（編著）『実践財政学』（有斐閣, pp.100-131）

人口減少下の地域

　人口問題と地域創生は密接な関係を持っている。特に近年では、日本全体の人口構造が大きく変化する中で、地域問題も人口との関係で論じられることが多くなってきた。地域の課題を理解し、地域創生を推進していくためには、こうした人口と地域の関係を把握しておくことが不可欠である。

1. 日本の人口動態の変化と今後の展望

　まず、日本全体の人口変化について考えてみよう。

　我々は将来のことを知りたいと思っている。これからの景気はどうなるのか、どんな技術が現われるか、どんな産業が発展するのか、日本の社会はどう変わっていくのか等々知りたいことばかりである。しかし、いくら考えてみても、その大部分は「どうなるか分からない」というのが結論である場合が多い。これに対して、人口についての将来予測は比較的誤差が小さい。現在日本に年齢階層別にどの程度の人口が存在するか、またそれぞれの平均年齢ごとの平均余命がどの程度かはほぼ分かる。分からないのは「これからどの程度子供が産まれるのか」ということだけである。つまり、出生率について仮定を置きさえすれば、後はほぼ正確な人口予測が可能なのであり、比較的「確かな予測」なのである。なお、ここでは一応国境を超えた人口移動はないと仮定しているが、この点は今後大きな誤差要因になるかもしれない。

　日本全体の人口動態がこれからどう変化するかについては、国立社会保障・人口問題研究所が5年ごとに発表している「日本の将来人口推計」によって知ることができる。本来予測というものは多様なものなのだが、多くの人はこの国立社会保障・人口問題研究所の予測を標準的なものとしており、多くの議論で共通のベースになっている。最新のものは、2017年4月に発表されたものである。まずは、その内容を概観してみよう。

　この人口推計に基づいて、これからの日本の人口変化を見ると、その特徴は

次の４点である。なお、この人口推計では、出生率、死亡率についてそれぞれ「低位」「中位」「高位」という三つのケースを計算しているので、全部で９ケースの推計が示されている。以下では「出生率、死亡率共に中位」（多くの場合はこれを標準ケースとすることが多い）の推計に基づいて考える。

　第１の特徴は、総人口の減少だ。日本の人口は2008年から減少過程に入っているのだが、これからも人口は減り続ける。この推計によると、2015年に１億2709万人だった日本の人口は、2053年には１億人を割り込み、50年後の2065年には8808万人まで減る。

　第２は、少子化の進展だ。人口を議論する場合、全人口を「年少人口（14歳以下）」「生産年齢人口（15 ～ 64歳）」「老年人口（65歳以上）」という三つに区分して考えることが慣例となっている。少子化の動きはこのうちの年少人口の減少となって現われる。この推計によると、年少人口は、2015年の1595万人から2065年には898万人まで減少する（図表１参照）。

　少子化の動きは出生率の想定によって決まる。この推計では、出生率は2015年の1.45からほぼ横ばい（2065年1.44）としている。このように2を大きく下回る出生率が続けば、子どもの数は減り続けることになる。

　第３は、高齢化の進展だ。この推計では、人口に占める老年人口の比率（高齢化率）は、2015年の26.6％から2065年には38.4％になるとされている。2.6人に一人が高齢者ということになる。イメージするのが難しいほどの高齢化である。

　この時注意しなければならないのは、高齢者の数はあまり増えないことだ。この推計では、2015年に3387万人だった老年人口は、2065年には3381万人になるとされており、ほぼ横ばいである（同図参照）。つまり、高齢化が進むのは、高齢者の数が増えるからではなく、人口が減る中で高齢者の数は減らないからなのである。

　第４は、生産年齢人口が減ることだ。これが、後述する「人口オーナス」現象である。この推計では、2015年に7728万人だった生産年齢人口は、2065年には4529万人まで減る（同図参照）。全人口に占める比率も、2015年の60.8％から2065年には51.4％に低下する。この「人口オーナス」現象は、日本の地域にも様々なルートで影響しつつある。

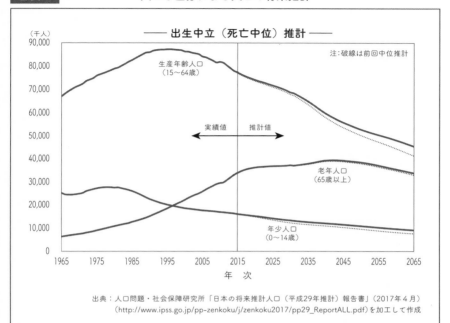

図表1　　　人口3区分による人口の将来推計

出典：人口問題・社会保障研究所「日本の将来推計人口（平成29年推計）報告書」（2017年4月）
（http://www.ipss.go.jp/pp-zenkoku/j/zenkoku2017/pp29_ReportALL.pdf）を加工して作成

2．人口オーナスという視点

　私は、人口構造の変化で最も重要な点は、生産年齢人口（15〜64歳）が減ることだと考えている。生産年齢人口層が働いて経済・社会を支えると考えると（これはかなり単純化した仮定だが）、それが相対的に減少することが経済・社会に大きな問題を投げかけることになると考えるのは自然である。私は、2007年に、日本経済研究センターでアジア経済の長期予測を手掛けた時に、この生産年齢人口減少の重要性を認識したのだが、それを表わす適当な言葉がないことに気が付いた。そこで「人口オーナス」という言葉を使うことにした。「人口オーナス（onus）」は「人口ボーナス」と対をなす言葉として使われていたものだ。

　この人口ボーナス・人口オーナス現象は、少子化、人口減少が起きると必然

的に現われるものである。それは「少子化の進展」→「人口ボーナス」→「人口オーナス」という順番で進むことになる。

　これは、図表2を見れば一目瞭然だ。すなわち、人口が増え、新しく生まれる子供の数が増えている時は、人口ピラミッドは図の左側のような形状となる。ここで少子化が始まり、新しく生まれる子供の数が減り、かつある程度時間が経過すると、真ん中のような中膨れの形状となる。この時、生産年齢人口は相対的に増えることになる。これが「人口ボーナス」の時期である。日本の高度成長期は、この人口ボーナスの時期だったのであり、更に東アジア諸国が高い成長を示した時期もまた人口オーナスだったことが確かめられている。

　その後さらに時間が経過すると、かつて分厚い生産年人口層を形成していた部分が、高齢化して行くので、ピラミッドの形状は右側のような形状となる。今度は、生産年齢人口が相対的に減少し、ピラミッドは逆三角形に近くなる。これが人口オーナスの時期である。

　以上の説明から分かるように、経済にとってプラスに作用する人口ボーナスは、過渡期に一度だけ生じる現象であるのに対して、経済にマイナスとなる人口オーナスは、少子化が続く限りいつまでも続くこととなるのである。

　私が、この人口オーナスこそが、人口問題の基本だと考えるのは、人口オーナスが、ほぼ必然的に、次のような困難を経済社会にもたらすからである。

　第1は、潜在成長力の低下である。経済の長期的な潜在成長力は、基本的には労働力、資本、技術という三つの生産要素の変化によって決まると考えるのが標準的な考えだ。

　このうち労働力については、生産年齢人口が減れば、当然ながら労働力人口も減りやすくなるはずだから、これが成長力を低下させることになる。この点は2014年頃から現実の問題点として強く認識されるようになった。

　人口オーナスは、資本の供給も減らすことになる。今、勤労者が貯蓄をする人、引退した高齢者が貯蓄を取り崩す人だと考えると、人口オーナスの下では、貯蓄者である勤労者層が減り、貯蓄を取り崩す高齢者が増えるので、経済全体の貯蓄は減少する。これも既に現実の問題となっており、例えば、国民経済計算ベースの家計貯蓄率は、2016年度2.5％、16年度2.3％という低水準であった。にもかかわらず、資本不足はほとんど認識されていない。これは、資本の供給

も減っているが、資金需要の方がもっと減少しているからである。将来、民間資金の需要が増えるようなことになると、国債との競合が生じ、金利が上昇して財政再建が難しくなるといった事態が進行する可能性がある。

　最後の「技術」については人口オーナスとの明確な関係は想定できないが、人口が減り、創意に満ちた若年層の割合が低下すると、革新的なアイディアが出にくくなることを懸念する見方もある。

　第2は、社会保障が行き詰まることだ。日本の年金、医療、介護などの社会保障制度は、基本的には、現時点の勤労者が税・保険料を負担して、現時点の高齢者に社会保障の給付を支払うという「賦課方式」を取っている。人口オーナスの下では、負担する勤労者層が減って、給付を受ける高齢者層が増えるのだから、社会保障制度は必然的に行き詰まる。社会保障の各分野で起きている諸問題の根本原因はこれである。

　第3は、人口オーナスを介して地域間格差の悪循環が起きることだ。この点を次に述べよう。

図表2　人口ピラミッドの変化「人口ボーナス」から「人口オーナス」へ

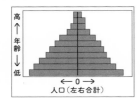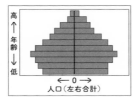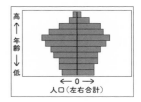

出典：内閣府「世界経済の潮流2010年Ⅰ（HTML版）」第2章第2節　第2-2-2図
（https://www5.cao.go.jp/j-j/sekai_chouryuu/sh10-01/s1-10-2-2/s1-10-2-2-2z.html）を加工して作成

3．地域の人口見通しと人口オーナスによる地域の悪循環

　地域別の人口見通しについても、国立社会保障・人口問題研究所が「日本の地域別将来推計人口」を発表している。この推計は、日本の全都道府県別、市町村別になっており、地域ごとの将来を考える上で大変便利な推計である。前述の全国版の人口推計が発表された後、その翌年に地域別の推計を発表すると

いうのが慣例になっている。最新のものは、2018年に発表されたものである。

　ただし、この人口推計については、全国版よりはずっと不確実性が大きいということに留意しておく必要がある。これは、人が地域を移動するからである。全国版の場合は、日本の人口の一員として国境を越えて人が移動する度合いはそれほど大きくないので、基本的には「国内で生まれた人は、国内で一生を終える」と仮定しても構わないが、地域の人口は都道府県や市町村の境界を越えて盛んに人が移動する。このような人の移動が将来どう推移するかを見通すのは大変困難である。国立社会保障・人口問題研究所は、これまでのトレンドなどを前提に、一定の仮定を置いて計算している。この変えると結論も変わってくるから、地域別の人口推計は、予測者によってかなり変わるという特徴がある（地域間の人口移動については次項でさらに説明する）。

　以上のような点に留意した上での、国立社会保障・人口問題研究所の2018年推計を見てみよう。これによると、これからの地域の人口は次のような姿となる。

　①すべての都道府県で人口が減少する。2010 〜 2015年では人口が減少した県の数は39だったが、2030 〜 2035年にはすべての都道府県で人口が減少することになる。

　②年少人口（0~14歳）は今後すべての都道府県で減少する。

　③生産年齢人口（15~64歳）の数は、しばらくは東京だけが増加するという姿となるが、2025年以降は、全都道府県で減少する。人口に占める割合も、2025年以降はすべての都道府県で低下するが、その度合いは地域によって異なる。この点は人口オーナスとの関係で後でもう少し具体的に見る。

　④高齢化の進展については、率でみるか絶対数で見るかによって、その姿が異なる。人口に占める高齢者（65歳以上）の比率という点では、今後全都道府県が上昇を続ける。その比率は地域差が大きく、最も高齢化比率の高い秋田県では、2045年の同比率は50.1%となる。

　これを高齢者の絶対数という点でみると、都市部と地方部で大きな差が出る。大都市圏では高齢者が増えるが、地方部では減少する地域が増えてくるのだ。1915~45年の変化率を見ると、東京36.2%増、神奈川34.2%増、埼玉29.4%増、愛知28.2%増、福岡21.2%増という具合だが、地方部では、秋田13.0%減、高

知11.1%減、山口8.8%減、和歌山8.0%減という具合である。

　ここで、前述の人口オーナスの問題を地域という視点から考えてみよう。日本全体がこれから、「人口に占める働く人の割合が下がる」という「人口オーナス」状態になることは既にみたとおりである。人口オーナスになると、働く人が相対的に少なくなるため、これが成長の制約要因となり、経済の発展が阻害される。同じことは地方にも起こるのだが、地方の方が問題は深刻かもしれない。

　図表3は、都道府県別の従属人口指数を2010年時点の順番で都道譜面別に並べ、2040年の予測値も併せて示したものである。従属人口指数というのは、「老年人口と年少人口の和」を生産年齢人口で割ったものである。生産年齢人口が「働く人」だと仮定すると、この従属人口指数は、働いていると人とそうでない人の比率を示すことになり、この比率が高いほど、働かない人の比率が高い、つまり人口オーナスの度合いが大きいということになる。

　これを見ると、左側に位置する人口オーナス度の低い都道府県ほど都市部の発展地域が多く、右側に位置する人口オーナス度の高い県ほど、地方部で相対的に発展から取り残された地域が多いことが分かるだろう。すると、人口オーナスと地域の関係については、次のような問題が現われる。

　まず、人口オーナスの小さな地域ほど生産年齢比率が高く、働き手が豊富に存在するから経済の発展性は高くなる。人口オーナスの大きな地域は逆に発展性が制約される。すると、発展性の低い地域から高い地域へ人が流れる。この人口移動によって、人口オーナスの大きな地域はますますオーナスの度合いが高まりまた、小さな地域はますます小さくなる。すると、発展性の高い地域はますます発展する。こうして、人口オーナスを介して、地域間の発展性の格差が増殖していくことになってしまう。

　人口オーナスの大きな地域からは人が移動して出ていくので、人口は全国平均より大きく減少する。これが続くと、人口減少は地域そのものの存立を脅かすことになりかねない。国全体であれば、「人口が減っても所得水準が変わらなければ、それでもいいのではないか」という議論が成立しうるが、地域ではそうはいかないだろう。各地域では、しばしば人口そのものを地域計画の目標的な数値として扱うことが多いのはこのためだ。

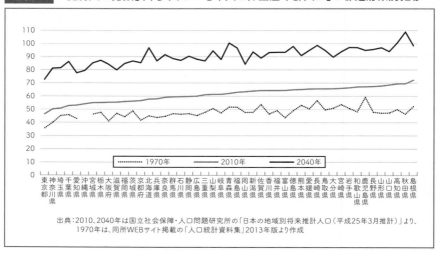

図表3 従属人口指数【（年少人口＋老年人口）/生産年齢人口】の都道府県別推移

...... 1970年　──── 2010年　──── 2040年

東神埼千愛沖宮栃大滋福茨京北兵群石静広三山岐青福岡新佐香福徳熊愛鳥大宮岩和鹿長山山高秋島
京奈玉葉知縄城木阪賀岡城都海庫馬川岡島重梨森島山潟賀川井山島本媛崎取分崎手歌児野口知田根
都川県県県県県県県府県県府道県県県県県県県県県県県県県県県県県県県県県県山島県県県県県
県　　　　　　　　　　　　　　　　　　　　　　　　　　　　　　　　　　　県県

出典：2010、2040年は国立社会保障・人口問題研究所の「日本の地域別将来推計人口（平成25年3月推計）」より、
　　　1970年は、同所WEBサイト掲載の「人口統計資料集」2013年版より作成

4．人口の社会移動について考える

　さてもう一度地域の人口予測について考えてみよう。

　ある地域の人口が変化するには二つの道がある。一つは、地域内で新たに子どもが生まれたり（出生）、人が亡くなったりする（死亡）ことで、この出生数と死亡数の差が人口の増減となる。これが「自然増減」である。もう一つは、地域を越えて人が入ってきたり（転入）、出て行ったりする（転出）ことで、転出数と転入巣の差が人口の増減となる。これが「社会増減」である。

　では、ある地域の人口変化を規定する要因としてはどちらが重要なのだろうか。全国の人口を考える場合には、社会増減というは国境を越えた人口移動に限られるので、その影響力はそれほど大きくない。しかし、各地域の人口変化にとっては社会増減の重要性がより大きくなる。

　例えば、都道府県別に見た時、最も人口増加率が高かったのが東京都（0.8％増）で、逆に最も減少率が大きかったのは秋田県（1.3％減）だった（2016年）。この人口増減率を自然増減率と社会増減率に分けてみると、東京の場合は自然増加率が0.02％、社会増加率が0.78％、秋田県は自然減少率が0.91％、社会

減少率が0.47％だった。つまり、東京都の人口増はそのほとんどが社会増によるものであり、秋田県は、自然減に社会減が加わって大幅な人口減になったということである。

では、こうした社会増減はなぜ起きるのか。この社会移動の姿は、総務省の「住民基本台帳人口移動報告」によって知ることができる。図表4は、住民基本台帳をベースにした都道府県間の年齢別の人口移動状況を見たものである。これによれば、最も移動しやすいのが20〜24歳層、次いで25〜29歳層、30〜34歳層となっている。これは、就学、就職の際に人口移動が起きやすいことを示している。

更に考えて、就学による移動と就職による移動ではどちらが重要だろうか。私は就職の方が重要だと考えている。なぜなら、就学による移動は本来、就学期間だけの短期的なものであり、卒業時点で再び地域間を移動することになるからだ。この点、就職の場合は移動先に長くとどまる可能性が高い。

さて、人口が減っている地域では、何とか人口減少を食い止めようとしているが、子育て支援の充実などにより出生率を上げようとするのは自然減を抑制しようとしているのであり、雇用機会の充実などによって流出を減らそうとするのは社会減を抑制しようとしていることになる。

では政策的に見てどちらが重要かと言われれば、私は圧倒的に社会減を減らす努力の方が重要だと思う。仮に、少子化対策が功を奏して地域の子供の数が増え、自然減が抑えられたとしても、肝心の雇用機会がなければ、その子供は就学、就職の際に都市部に流出してしまうからだ。

次に、同じく総務省報告の最新のもの（2018年）を基に最新の人口移動の姿をみてみよう。

まず、転入者と転出者を比較すると、圧倒的に転出超過の地域が多い。転入超過は、東京、千葉、埼玉、神奈川、愛知、福岡、大阪、滋賀の8都府県だけであり、残りはすべて転出超過である。

いわゆる東京一極集中現象が続いていることも分かる。すなわち、東京圏（東京都、神奈川県、埼玉県、千葉県）は14万人の転入超過であり、大阪圏（大阪府、兵庫県、京都府、奈良県）と名古屋圏（愛知県、岐阜県、三重県）は転出超過である。図表5は、三大都市圏（東京圏、名古屋圏、大阪圏）の転入・転出者

数の長期的な変化を見たものである。1950年代後半から70年代前半にかけての高度成長期には、三大都市圏には年間50〜60万人もの人口が流入し、これが都市部において急増しつつあった労働需要を埋める役割を果たした。その後は、名古屋圏、大阪圏への流入はストップし、東京圏への流入だけが目立つようになる。これが東京一極集中と呼ばれる流れである。

　政府は、2014年に策定した「まち・ひと・しごと創生総合戦略」で、年間10万人程度の東京圏への転入超過数を2020年にはゼロにするという目標を掲げている。具体的には、2013年をベースとして、2020年の東京圏から地方への転出を4万人増やし、同じく転入数を6万人減らすとしている。今のところこの目標は全く達成されそうにない。

　ここで、地域間の人口移動に関して二つの問題提起を行っておこう。

　一つは、人口移動と雇用の関係である。しばしば、地方部に人口を呼び戻すためにも、地方で雇用機会を増やすべきだという主張を目にする。政府も、前述の東京圏の転入超過ゼロという目標達成のため、地方において毎年10万人程度の雇用を創出するという目標もたてている。しかし、人口が流出している地方部では雇用機会が少ないとは必ずしも言えない。

　雇用の状況を示す代表的な指標に有効求人倍率がある。これはハローワークにおける求人数と求職者数の比率を見たもので（分母が求職者数）、この数字が高いほど労働需給が逼迫している（つまり人手不足の度合いが大きい）ことを示している。この有効求人倍率の最新の状況（2019年5月）を都道府県別に見ると、全都道府県が1を上回っており、人手不足は全国的現象であることが分かる。

　さらにこれを東京圏とそれ以外の道府県に分けてみると、東京圏の求人倍率は1.51（4都県の単純平均）なのだが、これを上回る道府県は26もある。つまり、多くの地域は東京圏以上に人手不足なのである。すると地方には雇用機会がないから東京一極集中が起きているという説明も間違いだということになる。

　ここから先は考えるべき点が多く、私も悩んでいるところだが、おそらく単に働く場があるというだけでは人は集まらない。将来性なども含めた雇用の質、居住環境などと一体となって考えないと人口の社会移動を変えることは難しいということなのであろう。

| 図表4 | 年齢別に見た都道府県間の人口移動数 |

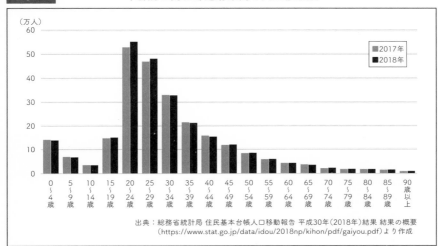

出典：総務省統計局 住民基本台帳人口移動報告 平成30年（2018年）結果 結果の概要
（https://www.stat.go.jp/data/idou/2018np/kihon/pdf/gaiyou.pdf）より作成

| 図表5 | 三大都市圏への人口転入者数の推移 |

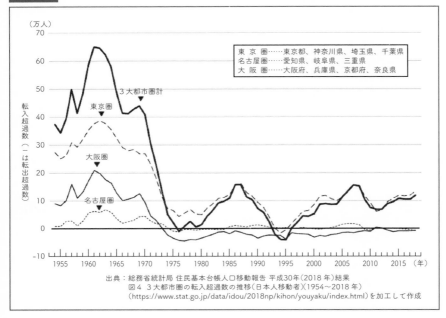

出典：総務省統計局 住民基本台帳人口移動報告 平成30年（2018年）結果
図4 3大都市圏の転入超過数の推移（日本人移動者）（1954～2018年）
（https://www.stat.go.jp/data/idou/2018np/kihon/youyaku/index.html）を加工して作成

もう一つは、経済学で言うところの「足による投票」という考え方だ。

　経済学は、市場での取引を通じて資源配分が行われると考える。人々が欲しいと思うものは価格が上昇し、それに応じて供給も増える。こうして社会的ニーズの高い分野に資源が配分されていくと考えるのである。しかし、市場以外の手段で資源配分を変えることもできる。それが「ヴォイス（voice＝声を上げる）」と「エグジット（exit＝退出する）」だ。

　例えば、近所のレストランの食事が美味しくないとしよう。近所の住民がこのレストランの味を改善させるためには二つのやり方がある。一つは、店主に「お前の店の料理は不味い」と文句を言うことであり、これが「ヴォイス」だ。もう一つは、その店に行くのを止めることであり、これが「エグジット」である。

　地域間の人口移動はこの「エグジット」に相当すると考えることもできる。人々はより良い教育機会、就業機会、生活の質を求めて地域間を移動する。すると、転入者が多い地域は、その地域の魅力が大きいから人が集まり、転出者が多い地域は、教育機会、就業機会などが乏しいから人が出ていくのだと考えることができる。これは人々が移動を通じて人気投票をしているようなものなので「足による投票」と呼ばれている。

　さて、この「足による投票」という考え方を地域間人口移動に適用してみると、人々の幸福・福祉水準を高めるには、「人々の地域間人口移動を活発にした方が良い」「特定の地域に人が集まることを無理に抑制する必要はない」という考え方が導かれる。これは現在政府、各自治体が進めている「社会移動を小さくしよう」「一極集中を是正しよう」という政策方向とは全く逆の考えである。

　どちらが正しいのだろうか。簡単に答えが出るような問題ではないのだが、読者の方々にも考えてみて欲しいポイントである。

５．地方創生と地域版人口ビジョン

　最後に、現在進められている地方創生と地域版の人口ビジョンについて考えてみよう。

　2014年以降、政府は地方創生に力を入れているのだが、これも人口と大きくかかわっている。そのきっかけになったのは、増田寛也氏が中心となってま

とめた日本創成会議の「ストップ少子化・地方元気戦略」という報告である。
この報告では、独自の地域別将来人口推計に基づいて、若年女性人口が2040
年に5割以上減少する市町村を「消滅可能性都市」だとし、その中で人口規模
が1万人を切る523の市町村（全体の29.1％）は、さらに問題が深刻であると
して、これらの地域は「このままでは消滅の可能性が高い」という衝撃的な結
論を示した。

　この「消滅自治体論」は、その自治体名が具体的に示されたこともあって、
全国の自治体に大きなショックを与えた。名指しで消滅可能性を指摘された自
治体では、早速「消滅しないためにはどうしたらいいか」という議論が始まっ
た。日本の地域の低迷状況を打破するには、まずは当事者である地域が「この
ままでは将来は大変なことになる」という危機感を持つ必要がある。その危機
感は、これまでになく高まったと言えるだろう。

　さて、これまで進められてでた地方創生の具体的な手順は次のようなもので
ある。まず、国は日本全体の人口の長期展望を示す「人口ビジョン」と、それ
を踏まえた「総合戦略」を策定する。この二つは2014年12月に策定された。
前者が「まち・ひと・しごと創生長期ビジョン」、後者が「まち・ひと・しご
と創生総合戦略」である。

　次に、各地方公共団体は、この「長期ビジョン」と「総合戦略」を勘案して、
2015年度中に「地方人口ビジョン」と「地方版総合戦略」を策定する。これ
も実際その通りになり、日本の全自治体が2015年度中に人口ビジョンと総合
戦略を策定した。例えば、佐賀県の場合（佐賀県を取り上げたのは特に意味が
あるわけではなく、あくまでもひとつの例として選んだだけである。他の自治
体もほぼ同じである）、人口ビジョンに当たるものが「佐賀県における人口の
将来推計（佐賀県人口ビジョン）」（2015年6月）であり、総合戦略に当たる
ものが「佐賀県まち・ひと・しごと創生総合戦略」（2015年9月）である。

　そして2016年度以降は、「地方版総合戦略」に基づいて、PDCAサイクルを
本格的に稼働させていく。PDCAサイクルというのは、P（Plan＝計画）→D（Do
＝実行言い→C（Check＝評価）→A（Act＝改善）というプロセスを繰り返す
ことである。

　さて、人口ビジョンの姿は二つの要素で決まる。一つは合計特殊出生率（以

下、出生率、人口の自然増減を左右）であり、もう一つが人口の流出入（人口の社会増減を左右）である。

　各自治体が人口展望の前提としている出生率は、大体、2030年頃に1.8、2040年頃には2.07というものである。また、多くの自治体が、2040年頃までには社会増減をゼロにするとしている。

　佐賀県の人口ビジョンの場合を見ると、出生率は2020年までに1.77、2040年までに2.07となっており、社会増減については、人口移動が2030年までにゼロに収束するとしている。他の地方自治体の人口ビジョンもほぼ同じである。

　なぜこのようなことが起きたのか。それは、各地域が国のビジョンをそのまま踏襲したからである。前述の政府の「まち・ひと・しごと創生長期ビジョン」では次のように述べられている「仮に、2030〜2040年頃に出生率が人口置換水準まで回復するならば、2060年に総人口1億人程度を確保し、（中略）。この推計では、2020年に出生率1.6程度、2030年に1.8程度まで向上し、2040年に人口置換水準（2.07）が達成されるケースを想定している。」出生率の人口置換水準というのは、「その出生率であれば人口が一定にとどまる」という出生率のことであり、日本の場合それが2.07なのである。

　政府は人口1億人という目標を掲げているが、これを実現するためにはいつかは必ず出生率を2.07にしなければならない。この2.07になる時期が遅れれば遅れるほど、安定する人口の規模は小さくなる。この点を加味して計算してみると、2040年頃までに2.07にならないと人口1億人目標は達成できない。

　また、これは人口1億人とは無関係だが、国の長期ビジョンでは、東京一極集中是正などの観点から、2040年頃までに人口の社会移動をストップするとしている。

　各地方公共団体は人口ビジョンの前提として以上のような国の想定をほぼそのまま使ったのである。

　この地方版人口ビジョンはかなり楽観的な展望だと言える。この人口ビジョンでは、人口の自然減も社会減もストップするから人口は減らない。市町村レベルでも同じような前提を置いているのだから、2060年頃になると、日本の全自治体の人口減少はストップする。そんなことがあり得るとはとても考えられない。

　問題はそのような楽観的な前提を置いても地方の人口は相当減るということだ。再び佐賀県の例を見ると、図表6に示したように、佐賀県の人口ビジョンでは、2010年に85.0万人だった佐賀県の総人口は、2060年には65.7万人にまで減少する。

　ただし、65.7万人という人口は、国立社会保障・人口問題研究所が2013年の「日本の地域別将来推計人口」の推定（54.3万人）よりはかなり大きい。つまり、従来の標準的な見方よりは楽観的なのだが、人口の姿そのものは決して楽観を許さないということである。

　出生率について最大限楽観的な仮定を置いてもこれだけ人口が減るということを考えると、地方の自治体は、「いかに人口減少を抑制するか」と合わせて「人口が減っても人々の福祉が低下しないようにするためにはどうしたらよいか」を合わせて考えておくべきだということになる。

（小峰隆夫）

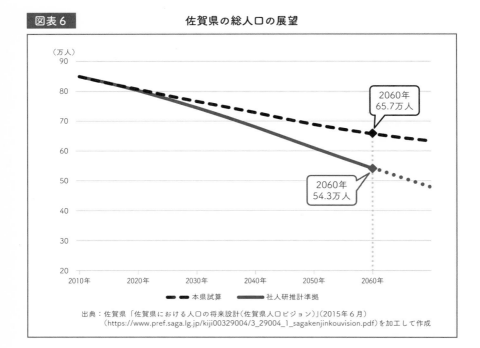

図表6　　　　　　　　　　**佐賀県の総人口の展望**

出典：佐賀県「佐賀県における人口の将来設計（佐賀県人口ビジョン）」（2015年6月）
（https://www.pref.saga.lg.jp/kiji00329004/3_29004_1_sagakenjinkouvision.pdf）を加工して作成

参考文献
- 小峰隆夫（2010）『人口負荷社会』（日経プレミアシリーズ）
- 小峰隆夫（2015）『日本経済に明日はあるのか』（日本評論社）
- 小峰隆夫（2017）『日本経済論講義』（日経BP社）
- 中川雅之（2015）「東京一極集中、是正すべきか——人口配置、過度な介入禁物、集積、公共財の質向上」（日本経済新聞経済教室、2015年11月3日）
- 日本経済研究センター大都市研究会報告（2015）『老いる都市、「選べる老後」で備えを』
- 増田寛也編著（2014）『地方消滅』（中公新書）

地方移住と地方創生

1. 地方創生戦略における地方移住

地方移住は、国の地方創生戦略の柱の一つとなっている。2014年に策定された「まち・ひと・しごと創生総合戦略」では、４つの基本目標のうちの一つが「地方への新しい人の流れをつくる」こととなっている。2018年改訂版「まち・ひと・しごと創生総合戦略」では、「年間47万人の地方から東京圏への転入者を年間６万人減少させ、年間37万人の東京圏から地方への転出者を年間４万人増加させる。こうした東京圏[1]から地方への新たな『ひと』の流れづくりにより、東京圏からの転出者と、東京圏への転入者を均衡させ、東京一極集中の流れを止めることを目指す」としている。

背景には、地方の急激な人口減少がある。日本全体としては、2008年をピークに人口減少局面に入ったが、地方では地方から東京圏への人の流れが人口減少に拍車をかけている。東京圏への一極集中は続いており、総務省住民基本台帳人口移動報告によると、2018年に東京圏は約14万人の転入超過（23年連続）であるのに対し、大阪圏や名古屋圏[2]がそれぞれ約９千人、約７千人の転出超過（ともに６年連続）、３大都市圏全体で、約12万人の転入超過となっている。東京圏への転入超過の中心は若年層で、2018年では15 ～ 29歳の年齢層での転入超過数は約13万人となっている。東京圏への人口の流れは、人口の減少ばかりでなく、東京圏以外での高齢化の進行速度も早めている[3]。

地方における人口減少や急速な高齢化は、深刻な人手不足や消費市場の縮小

1）３大都市圏のうち、東京圏は、東京都、埼玉県、千葉県及び神奈川県。
2）３大都市圏のうち、大阪圏は、大阪府、京都府、兵庫県及び奈良県、名古屋圏は、愛知県、岐阜県及び三重県。
3）内閣官房まち・ひと・しごと創生本部事務局において総務省の人口推計のデータを集計したところ、2000年から2015年までの15年間で、東京圏以外における15 ～ 29歳の若者人口は約３割（532万人）減少し、出生数は約２割（17万人）減少したのに対し、東京圏では若者人口は約２割（175万人）減、出生数は約５％（２万人）減にとどまっている。

を生み出している。特に地方において大多数を占める中小企業においては、大企業と比べて人手不足感が高まっている。人手不足による事業の縮小、ひいては、人手不足による倒産も増えつつある[4]。こうした地域経済の縮小は、住民の経済力の低下につながり、とりわけ小規模自治体において、地域社会の様々な基盤の維持を困難にしている。人口減少が地域経済の縮小を呼び、地域経済の縮小が人口減少を加速させるという負のスパイラルに陥るリスクも指摘されている。このような状況の下、東京圏から地方への新たな人の流れである地方移住は、地方から東京圏への人口の転入超過に歯止めをかけ、東京圏一極集中を是正し、地方の活性化を図っていく方策の柱の一つとなっている。

2.「地方移住」、「移住者」の概念

「地方移住」には、「Uターン」、「Iターン」及び「Jターン」が含まれる。「Uターン」は、地方からどこか別の地域へ移り住み、その後また元の地方へ戻り住むことであり、「Iターン」は、生まれ育った地域（主に大都市）からどこか別の地方へ移り住むことであり、「Jターン」は、地方からどこか別の地域（主に大都市）に移り住み、その後生まれ育った地方近くの（大都市よりも規模の小さい）地方大都市圏や中規模な都市へ戻り住むこととされる[5]。

「地方移住」における「地方」や「移住」という言葉の定義・範囲が不明確であることや、「移住者」か否かを判断するに当たり移住の目的をどの程度勘案するのか明確でないこと等から、「地方移住」や「移住者」という言葉の定義は困難になっており、全国的に統一されていない。

都道府県によっても「移住者」の定義は分かれている。ふるさと知事ネットワーク地方移住・交流促進プロジェクト（2017）によると、移住者を、①県外から、新たな生活の場所として住み続ける意思をもって移り住む（又は生活の拠点を移す）者と定義している県や、②移住施策や行政支援などを受けて、県外から転入をした者と定義している県があり、全体としては①の考え方の県

4）東京商工リサーチの調査によると、2018年の「人手不足」関連倒産は、中小企業を中心に増えており、調査を開始した2013年以降で暦年過去最多の387件となっている。
5）内閣官房まち・ひと・しごと創生本部事務局「地方移住ガイドブック」による。

が多くなっている。

　なお、現在の日本における「地方移住」は、基本的には、Benson（2009）
が提唱したライフスタイル移住、即ち、「仕事や政治的な避難のような伝統的
に移住の理由とされた理由以外による、主として広い意味での生活の質を求め
て行う移住[6]」に位置付けられるといえよう。

3．地方移住への関心、地方移住の理由、地方移住をめぐる不安

（1）地方移住への関心

　1で述べたように、東京圏への一極集中が進んでいる一方で、各種調査の結
果から、都市在住者の地方移住への関心が強まっていることが明らかになって
いる。

　東京在住者を対象とした調査である内閣官房（2014）から、約4割（うち
関東圏以外の出身者は約5割）が地方への移住を検討している、または今後検
討したいと考えていること（図表1）、特に若年層（10代・20代は男女とも
46.7%）及び50代男性（50.8%、50代女性34.2%）の移住に対する関心が高い
ことがわかった。

　また、東京都特別区及び政令市の居住者を対象に調査した総務省（2016）
では、農山漁村地域に移住してみたいかとの問いに対し、「移住する予定があ
る」（0.8%）、「いずれは（ゆくゆくは）移住したい」（5.4%）、「条件が合えば
移住してみてもよい」（24.4%）を合わせた30.6%が前向きに回答した。2005
年に実施した同様な調査である内閣府（2005）と比べると、前向きな回答の
割合は1割増加している。また、総務省（2016）において、性別では男性（男
性36.1%、女性25.0%）、年齢別では若年世代（20代37.9%、30代36.3%、40
代29.0%、50代24.4%、60代19.4%）で移住に前向きな回答の割合が高かった。

　ふるさと回帰支援センターの利用件数も年々増加しており、2017年は問い
合わせ・来訪者は、約3万3千件となっている（2008年の問い合わせ・来訪
者は約2千5百件）。2017年の利用者を年代別にみると、20代（21.4%）、30代

6）注17参照

（28.9%）が急増し、20代・30代で半数を占めている（2008年は20代（4.0%）、
30代（12.0%））。

　こうした都市在住者の地方移住への関心の高まりの背景には、広井（2015）
が指摘するように、人口減少ないしポスト成長の時代における空間軸の重視や、
福祉、環境、コミュニティ、まちづくりといった分野への人々の関心の高まり、
或いは小田切・筒井（2016）が指摘するような農村の潜在的な価値の再評価
があると考えられる。

図表1　東京在住者の移住の希望の有無

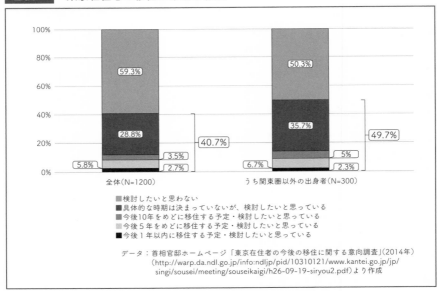

（2）地方移住したい理由や地方移住検討のきっかけ

　各種調査の結果から、移住検討のきっかけや移住したい理由は、年代や性別
によって大きく異なることがわかっている。

　東京在住者を対象に調査した内閣官房（2014）から、10-30代女性は、「結婚」
（10・20代39.3%、30代19.1%）、「子育て」（10・20代32.1%、30代25.5%）をきっ
かけに、「出身地や家族・知人等がいる」（10・20代53.6%、30代51.1%）こ

とを理由にして地元への U ターンを考える人が多いこと、60 代男女は、「定年退職」（男性45.5%、女性38.2%）などをきっかけとして 二地域居住を考える人が多いこと、30 代男性は、「早期退職」（29.2%）、「転職」（22.9%）などをきっかけに「スローライフ」（47.9%）を理由として地方移住を考える人が多いことが明らかになった。

　地方への移住に興味がある若者を対象に調査した移住・交流推進機構（2018）において、地方への移住に興味を持つ理由を尋ねたところ、「山・川・海などの自然にあふれた魅力的な環境」（50.2%）、「子育てに適した自然環境」（33.4%）、「子どもの教育・知力・学力向上」（22.2%）といった環境にまつわる選択肢を選んだ若者が全体の 7 割超に及び、「都会の生活に疲れた」などのネガティブな理由を選んだ若者は37.4%、「実家がある」などの生き方に関連する理由を選んだ若者は37.0%であった。

（3）地方移住をめぐる不安・懸念

　各種調査の結果から、地方移住に関心を持つ者にとって、地方移住をめぐり最も不安に感じることは、移住先の仕事や職業キャリアに関わる事柄であることが明らかになっている。

　東京在住者を対象に調査した内閣官房（2014）では、移住する上での不安・懸念として、働き口が見つからないこと（41.6%）、日常生活の利便性が低いこと（36.7%）、公共交通の利便性が低いこと（35.9%）等が挙げられている（図表２）。

　地方への移住に興味がある若者を対象に調査した移住・交流推進機構（2018）において、移住に関心を持ちつつ移住に至らない要因について尋ねたところ、「移住先では求める給料水準にない」（25.6%）、「移住先では専門性を活かせない」（11.6%）など仕事関連の要因が48.4%と最も多く回答され、移住後の生活を支える仕事に対して多くの人が不安を感じていること[7]、また、「田舎の人間関係が不安」（23.6%）といった人間関係関連のカテゴリーも44.2%と多

7）労働政策研究・研修機構（2016）は、同じ地方圏であっても、大都市部ほど出身市町村へのUターンが起こりやすい一方で、都市部から離れた地域ほど一度転出した個人がUターンという選択をしにくく、出身県に戻る場合でも県内の大都市部へのJターンとなってしまうこと、この背景には、地方の中でも大都市部ほど雇用機会の量・質が豊富であることを指摘する。

く回答されており、多くの人が移住先のコミュニティとの関わり方にも不安を
感じていることがわかった。

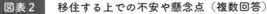

図表2　移住する上での不安や懸念点（複数回答）

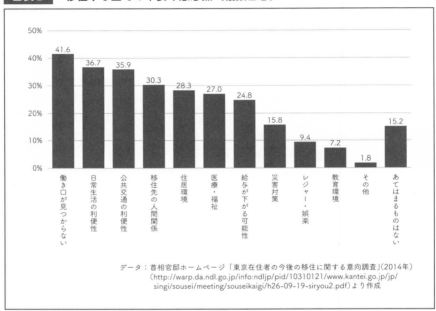

データ：首相官邸ホームページ「東京在住者の今後の移住に関する意向調査」(2014年)
(http://warp.da.ndl.go.jp/info:ndljp/pid/10310121/www.kantei.go.jp/jp/
singi/sousei/meeting/souseikaigi/h26-09-19-siryou2.pdf) より作成

４．地方移住に係る自治体や国の施策

　３で言及したとおり、都市在住者において地方移住への関心の高まりがみら
れるが、こうした関心の高まりを国や自治体では実際の地方移住につなげてい
こうと様々な施策を打ち出している。

（１）地方移住に係る自治体の施策

　自治体のほとんどは、移住促進を地方版総合戦略の柱に据え、数値目標を掲
げ、移住促進のターゲット[8)]に応じた、様々な施策を展開している。

8）塚崎（2018）は、多くの市町村では、重点ターゲットを絞って移住促進策を推進しており、大正

　過疎市町村を対象に移住・定住促進施策について調査した総務省（2018）によると、移住相談窓口は85％を超える市町村が設置しているほか、移住・定住フェアへの出展・開催や空き家バンクの運営は7割を超える市町村が取り組んでいる。同調査は、施策開始時期[9]が遅くなると、概ね移住者増となった区域の割合は低下する傾向にあること、NPO法人、自治会・町内会等の団体及び地域運営組織等、行政以外の組織が移住・定住の支援に関わっている市町村では、行政のみが移住・定住支援に取り組んでいる市町村に比べ、移住者が増える傾向がみられる[10]ことを明らかにした。

　地域の創意工夫により、各地域の特色を活かした地方移住促進策の好事例が生まれている。例えば、地元高校を魅力化し、島外の生徒確保につなげた、島根県海士町[11]、住環境の整備、子育て支援に加え、起業者支援や新規就農者の育成など、様々な施策を総合的に実施することで、社会増を達成した、北海道厚真町[12]等は移住・定住促進に成功した好事例[13]といえる。

（2）地方移住に係る国の施策

　国は、『「そうだ、地方で暮らそう！」国民会議』を2015年に立ち上げ、地

　　大学地域構想研究所の41連携市町村（2016年当時）を対象に調査した結果、「当該市町村での子育てを希望している子育て世代」を移住促進策の重点ターゲットとしている市町村が最も多く、次いで「Uターン希望者」を重点ターゲットとしている市町村が多かったとしている。

9）総務省（2018）によると、2005年度以降、徐々に移住・定住支援施策を開始する市町村が増加し、地方創生元年とされる2015年度に111団体が施策を開始し、大きく取組が進んでいる。

10）こうした傾向の背景には、行政では担えないようなきめ細かな移住希望者への対応があると考えられる。例えば、小田切・阿部（2015）によると、和歌山県那智勝浦町では、地域づくり組織である色川地域振興推進委員会が直接、相談窓口となり、移住希望者に4泊5日で、地域内15人の家を訪ねる「定住訪問」の機会を提供し、訪問する家のリストは、地域の実情を人レベルで知ってほしいという思いから、移住者の移住の動機によって、委員会がその都度オーダーメードで作成している。色川地区では、2018年4月時点で人口327人の約半数の164人が移住者である。

11）島根県海士町は、島唯一の高等学校に、地域資源や地域人材を活用し、実践的なまちづくりや商品開発などを担うリーダーの育成を目指す「地域創造コース」、少人数指導で難関大学にも進学できる「特別進学コース」を設置したり、全国から意欲ある生徒を募集する「島留学」の制度を設けたりすること等により、廃校寸前だった同校を人気校へと進化させ、生徒数をV字回復した。

12）北海道厚真町は、田舎ならではの良質な住環境の整備、出産前から高校卒業までの一貫した子育て支援、お試しサテライトオフィスの運用等の起業者への支援、研修農場の整備等による新規就農者の育成等、様々な施策を総合的に実施することで、2010年から2015年にかけて2.85％の社会増を達成した。

13）内閣官房（2016）はこうした好事例をとりまとめている。

方生活の魅力や地方移住の好事例を発信すること等により、地方移住の機運の醸成を図るとともに、地方移住を推進すべく取組を強化している。ここでは、地方移住や人の流れに直接関わる施策に絞って内容を概観する[14]。

第一に、地方移住に関するマッチング支援に係る施策である。国は、自治体等と連携して地方移住に関するマッチングを支援している。例えば、まち・ひと・しごと創生総合戦略の2018年改訂に際し、新たに盛り込まれた施策である、「UIJターンによる起業・就業者創出」では、地方の中小企業等の求人広告を提供するマッチングサイトの開設等、都道府県の取組を支援するとともに、求人情報に加え、住まいの情報を含む生活に関わる情報についても、容易に参照できるよう移住者視点での情報提供を充実させるとしている。なお、この事業においては、一定の条件を満たす起業者や移住者に対して、地方創生推進交付金等の枠組みを通じて経済的な支援を併せて行うこととしている。「全国移住ナビ」や「全国版空き家・空き地バンク」も地方移住希望者に対し、情報提供を行うことにより、マッチングを支援し、移住促進を図っている施策といえよう。

第二に、若者の東京一極集中の是正及び地方への若者の流れの促進である。多くの若者が大学等への進学時と就職時に地方から東京圏へ流出している。国は、若者の東京一極集中を是正し、地方への若者の流れを促進するため、地域における大学振興・若者雇用創出の促進や、東京の大学の定員抑制及び地方移転の促進等を進めるとともに、地元企業でのインターンシップを実施する「地方創生インターンシップ」、地域における起業・創業の推進、地域産業の担い手となる学生の奨学金返還支援のための基金の造成のしくみの整備等を進めている。

第三に、政府関係機関の地方移転、企業の地方拠点強化促進である。政府関係機関については、具体的には、研究機関・研修機関等の一部を地方に移転することや、文化庁の京都への全面的な移転等を進めている。また、本社機能の移転または地方における拡充を行う事業者に対する税制上の支援措置等を行っ

---

14)「まち・ひと・しごと創生総合戦略」の４つの基本目標のうち、「地方への新しい人の流れをつくる」以外の基本目標（「地方にしごとをつくり、安心して働けるようにする」、「若い世代の結婚・出産・子育ての希望をかなえる」、「時代に合った地域をつくり、安心なくらしを守るとともに、地域と地域を連携する」）に係る施策も、ひいては地方移住促進にも資するものといえる。

ている。

　その他、「地域おこし協力隊」の拡充、「生涯活躍のまち」の推進、子供の農山漁村体験の充実等、様々な施策を講じることにより、国は地方移住促進を図っている。

5．地方移住及び地方移住者の実態

　2で述べたように、「移住者」の統一的な定義がなされていないこと等から、地方移住の全容を把握すること[15]は難しいが、ここでは、各種調査から読み取れる地方移住の実態や実際に移住した人の実態についてみる。

（1）移住者数の推移と移住者増加区域数の推移

　総務省（2018）では、「田園回帰」の実態を統計的に捉えるため、2000年、2010年及び2015年の国勢調査の個票データを用いて、都市部から過疎地域への移住者[16]数の推移等について分析したところ、都市部から過疎地域への移住者数は、2000年では約40万人であったが、2015年では約25万人に減少している。しかし、2000年から2010年にかけて都市部からの移住者が増加している過疎地域の区域は108区域（全区域数に占める割合は7.1%）にとどまるのに対し、2010年から2015年にかけては397区域（同26.1%）となっており、都市部からの移住者が増加している区域数が増えていることが明らかになった。また、総務省（2018）から、2010年から2015年にかけて都市部からの移住者が増加している区域を人口規模別にみると、人口規模の小さい区域の方が都市部からの移住者が増加している区域数の割合が高いこと（図表3）、2015年における、都市部から過疎地域への移住者を年齢別にみると、20代及び30代の若年層が約45%と大きな割合を占めていることもわかった。

15）明治大学農学部地域ガバナンス論研究室、NHK、毎日新聞が共同で全国の自治体を対象に実施した移住者調査によると、移住者数は2014年度には全国で11,735人を数え、前年比、43%増、また2009年からの5年間では約4.1倍となった。

16）ここでの「移住者」は、国勢調査の各調査時点の「現住地」と「5年前の常住地」が異なる地域（県内他市町村、他県、国外）である者としている。

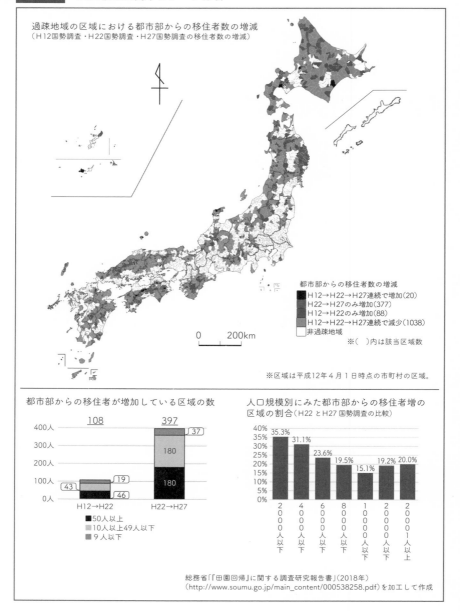

図表3 人口移動に関するデータ分析

過疎地域の区域における都市部からの移住者数の増減
（H12国勢調査・H22国勢調査・H27国勢調査の移住者数の増減）

都市部からの移住者数の増減
■ H12→H22→H27連続で増加（20）
▨ H22→H27のみ増加（377）
▨ H12→H22のみ増加（88）
▨ H12→H22→H27連続で減少（1038）
□ 非過疎地域

※（　）内は該当区域数

0　　200km

※区域は平成12年4月1日時点の市町村の区域。

都市部からの移住者が増加している区域の数

108　　　　397

■ 50人以上
■ 10人以上49人以下
■ 9人以下

人口規模別にみた都市部からの移住者増の
区域の割合（H22とH27国勢調査の比較）

35.3%　31.1%　23.6%　19.5%　15.1%　19.2%　20.0%

2000人以下　4000人以下　6000人以下　8000人以下　10000人以下　20000人以下　20001人以上

総務省「「田園回帰」に関する調査研究報告書」（2018年）
（http://www.soumu.go.jp/main_content/000538258.pdf）を加工して作成

（2）地方移住者の実態

　実際に地方に移住した者を対象に調査した総務省（2018）において、移住者のうち、「地域の魅力や農山漁村地域（田舎暮らし）への関心が、転居の動機となったり、地域の選択に影響した」と回答した者に対して、現在の地域に移住した理由を聞いたところ、「気候や自然環境に恵まれたところで暮らしたいと思ったから」（47.4%）、「それまでの働き方や暮らし方を変えたかったから」（30.3%）、「都会の喧騒を離れて静かなところで暮らしたかったから」（27.4%）が移住した理由の上位を占めること[17]（図表 4）、UIJ ターン別にみた場合、U ターン者は「ふるさと（出身地）で暮らしたいと思ったから」（71.1%）、I ターン者は「それまでの働き方や暮らし方を変えたかったから」（44.0%）、「都会の喧騒を離れて静かなところで暮らしたかったから」（36.9%）、J ターン者は「ふるさとではないが、なじみのある地域で暮らしたいから」（43.8%）の回答割合が高いことがわかった。

　また、総務省（2018）では、移住する際、最も重視したことは何かとの問いに対し、「生活が維持できる仕事（収入）があること」（21.5%）が最多で、次いで「子育てに必要な保育・教育施設や環境が整っていること」（7.0%）、「買い物や娯楽などの日常生活に必要なサービスや生活関連施設があること」（6.5%）との回答割合が高かった。

　加えて、総務省（2018）において、移住する際に利用した行政施策（利用予定を含む）について尋ねたところ、「空き家情報の提供や斡旋、紹介」（13.1%）、「移住に係る費用の支援（空き家改修費の補助等）」（10.6%）、「移住先の地域や暮らしに関する情報の提供」（13.1%）を利用した割合が比較的高かったが、無回答も 4 割を超えた。

6．地方移住に関する今後の課題

　最後に地方移住の今後を展望するため、いくつかの課題に触れる。

17）この結果は、現在の地方移住が、2 で述べた、Benson（2009）が提唱したライフスタイル移住、即ち「広い意味での生活の質を求めて行う移住」に当てはまることを示している。

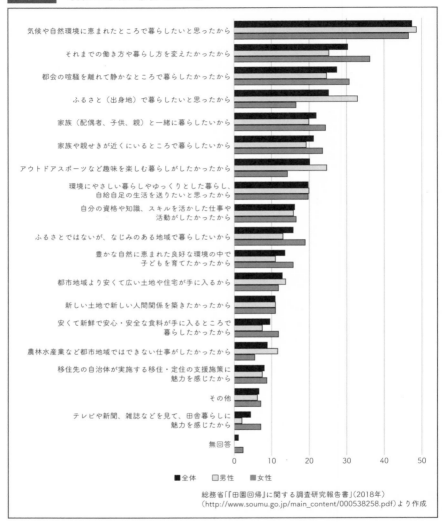

図表4　現在の地域に移住した理由

気候や自然環境に恵まれたところで暮らしたいと思ったから

それまでの働き方や暮らし方を変えたかったから

都会の喧騒を離れて静かなところで暮らしたかったから

ふるさと（出身地）で暮らしたいと思ったから

家族（配偶者、子供、親）と一緒に暮らしたいから

家族や親せきが近くにいるところで暮らしたいから

アウトドアスポーツなど趣味を楽しむ暮らしがしたかったから

環境にやさしい暮らしやゆっくりとした暮らし、自給自足の生活を送りたいと思ったから

自分の資格や知識、スキルを活かした仕事や活動がしたかったから

ふるさとではないが、なじみのある地域で暮らしたいから

豊かな自然に恵まれた良好な環境の中で子どもを育てたかったから

都市地域より安くて広い土地や住宅が手に入るから

新しい土地で新しい人間関係を築きたかったから

安くて新鮮で安心・安全な食料が手に入るところで暮らしたかったから

農林水産業など都市地域ではできない仕事がしたかったから

移住先の自治体が実施する移住・定住の支援施策に魅力を感じたから

その他

テレビや新聞、雑誌などを見て、田舎暮らしに魅力を感じたから

無回答

■全体　□男性　■女性

総務省「『田園回帰』に関する調査研究報告書」（2018年）
（http://www.soumu.go.jp/main_content/000538258.pdf）より作成

（1）場所を問わない働き方の広がりと地方移住

　地方移住をする上での不安や懸念点として、多くの人が挙げる、仕事の問題については、ICT技術が進歩し、リモートワーク[18]など場所を問わない働き方

が今後普及することにより解決できる場合が増え、地方移住を促進できる可能性がある。

リモートワークについては、故郷に住む親の介護[19]のためにUターンしたが、都市部の会社を退職することなく、ICT技術を活用してリモートワークで働き続ける実例[20]も出てきている。また、サテライトオフィスやICT環境の整備により、ICTベンチャー系企業等の誘致に成功し、移住促進を図って、社会増を実現した徳島県神山町のような事例も既にある。

地方移住ではないが、地方から都市部への人口流出を抑制するという観点から、都市部の企業が「リモートワーク正社員」として地方圏に住む大学生を採用すること等も将来的には検討の余地が生じてくるだろう[21]。

（2）外国人の地方移住の促進

中小・小規模事業者をはじめとした人手不足への対応として、2019年度から新たな外国人受入れのしくみが始動した。現状をみると人手不足の状況が厳しい地域ほど、外国人技能実習生が活用されており、この傾向は地方圏の方が3大都市圏に比べて強いこと[22]、技能実習2号を良好に修了した者は、技能水準や日本語能力水準に係る試験を免除され、新たに創設された在留資格「特定技能1号」を取得できること等から、新たな受入れのしくみの運用を契機に、

---

18)「リモートワーク」は、在籍する会社のオフィスにはほとんど出勤せず、基本的には自宅や自宅近くのサテライトオフィス等、会社から離れた場所で業務を遂行する勤務形態を指す。

19) 厚生労働省（2017）は、都市部では35歳から44歳の有業者の割合が相対的に高い一方で、後期高齢者の割合が相対的に低く、地方では逆の傾向があり、今後もこうした状況が続けば,都市部を中心に、地方にいる親の遠距離介護が大きな課題となる可能性があると指摘する。

20) 親の介護のため故郷の山形県に戻ったが、リモートワークにより東京の会社に勤め続けているIT技術者に筆者がインタビューを行ったものとして石原（2016）がある。

21)「リモートワーク正社員」としての採用は、地方圏の学生にとっては、都市部の企業に雇用されながら出身地等に住むことを可能とし、都市部企業にとっては、地方圏の優秀な学生の採用を可能とするなど、双方にメリットをもたらし得る。地方圏に住む大学生を対象にインターネット調査を実施した大正大学地域構想研究所（2018）によると、約6割の地方の大学生が東京圏企業に「リモートワーク正社員」として採用されることについて関心がある。

22) 塚崎（2019）は、地方圏においては、東京圏に次いで外国人労働者が急増しており、その急増の背景には、3大都市圏と異なり、技能実習生の増加があること、技能実習生の活用は、中部、四国、中国地域を中心に全国に拡大しており、いずれの地域においても技能実習生の活用の度合いは次第に高まっていること、人手不足の状況が厳しい地域ほど、技能実習生が活用されており、この傾向は地方圏の方が3大都市圏に比べて強いことを明らかにした。

外国人労働者の活用は地方圏で今後さらに進むことが予測できる。地方移住の問題も、日本人ばかりでなく、外国人[23]も視野に入れて考えていく必要がある。なお、外国人の地方移住促進を考える際には、日本人と同様、外国人の職業キャリアやライフキャリアの観点を踏まえることが欠かせないと考える。

(3) 都市部企業の支援による地方移住の可能性

　都市部の企業に勤務する者を対象に調査を実施した大正大学地域構想研究所（2017）から、地方移住に関心があるが、具体的には検討していない都市部企業勤務者が、現在勤めている企業の支援を得られるならば、地方移住したい、或いは検討したいという意向を持つこと[24]、若い世代を含め、都市部企業勤務者のほとんどは、時期としては、仕事や子育てが一段落し、現在のライフキャリアに一定程度区切りをつけた時点での地方移住を構想していることが明らかになった。

　都市部企業が、転職や起業に係るセカンドキャリア支援や転勤といった人事制度の中に地方移住支援の要素を加味することによって、都市在住者の職業キャリアの継続性や安定性を担保しつつ、都市在住者が望む地方移住の実現を支援できる可能性がある。働き方改革の流れ、高齢化の進展、ICT技術の進歩は、今後こうした企業による地方移住の支援の可能性を後押しすると考える。

（塚崎裕子）

---

22)「まち・ひと・しごと創生基本方針」の2018年版において、それまでなかった「地方における外国人材の活用」という項目が設けられたが、その内容は留学生や高度人材を中心としたものになっている。しかし、今後は、技能実習生や新たな在留資格の外国人も含めた、我が国に受け入れている外国人全体を視野に入れて、地方創生と外国人材の活用について検討していかなければならないと考える。

23) 大正大学地域構想研究所（2017）では、都市部企業勤務者のうち、「地方移住に関心があり、既に具体的に検討している」割合は6.2%にとどまるが、現在勤務している企業から地方移住に関する支援（「勤め続けながら地方で生活するための支援」、「地方の企業に転職するための支援」、「地方で起業するための支援」）を得られるのであれば、「地方移住をしたい」または「検討したい」という割合は43.9%となり、企業の支援が得られるとしても「地方移住したいと思わない」という割合（42.4%）を上回った。

参考文献

・石原たきび（2016）「最上町への移住を決断した二つの家族の新生活」（『地域人』、第15号、pp.116-117）
・移住・交流推進機構（2018）『「若者の移住」調査』
・小田切徳美、阿部亮介（2015）「地方移住の現状」（『月刊ガバナンス』、2015年4月号、pp.103-105）
・小田切徳美、筒井一伸（2016）『田園回帰の過去・現在・未来──移住者と創る新しい農山村』（農山漁村文化協会）
・厚生労働省（2017）『労働経済白書』
・総務省（2016）『都市部の住民の意識調査』
・総務省（2018）『「田園回帰」に関する調査研究報告書』
・大正大学地域構想研究所（2017）『企業支援による地方移住に関する調査』
・大正大学地域構想研究所（2018）『リモートワークに関する調査』
・塚崎裕子（2018）「市町村による地方移住促進策についての一考察──都市企業勤務者の地方移住の意向を踏まえて──」（『地域構想』、大正大学地域構想研究所、創刊号、pp.5-15）
・塚崎裕子（2019）「地方という軸からみた外国人労働者問題──地方における外国人技能実習生の急増と新たな受入れ制度導入──」（『地域構想』、大正大学地域構想研究所、第1号、pp.15-22）
・内閣官房（2014）『東京在住者の今後の移住に関する意向調査』
・内閣官房（2016）『移住・定住好事例集（第1弾）』
・内閣府（2005）『都市と農山漁村の共生・対流に関する世論調査』
・広井良典（2015）「人口減少時代の社会構想──地域からの離陸と着陸」（『論究』、第12号、pp.49-57）
・ふるさと知事ネットワーク地方移住・交流促進プロジェクト（2017）『移住者の定義及び把握方法等に関するアンケート』
・労働政策研究・研修機構（2016）『UIJターンの促進支援と地方の活性化──若年期の地域移動に関する調査結果』（JILPT調査シリーズNo.152）
・Benson, M.(2009), "Migration and the Search for a Better Way of Life: A Critical Exploration of Lifestyle Migration" (*Lifestyle Migration: Expectations, Aspirations and Experiences*, eds. Benson, M. and O'Reilly, K., pp.121-135)

第Ⅱ部
経営の視点から地域創生を考える

第6章 地域創生とマーケティング

1. 地域創生とマーケティングのマネジメント

　地域創生という目的のためにマーケティングが必要となる場面と聞くと、どのようなことを想像するだろうか。各地域で収穫される農作物や水揚げされる水産物の知名度を全国的に向上させ、販売額や出荷額をアップさせる場面や、それらをもとにしたカレーやジャムなどの商品を開発し、地域固有の土産物として販売する場面を想像する人もいれば、遺跡や公園、博物館、美術館、テーマパークなどの施設、文化財や地域特有の食文化、自然などをもとにした、地域の観光地化の場面を想像する人もいるだろう。また、地域のしごとづくりや地域に必要とされる新たなビジネスの立ち上げ、地域を拠点とする起業といったことも地域創生にとっては重要であるが、これら地域創生と関わるビジネスを軌道に乗せるプランを考えていく場面をマーケティングが必要となる場面としてあげる人もいる。その他、地域内の人口減少を抑えるために、生活するまちとしての地域の魅力を高めることや、その魅力を人々にむけてアピールしていく活動を想像する人もいるだろう。

　これらの例は、地域創生という目的のためにマーケティングが必要とされている場面として間違いではない。マーケティングについては、数多くの研究者によって定義がなされてきているが、近代マーケティングの体系化に尽力してきた研究者で「近代マーケティングの父」とも呼ばれているフィリップ・コトラーは、ケビン・レーン・ケラーとの共著の中で、「マーケティングとは人間や社会のニーズを見極めてそれに応えることである」と述べている（Kotler and Keller,2006,邦訳6頁）。また、企業の存在意義やマネジメントに関する著作を数多く発表し、「マネジメントの父」とも称されているピーター・ドラッカーは、マーケティングが目指していくのは、「顧客を理解し、顧客に製品とサービスを合わせ、自ら売れるようにすること」であると述べている（Drucker,1974,邦訳78頁）。製品やサービスが「自ら売れる」というのは、顧客に購買を強制

したり、無理を言って購入をお願いしたりするのではなく、顧客が自発的に購買をすることを意味している。そのような状況や仕組みをつくりあげていくことをドラッカーはマーケティングの目的と述べているのである。

　コトラーやドラッカーの言葉からわかることは、マーケティングが「顧客に目をむけているかどうか」、「顧客の視点・立場から、製品やその販売に関連する活動を考えて実行しているかどうか」を重要視するものということである。このことは、冒頭において提示した例のような場面で実際にマーケティングを行う人や団体、組織にとっても同様に重要となる。

　では、地域創生という目的のために行われるマーケティング活動の「顧客」とは、いったい誰なのであろうか。前述したコトラーは、1993年に他2名の研究者と共に、"Marketing Places"という著書を出している（邦訳『地域のマーケティング』）。この著書の中では、人口問題や企業誘致、産業の活性化、観光地化など、市町村や地区、地方、州など（以降、邦訳書の表現に基づき「まち」と表記）が直面している諸課題に対する、専門家中心の都市計画や政府主導の開発計画とは異なるアプローチとして、マーケティングの理論や手法を用いるアプローチが示されている。その中で、「まち」のターゲット市場[1]としてあげられているのが、1）ビジター、2）住民と勤労者、3）企業と産業、4）輸出市場の4種類である。

　第一のターゲット市場であるビジターについては、仕事の打ち合わせや視察、会議、仕入れ等の目的で「まち」を訪問する「ビジネス関係のビジター」と、観光客や家族、友人を訪問する旅行者など「ビジネス以外のビジター」が含まれている。これら一番目のターゲット市場が、上記のように何らかの目的をもって「まち」を訪問する人々であるのに対して、二番目のターゲットは「まち」に住む人々や、そこで働く人々である。三番目の企業と産業とは、「まち」にとって、財政収入や住民の雇用の場の創出という点からも重要となる「まち」の経済活動の担い手のことを意味する。第四の輸出市場とは、「まち」の製品やサービスを購入する他の地域や国の人々のことを意味している。

1）マーケティングにおいて「市場」は「顧客の集まり」のことを意味する。経済学における「市場」の意味とは異なる点に注意が必要である。

このように、地域創生のために行われるマーケティングの担い手を「まち」と考えた場合に、「まち」が目を向ける必要がある存在は多様である。以下では、こうした違いの存在を最終的には意識していく必要があることを念頭におきつつも、どのようなマーケティング・マネジメントの実践においても基本となる知識として知られる、マーケティング環境の分析、STP、マーケティング・ミックスについて学んでいく。それによって、これからの地域創生において、上記の4つとは異なるターゲット市場を想定する場面や課題が現れた際にも、マーケティングの理論や手法を用いるアプローチで対応できるようになることが本章のねらいである。

2．マーケティング環境の分析

　図表1は、マーケティング・マネジメントのプロセスを示したものである。マーケティング・マネジメントとは「ターゲット市場を選択し、優れた顧客価値を創造し、提供し、伝達することによって、顧客を獲得し、維持し、育てていく技術および科学」とされる（Kotler and Keller,2006,邦訳7頁）。企業経営では、こうした活動に取り組む上で、まずは自社を取り巻く状況と、社内の状況（自社内部の人材やノウハウ、特許権などの資産の保有状況、財務状況など）を分析する。自社を取り巻く状況は、外部環境とも呼ばれ、具体的には、企業を取り巻く政治や経済の状況、社会の状況（人口構成やライフスタイル、社会階層の構造など）、技術発展の動向の他、競合企業や仕入れ先企業、マスメディア、行政機関、各種団体の動向などをあげることができる。一方、自社の内部のヒトやモノ、カネなどの状況は内部環境と呼ばれ、これらを分析することは、外部環境の分析と共に、環境分析やマーケティング環境の分析と呼ばれる。

　地域のマーケティング活動においても、こうした環境の分析が必要となる。ただし、外部環境や内部環境の分析において、具体的な分析対象となるものが、企業の場合とは異なることがある点に注意が必要である。例えば、企業の場合、他社やメディア、各種団体の動向は外部環境である。これに対し地域の場合、地域内に存在している企業や団体、地域で暮らす人々の状況などは内部環境として分析していくことになる。これらは地域にとって、ビジターや住民、企業

| 図表1 | マーケティング・マネジメントのプロセス |

に対して提示する自分達の魅力を構成するものともなるためである。もちろん、政治や経済の状況、他の地域の状況、自地域内に存在する有形あるいは無形の資源の有無のように、外部環境あるいは内部環境として企業の場合と同様に分析されるものも存在する。

　また、近年は全国各地で自治体の活動や大学教育の一環として、いわゆる「地域資源マップ」の作成が取り組まれている。こうした活動を通じて、地域内の特産品の販売場所や飲食店の他、風景や観光スポット、地域活動のキーパーソンなど、各地の地域資源が把握されていく。地域資源マップの作成は、地域のマーケティングにおける内部環境の分析として見ることもできるのである。

　地域内外の環境をマーケティング環境として分析する手法としては、PEST分析やSWOT分析などが有名である。PEST分析は、外部環境を分析する枠組みの1つであり、選挙結果や外交動向、法規制、税制などの政治（Politics）、景気動向や個人消費動向、設備投資動向、金利、株価、外国為替、原油価格などの経済（Economy）、人口動態や教育、風潮、流行などの社会（Society）、技術（Technology）の4つの領域の現状や今後について把握、洞察していく[2]。一方、SWOT分析は図表2のように、外部環境だけではなく内部環境についても分析する。また、内部環境については強み（Strength）と弱み（Weakness）を区別し、外部環境については機会（Opportunity）と脅威（Threat）を区別する。内部環境と外部環境をこのように整理していくことによって、自分たち

2）PEST分析は、外部環境の中でもマクロ領域を対象とするものである。これに対して、ミクロな領域、すなわち競合企業や取引企業、自治体やNPOなどの非営利組織の動向も、外部環境として分析していく必要がある。

の活動に新たな機会をもたらす政治や経済、社会、技術、他社や団体の動向は何か、逆に脅威となるそれらの動向は何か、自分達が活用可能な強みは何か、自分たちが持つ克服すべき弱みは何かということが明確となる。

図表2　ある地域のSWOT分析例

内部環境	強み（Strength） ・美しい山岳景観 ・製造業の集積 ・温泉地が豊富	弱み（Weakness） ・財政を圧迫する施設の多さ ・若者向けの商業施設の少なさ ・病院の少なさ
外部環境	機会（Opportunity） ・田舎志向の高まり ・コト消費志向の高まり ・インバウンド観光客の増加	脅威（Threat） ・産業の空洞化 ・少子高齢化 ・スキー人口の減少

　こうしたマーケティング環境の分析結果などを考慮しながら、マーケティング・マネジメントは展開される。次に、前述のコトラーとケラーの定義においても示されていた「ターゲット市場の選択」について見ていこう。

3．セグメンテーションとターゲティング

　ターゲット市場の選択という作業は、マーケティング・マネジメントの中では、STPと呼ばれるマーケティング計画策定活動の一部である。STPという表現は、セグメンテーション（Segmentation）、ターゲティング（Targeting）、ポジショニング（Positioning）という活動の頭文字をとって用いられている。
　セグメンテーションは、顧客の集まりである市場を、例えば居住地域（関東と関西など）、年齢層、世帯規模など、ニーズや反応が類似するグループ（セグメント）に細分化していく作業ということができる。その際に必要となるのが、市場を分ける際の基準（セグメンテーション変数）である。自分が住んでいる市町村の住民を分類する基準を考えなさいと言われた時に、年齢や性別、世帯規模、所得、学歴などが比較的先に思い浮かぶ。これらは人口統計的変数（デモグラフィック変数）と呼ばれるものの一種である。また、実際のマーケティングでは、人口統計的変数以外にも、地域や都市規模、気候などの地理的変数、人種や宗教、国籍、

社会階層などの社会文化的変数、商品やサービスに対する知識の量や新しい商品やサービスに対してどのような態度をとるかの違いなどの心理的変数もセグメンテーションの基準として用いる。これらの基準に照らして分けられたグループの間で商品やサービスに求めるニーズが異なってくることは、例えば自動車に求める機能や広さなどが、年齢や家族構成、居住地域の気候や環境などによって異なってくることをイメージすると理解できるだろう。

　前述の『地域のマーケティング』において示されていた4つの市場はどうだ

図表3　セグメンテーション・ターゲティングのイメージ

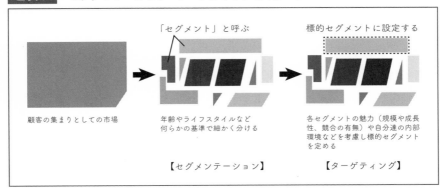

ろうか。ビジターにとって、「まち」に求めるのは宿泊施設や飲食店の整備であるのに対して、「まち」に住む人々や、そこで働く人々の場合は、教育や治安、文化施設の整備など、生活環境などに関する「まち」の状況を重要視する傾向が強いと考えられる。また、三番目の市場である企業と産業は、ビジネスを行う上でのインフラの整備状況や地域の人々の労働者としての質、優遇政策等の有無が関心事となる。このように、「まち」に求めるニーズが異なるグループに分類しているという意味では、先の4つの市場は、「まち」の顧客を4つのセグメントに分類しているということもできる。

　その一方で、それぞれの市場に対して、より細かいセグメンテーションを実施することもできる。例えばビジターは、訪問目的を基準にすると、その地域をビジネス目的で訪問する人、観光目的の人、さらには友人や知人、親戚など

を訪ねる目的の人に分類できる。観光に関しては、国籍や年齢、年収など、より細かい基準を想定することも可能である。また、企業や産業も、大きな工場を地域内に建設する必要がある企業もあれば、オフィスとなる部屋を提供するだけでも活動可能な企業もあるように、企業を業種や規模、活動内容などの基準で分類することができる。さらに、住民についても世帯規模や年齢層といった基準で、より細かく分類可能である。

　特定の地域について、その様子を実際に分析してみると、上記の市場すべてに対応しようとするのではなく、特定の市場に重点をおいているところも存在することに気づくはずである。それは各地域において、セグメンテーションの次に、各セグメントの魅力の評価や、他の地域との競争環境、政治や経済の状況、自地域の資源の状況などを考慮した上で、ターゲットとなる市場を選択した結果ともいうことができる。このように、どのセグメントをマーケティングの対象とするのかを決定する作業のことを、ターゲティングと呼ぶ。

　どのようなニーズを満たす地域をつくりあげていくのか、地域としての魅力や情報を伝える上で、どのようなメディアを選択するのか、そのコンテンツはどのようなものにするのか等、地域が取り組む具体的なマーケティング活動の方針は、ターゲティングによってより決定が容易となる。例えば、もし住民や勤労者の中でも、子育て世代と呼ばれる人たちをターゲットにすると決定できると、地域の限りある予算や資源を、子育て支援のための補助金制度や施設環境の整備などに重点的に配分していくという決定ができるようになる。また、自分達の地域が充実した子育て支援制度を有しており、子育てに適した環境も有しているということを宣伝する場合に、無計画に広告を打つのではなく、子育てに関する情報に関心が強い人が主たる読者層となっている雑誌やWebサイト、番組などに広告を出す場所を絞り込むという決定をすることもできるようになる。このように地域が取り組む具体的なマーケティング活動の方針決定が容易となることは、たとえターゲットが住民や勤労者の中でも別のセグメント（例えば、定年退職後の人たちや独身世帯）に設定された場合、あるいはビジターや企業に設定された場合であっても同様である。

　もちろん、ターゲティングによって顧客として扱う対象を絞り込んだ上で各種のマーケティング活動を実施した結果、ターゲット以外のセグメントには、

魅力がない地域となるという点も留意しておく必要がある。実際の企業のマーケティング活動では、各セグメントの魅力の評価を評価し、そのセグメントから十分な利益が得られるかどうかを事前にしっかりと把握することが求められる。また、単一のセグメントではなく、複数のセグメントをターゲットとして選択したマーケティング活動を展開するという方法もある。ただし、やみくもにターゲット層を拡大するのではなく、競争環境や自社の経営資源の状況なども考慮していく必要がある。前述したSWOT分析など、マーケティング環境の分析が重要な意味を持ってくるのである。

4．ポジショニング

　次にポジショニングについてである。通常、顧客は自分のニーズを満たしてくれる製品を、多数の選択肢の中から選ぶことができる。これは企業にとっては多数の競合が存在することを意味する。こうした中で自社製品がターゲット顧客から選ばれる存在になるためには、ターゲット顧客が魅力を感じる特徴や、そのことに対する競合企業の製品展開や自社製品の特色の付与について考えていく必要がある。

　このことは地域がマーケティング活動を展開する場合においても同様である。地域は、たとえ標的とするセグメントを決定できたとしても、そのセグメントに自分たちが独占的にアプローチできるのではない。自分たちの地域が移住先として、新たな工場の建設地として、観光の行き先として、ターゲット顧客層から選ばれる存在になるためには、他の地域とは異なる独自の魅力をターゲット顧客が自分達の地域に対して感じ取るようにする必要がある。そのため、ターゲット顧客が魅力を感じる特徴や、そのことに対する競合地域の特色についても考えていく必要がある。

　このような作業、すなわち競合との相対関係において、標的とする顧客の頭の中で自社製品（地域のマーケティングの場合は自地域）が明確、特殊かつ望ましい位置を占めるようにすることをポジショニングという。ポジショニングでは、顧客が知覚する各ブランド（地域のマーケティングの場合は各地域）の相対的な特徴を、位置関係によってあらわした図（ポジショニングマップ）などを作成し

つつ、自分達が優位性を獲得できるポジションを考察していく。こうしたポジショニングの作業も含めて、ここまで確認してきたSTPの作業内容に応じた形で次に展開していくのがマーケティング・ミックスの策定である。

5．マーケティング・ミックス

（1）プロダクトのマネジメント

　マーケティング・ミックスとは、ターゲット顧客を想定しながら展開される具体的なマーケティング手段や活動の集合である。様々な定義がある中で、コトラーほか（2014）は、「ターゲット市場から望ましい反応を引き出すことを目的として組み立てる戦術的なマーケティング・ツールの集合体」（49頁）、久保田ほか（2013）は、「ターゲットとして選定された顧客とのあいだに価値ある交換関係を実現するための、コントロール可能な具体的手段あるいは活動の集合」（57頁）と定義している。製造業などの企業のマーケティングの場合、具体的なマーケティング手段や活動とは、製品スペックやデザイン、ブランド名、品質の決定、価格の設定、広告づくりやキャンペーンの展開、Webサイト運営、イベントの実施、販売ルートや販売方法の設定などとなる。マーケティングのテキストでは、これら具体的な手段や活動を、製品（Product）、価格（Price）、流通（Place）、プロモーション（Promotion）の4つの領域に分けて考えていくという手法を示すことが多い[3]。

　『地域のマーケティング』において示されている4つのターゲット市場の中で、輸出市場を想定する場合には、他の地域の人々に向けて販売する製品（自分たちの地域の特産品や名物など）の品質や特徴、ブランド名、価格、販売エリアや販売店舗、宣伝方法等を具体的な手段や活動として決定していくことになる。そのため、企業のマーケティング・ミックスの策定作業と類似する部分も多くなると言える。

　他方で、ビジターや住民および勤労者、企業や産業をターゲット市場として想定する場合には、地域そのものを製品として捉えることができる。製品とし

3）これらはいずれもPから始まる英単語となることから4Pとも呼ばれる。

92

ての地域は、例えば観光ビジターを顧客として想定すると、地域内における各種観光資源だけではなく、宿泊施設や飲食店、土産物店、移動手段等の有無や、それらを総合的にまとめて提供するツアーの有無、ツアーや各種施設において提供されるサービスなど、地域内に存在する様々な要素で構成されることになる。また、観光客に対する地域住民の態度といったことも、製品を構成する要素となる。このように、地域を顧客に提供する製品として捉えることになると、考慮する必要がある事柄が幅広くなる。また、それ故に、特産物や名物の場合よりも製品のマネジメントが困難となる。地域内の各種資源や環境の整備だけではなく、地域として掲げるビジョンに対し、多種多様な立場の人々への理解を求める必要があるためである。

　観光の分野では、ホテルや旅館などの宿泊業や、タクシーやバス、鉄道など地域の交通機関、各種観光施設やイベント等を営む事業者、地元の特産物を使った料理を提供する飲食店や、おみやげ物等を販売する小売業者など、観光に関連する現地企業の他、NPOや地域住民、団体等、多種多様な人々の協力を得ながら、観光地域づくりに向けた舵取り役を担う存在として、DMO（Destination Management/ Marketing Organization）がある。日本でも、2015年11月に日本版DMO登録制度が創設され、観光庁のWebサイトによると、2019年8月7日時点で、136件の日本版DMOと116件の日本版DMO候補法人が登録されている[4]。こうしたDMOの具体的活動を調査し、実際に観光の製品としての地域のマネジメントをどのように展開しているのかを把握すると、住民や企業など、他のターゲット市場を想定した地域のマーケティングにおける、製品としての地域のマネジメントの参考になるだろう。その際には、その地域がターゲットにしている顧客と、製品としての地域づくりが、そのターゲット顧客の特徴やニーズに合うように展開されているかどうかの確認をあらためてしてみると良いだろう。

4）詳しくは、観光庁Webサイトを参照。136件の日本版DMOの内訳は、広域連携DMOが10件、地域連携DMOが69件、地域DMOが57件、116件の日本版DMO候補法人の内訳は、地域連携DMOが35件、地域DMOが81件となっている。

（2）マーケティング・コミュニケーション

　ここまではマーケティング・ミックスの4領域の中の「製品」に相当する部分を確認してきたが、残りの部分では「プロモーション」の部分について見ていく。企業のプロモーション活動として一般的な分類を整理したものが図表4である。これらの活動は、売上金額や販売数の増加以外にも、企業や商品のブランドとしてのイメージの形成や情報の伝達、ステークホルダーとの関係づくりなどの目的を達成するための手段となっている。そのため、近年のマーケティングでは、こうした活動に対して、プロモーションではなくコミュニケーションという表現を使用することも増えてきている。

　この領域については、地域創生に関連づけていく場合、シティプロモーションという概念として議論されていることも多い。図表4を見ていくと、企業のプロモーション活動として展開されるものの多くが、地域のプロモーション活動でも展開されていることがわかる。販売促進は、地域への移住促進や企業の誘致といったこととは無関係と思うかもしれないが、移住した人や地域内に新たな拠点をつくる企業に対して用意される、各種の助成金制度や一時的な優遇措置などは広い意味で捉えると地域における販売促進活動の一種ということができるだろう。また、企業の場合も地域の場合も、コミュニケーション活動は目的に対して、図表4の中から一つの活動を選択して実施するのではなく、複数の活動を組み合わせながら展開することが一般的となっている。これについて、以下ではコミュニケーション活動に対する消費者の反応プロセスに関するモデルをもとに考えていこう。

　コミュニケーション活動に対する消費者の反応プロセスに関する代表的なモデルの１つに、消費者の反応が「注目（Attention）」、「関心（Interest）」、「欲求（Desire）」、「行為（Action）」の順で生じると説明するAIDAモデルがある。AIDAモデルにおける「注目」の段階は、認知段階とも呼ばれており、この段階に関するコミュニケーション活動の目的は、消費者が「その商品やサービス等の存在を知らなかった状態から知っている状態」へ変えることと言うことができる。モデルに従って続きのコミュニケーション活動を考えていくと、次は顧客を「その商品やサービス等の存在を知ってはいるが、どんな商品やサービスなのか関心がない状態から、関心を持ってそれらについて聞いたり調べたり

図表4　プロモーション活動の分類

プロモーション活動	概要
広告	メディアが所有する時間や空間を、企業が広告主として購入し、それによって伝達や説得などを目的とした情報発信を実施する（インターネットやマスメディアなどの広告、看板などの屋外広告、鉄道やバスの車内にある交通広告など）
販売促進 （セールスプロモーション）	製品やサービスの購入や販売を促進するための短期的な動機付け活動（クーポン、キャッシュバック、景品が当たるキャンペーン、ポイント制度など）
パブリシティ	新聞や雑誌、テレビ、ラジオなど報道機関に対して、組織から商品の情報や組織の方針等をニュース素材として提供し、広く一般に報道してもらうための活動。広報活動としても代表的なもの。
人的販売	セールスパーソン（販売員・営業担当者）を媒体として行われるプレゼンテーション活動
その他	カタログやダイレクトメール、TVショッピングなど直接反応媒体、工場見学や企業博物館・美術館の運営、社会貢献活動（寄付やボランティア、出前授業、スポーツや芸術に対する支援など）の実施など

出典：石崎（2016）、コトラーほか（2014）を参考に筆者作成

する状態」へ変えることが目的となる。さらに、顧客が「その商品やサービス等を欲しいと思う状態」へ変えることが、次に存在している「欲求」の段階に関連した目的となる。最後に、自分自身の経験を思い出すと良いかもしれないが、人は欲しいとは思っていても実際に購入するとは限らない。実際に購入という行動を発生させるということが「行為」の段階に関連するコミュニケーション活動の目的となる。

　このように顧客の反応プロセスを見た場合に、必ずしも一つの活動のみで、すべての段階をカバーする必要はない。認知段階の目的に適した活動もあれば、行為段階の目的に適した活動もある。例えば、より多くの人に認知してもらうという意味では、マスメディアを通じて情報が顧客のもとに届くことになる、テレビや新聞広告、パブリシティなどを選択することになるだろう。他方で、関心をもっている人を欲求段階に進めていくためには、豊富な情報等を提供する必要がある。その意味では、情報提供できる時間が限られてくるテレビやラジオの広告よりも、伝達時間の制約が少ない紙媒体やWebサイト、人を使っ

たプレゼンテーションなどが有効になってくる。また、欲しいとは思っていても何らかの理由で購入していないという人に対する、最後の一押し的な活動という意味では、人を使ったプレゼンテーションや、キャンペーンなどの販売促進型の活動が有効とも考えることができる。

　実際に、どこか一つ移住促進に取り組んでいる自治体を選び、その自治体のコミュニケーション活動をAIDAモデルに照らし合わせながら整理してみると良いだろう。移住を検討している人が読む雑誌での広告掲載や、そうした人たちが集まるイベントでのポスターの掲示やブース出展などが、地域の認知度を高めるための取り組みの一例として見つかるはずである。これらは関心を持った人が、より詳しい情報を知ろうとした場合にも有効な活動である。また、その地域がテレビ番組や雑誌記事において紹介されることも認知度向上に貢献するが、そのために自治体の広報関係の部署が行っている活動を発見できるかもしれない。その他、最後の行為段階を生み出すための活動として、助成金制度や優遇措置も見つかるだろう。

　これらの取り組み内容を整理した時には、さきほどの「製品」の話と同様、各種活動内容が地域のターゲット顧客に合うかたちで展開されているかについて、あらためて確認をしてみて欲しい。また、ターゲット顧客の特徴との一致という点だけではなく、紹介されている地域の内容や制度等が、競合となりそうな他の地域のものと差別化できているかどうか、すなわちポジショニングの観点からの確認もしてみると、マーケティングの観点から地域創生の取り組みを分析する作業として良いだろう。

6．製品としての地域とマーケティング・コミュニケーション

　最後に、先ほどの「製品としての地域」という観点から、地域が実施する必要があるもう一つのコミュニケーション活動について考えておく。もう一つのコミュニケーション活動とは、地域内部の人々、具体的には、地域住民の他、地域の企業やNPO、市民団体、観光協会などに対するコミュニケーション活動である。企業のマーケティングにおいては、こうした組織内部（すなわち従業員）に向けたコミュニケーション活動は、インターナル・コミュニケーションの一

部として議論されている[5]。こうしたコミュニケーション活動を通じて、企業としての経営理念や中核的な価値観、ブランドとしてのアイデンティティ等が伝えられ、企業内部で浸透していくと、従業員の行動や成果を通じて、それらを企業外部の人々にも伝えていくことができると言われている。

　先述したように、観光や移住などに関連する地域のマーケティングでは、製品としての地域をつくり上げていく上で、地域内の各種資源や環境の整備だけではなく、地域として掲げるビジョンに対し、地域内の多種多様な立場の人々への理解を求める必要がある。すなわち、企業の場合と同様に、インターナル・コミュニケーションが必要となってくるのである。それによって、観光客や移住を考えて地域を視察に来た人々と、地域の人々が接触する場面そのものが、良い結果へと導いてくれるコミュニケーションの場となっていく。

　では、こうしたコミュニケーションの場を形成するためには、どのような仕組みをつくり上げていく必要があるだろうか。まずは、本章で確認してきたように、環境分析をふまえつつ、STPの策定など、地域としての明確な方針をつくることである。その上で、地域外部の人々への活動とは別に、地域内部の人々に向けたコミュニケーション活動の方針を考えていく必要がある。その際、地域住民、地域の企業やNPO、市民団体、観光協会など、地域内部の人々のセグメンテーションが必要になる。それぞれに対して有効となるコミュニケーション活動が異なるためである。また、地域によっては、地域づくりの鍵となる個人に対するコミュニケーション活動も必要になるだろう。さらに、地域内部の人々同士のコミュニケーションを促す仕組みをつくることも重要になる。こうした仕組みを整備することが、地域の人々と外部の人々が接触する場面そのものに、地域の外部に向けたコミュニケーション活動としての機能を持たせるための第一歩である。

　シティプロモーションについての考え方の一つに、地域の知名度や定住人口を増やすことという意味だけではなく、「市民を参画する主権者とし、市民を地域（まち）の魅力を発信する者とし、ひいては、市民の力によって地域に必

5）インターナル・コミュニケーションについて議論する際には、従業員に向けたコミュニケーション活動だけではなく、従業員同士のコミュニケーションを含むこともある。

要な資源を獲得する施策」であるというものがある（河井,2016,15頁）。こうした考え方からもわかるように、今後の地域のマーケティング、特に移住や観光などの分野においては、製品としての地域づくりという活動と、コミュニケーション活動の設計というテーマが、より複雑に関わり合いながら展開されるものになっていくだろう。

（高柳直弥）

参考文献

- 石崎徹 編（2016）『わかりやすいマーケティング・コミュニケーションと広告』（八千代出版）
- 河合孝仁（2016）『シティプロモーションでまちを変える』（彩流社）
- 観光庁「『日本版DMO』『日本版DMO候補法人』登録一覧」http://www.mlit.go.jp/kankocho/page04_000054.html（2019年8月19日閲覧）
- 久保田進彦、澁谷覚、須永努（2013）『はじめてのマーケティング』（有斐閣）
- フィリップ・コトラー、ゲイリー・アームストロング、恩藏直人（2014）『コトラー、アームストロング、恩藏のマーケティング原理』（丸善出版）
- Drucker, P. (1974) Management: Tasks, Responsibilities, Practices. New York : Harper & Row（上田惇生訳（2008）『マネジメント：課題、責任、実践』ダイヤモンド社）
- Kotler, P. and Keller, K. (2006) Marketing Management. Upper Saddle River, NJ: Pearson Prentice Hall（月谷真紀訳（2014）『コトラー＆ケラーのマーケティング・マネジメント』丸善出版）
- Kotler, P., Haider, D. and Rein, I. (1993) Marketing Places: Attracting Investment, Industry, and Tourism to Cities, States, and Nations. New York : Free Press（井関利明監訳（1996）『地域のマーケティング』東洋経済新報社）

地域活性化のために 組織の基本を知る

1. 地域と組織

（1）地域における組織の位置づけ

　わが国の経済的・社会的課題として地方の活力を担う人間が減っているということがあげられる。地域活性化の一端を担うとは、地域で働き経済的・社会的行為を継続することである。政府や諸官公庁、地方自治体などから知らされる現状では、今後も継続してこの課題に取り組まなければならないことが示されている[1]。この課題に対応するため多様な行為の主体へ解決のための支援行動がみられる。企業への活性化策、農業・漁業など地域資源を振興するための法人等への施策、起業家を育成して新たな地域産業としていくためのプロジェクトなど地域の経済や産業に向けたものである。また、地域社会の課題を解決し、多様な生活者の活力を維持していこうとする立場では、非営利法人の積極的な活動を促す策、地域おこし協力隊による人手不足解消と活性化案を期待する策など様々に実施されている。

　それぞれに役割があり目的や求める結果が存在する。その集団に関わる個人は、コミュニケーションをとり目的を達成するために行動する。どうすれば目的が達成できるか考え計画することもあろう。行動の結果として集団間や個人間で協力する場合と対立する場合もある。集団を方向づけるリーダーが必要とされることもある[2]。

（2）地域企業と組織、行為

　地域の課題の解決にかかわる企業は、地域にある同質性を活かし、地域特有

---

[1] 内閣府「地域の課題解決を目指す地域運営組織――その量的拡大と質的向上に向けて――」地域の課題解決のための地域運営組織に関する有識者会議　2015年12月
[2] 中小企業金融公庫（2007）「地域活性化における中小企業・地域コミュニティの役割と課題」中小企業金融公庫総合研究所

の技術や知識の存在を認識し、自分たちが目指すべき方向性が明確である必要性が示される。また、経営学的に地域資源におけるヒト・モノ・カネ・情報が定義され活動のインプットとアウトプットを組織的に整理しておく必要があり、地域を活性化する企業活動においては、単独の企業行動のみならず、企業間の連携はすでにおこなわれていても効果が得られていないことも少なくない。その要因として時間的な要因と取組み方法や主体間での取り組み方の温度差などがある。（田中史人2004）このように地域の活性化は容易ではない。

　地域社会は、多様であり社会的に行為する個人のビジョンも複雑である。これらを解決と結びつけ経済的合理性と生活や文化など社会的な調和を持続可能とするためには、個人を活かす組織と組織の中の個人が積極的に行為することできる制度の理解が必要であろう。このことは、わが国における組織と組織の中の個人の行為に察しや関係性重視の行動にみられ状況を自らの意思決定の判断基準に組み込み意思決定する個人が存在する。（大平義隆2017）組織とその個人の行為を相互作用で考えておく必要があろう。

　このようなわが国の個人と組織にみられる特徴もとらえておくと理解の範囲が広がり課題解決に便利であろう。ひとまず、地域の活性化に向けて実践の過程に活かしていくためには、組織を全体的視点（以降マクロ的視点）と部分としての個別的視点（以降ミクロ的視点）の相互作用を踏まえた工夫が重要となる。

2．基本的な組織の捉え方

　大規模な都市のみならず、経営組織は地方にも多く存在する。企業や病院、学校、非営利組織など地域ごとの資源に特徴があるとしても、経営組織とは何か定義や仕組みなど基本的な理解が必要であろう。その場合、Ｃ・Ｉ・バーナードの経営組織の理論が基本的な枠組みを示しており参考にできる。Ｃ・Ｉ・バーナードは、公式組織の定義を「二人以上の意識的に調整された活動や諸力の体系」と述べ、コミュニケーション、貢献意欲、共通目的の三要素が組織成立の条件とした。組織が目的達成のために社会一般に漂う個人を組織の一員としようとするならば、その個人に貢献を求めるための誘因の提供が必要である。これを組織の均衡と捉え組織が成立する要件の一つとなっている。

　現実の組織として活動する企業などの従業員（職員）は、所属先の活動目的となる商品（製品）やサービスを販売（提供）することで社会に関わること、その企業などの行動に先立つ理念は活動目的であり企業のメンバーに共通のものとして日常の仕事に取り組まれていることで組織成立の三要素の一つである共通目的を踏まえていることが理解できよう。

　貢献意欲では、経済的な報酬を得ることが目的の一つであるにしても自己実現や顧客との関係性から得られる満足などの報酬にしても意欲が活動の源泉となっていることは理解が容易であろう。仕事を進めるにあたって、上司や同僚など所属先のメンバーとコミュニケーションをとっている。企業内・外でのやりとりがなければ情報収集や提供、関係者との調整がとれず企業の活動がスムーズには進まない。コミュニケーションも日ごろから企業などのメンバーに見られる一般的な行為である。

　非営利組織では、経済合理性が最優先とされないことから、共通目的と貢献意欲の必要性は企業などに比べ高い。当該の非営利組織が扱う課題は、地域の社会的課題など多様であることからメンバー間において相互作用をどのように行うかという調整が課題となりコミュニケーションの役割は重要となろう。

3．組織論のマクロ的視点

（1）組織構造

　組織の目的や誘因を受容した個人は、その組織的活動として仕事を始める。この場合個人が思いのままに勝手な仕事の進め方をしていれば良し悪しや効率は良くわからなくなってしまうであろう。組織構造は、組織が日常的に行われる仕事の割振りや役割を最適にしよい結果を得ようとするために必要な組織の行為である。

　組織構造の基本的な類別として事業部制組織構造と職能性組織構造があげられる。ウェーバーなど古典管理論により、組織構造としての職能性組織が見られて以来、企業は、職務という役割別に管理システムを追及し利益の最大化を目指した（図表1）。

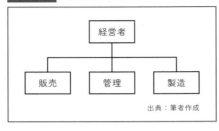

図表1　職能性組織構造

経営者

販売　管理　製造

出典：筆者作成

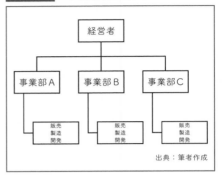

図表2　事業部制組織構造

経営者

事業部A　事業部B　事業部C

販売
製造
開発

出典：筆者作成

　企業は、長期間の維持・存続が求められる存在であることから、事業規模や事業範囲の拡大が行われてくる。効率的にあるいは、経済合理的に目的の達成が様々なステークホルダーから求められる。そこで多角化による事業拡大が行われる場合がある。自社で新規製品開発をおこない事業領域を増やす多角化もあれば、M&A（合併・買収）による多角化もある。多角化すると事業や人の管理の仕事もそれに応じて増えてくることになり、組織内上下のコミュニケーションが滞りや経営と事業の遂行を同時に行うことに無理が生じる。これを補い組織の活動を維持するために、本社と現場の両方を補助するライン・アンド・スタッフ組織構造が運用され現場に権限や責任を委譲しやすくなるとされる。組織論の先行研究では、このような組織構造で効率を追求するモデルが存在する。

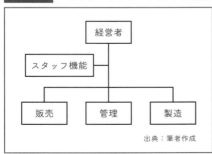

図表3　ライン・アンド・スタッフ組織

経営者

スタッフ機能

販売　管理　製造

出典：筆者作成

　企業規模の拡大と多角化が著しくなると、本社の戦略策定や管理業務と現場での販売活動に割り振られた組織構造では、業務多寡となることから対応が難しくなる。これを回避するため組織構造を変革させた企業のシステムが事業部制組織構造といわれる。事業部制を取り入れた企業の変遷と結果を分析し結論づけたのがA・D・チャンドラーである[3]。チャンドラーは、事業の多角化によって組織改編を検討することになった企業の分析をおこない事業運営、調整、評価、プランニングが複雑化し、経営判断と事業運営の両立が難しくなった現場の課題を解決するために事業部制組織構造が起こったと結論づけ「組織は戦略に従う」という命題を述べた。戦略と組織構造について詳しく学ぶ場合基本的な方向を示してくれる（図表２）。

　地方に存在する地域の企業など組織は、大規模化や多角的な経営を意識するより、自分達の状況にあった組織構造を選択することが重要であろう。その意味では、仕組みと組織のメンバーに理解しやすい状況をしめすための地図的な構造設定と設定された構造に基づき行動するメンバーが動きやすいシステムが必要である。このシステムとしての構造設定は、組織の環境適応論に説明されている。

　組織の環境適応論は、バーンズ＝ストーカーによって示された研究が理解しやすい。組織構造上機械的システムと有機的システムという2つの型を示した。（図表４）管理システムとしての構造設定となるが、機械的システムは、職務の細分化、権限・責任の明確化、垂直的・非人格的な命令系統と階層支配関係という特徴がある。官僚的な組織構造である。有機的システムは、職務・権限・責任関係の弾力性、分権的決定、水平的・人格的な相互作用という特徴をもつ組織構造である。この研究のインプリケーションとして、組織は、市場環境の変化が早い場合に有機的システムを採用し、比較的安定した環境に在る組織は、機械的システムを採用していた。組織が環境と適合した構造を設定できるかは、リーダーシップとメンバーの志向性に影響されることも述べている。このことは、メンバーの満足・不満足にも影響があることも示した。（加護野忠男1980）

3）A・D・チャンドラー（2004）「組織は戦略に従う」ダイヤモンド社

図表4

	機械的管理システム	有機的管理システム
a	職能的専門化	知識と経験の専門化
b	タスクの抽象化（のために理解が不足する）	タスクの具体性・全体性（のために理解される）
c	上司による調整	相互作用による調整
d	職務・権限の明確化	限定された職務からの脱皮
e	職務・権限・手続きが職能的地位と責任という形に変換される	技術的規定を越えた関心の拡大
f	コントロール・権限・伝達のピラミッド型	コントロール・権限・伝達のネットワーク型
g	上位への情報集中	情報の組織内分散
h	垂直的相互作用	水平的相互作用
i	上司の命令と指示の伝達	情報の助言の伝達
j	組織に対する忠誠心と上司への服従の強調	組織のタスクと技術的特質に対するコミットメント
k	組織に特定的な知識の強調	組織外の専門家集団にも通用する知識の強調

出典：加護野忠男1980「経営組織の環境適応」より筆者作成

　組織構造は、唯一最善の構造が存在するわけではなく、自分たちの置かれた状況に合わせて選択することで合理性が確保されよう。近年では、上下の伝達ルートではなく、水平方向に伝達経路を複数もつマトリックス組織や個々が自由に結びつくネットワーク組織などを採用する組織がみられ状況や環境に合わせた組織構造が設定されている（図表5）。

（2）組織デザイン

　地方の組織が置かれた環境に適応するためには最適な組織構造を設定していくことが有効であることを前節でみてきた。しかしながら、どのように構造設定をおこなうか唯一最善の策は設定が難しいであろう。組織構造をよい設定とするために組織設計の概念が必要とされよう。

　組織がおかれる変化が早く激しい環境に適応するために最適な組織構造を採

図表5	マトリックス組織

	販売	製造	開発
製品A			
製品B			
製品C			

出典：筆者作成

用するために組織設計の重要性を述べている。組織の経営者など組織のかじ取りをする場面で実行することに主眼をおき実践の仕方を述べている。組織設計の枠組みとしては、スター型モデルを提示する[4]。5つのカテゴリー（図表6）は、戦略、構造、プロセス、リウォード（報償）、人材に関するポリシーである。ここでの戦略には、達成すべきゴールや価値観、ミッションが含まれ、顧客に提供する価値が具体化されるカテゴリーである。組織がどうあるべきか最適な形を選ぼうとする際に自分たちは何をすべきかの選択の判断基準を示すものとした。構造は、組織内のパワーと権限の所在を明らかにする。誰がだれに責任を果たし、権限をもつのか、もたらされるパワーはフラットなのか上下に存在するのか。プロセスは、情報のプロセスと意思決定のプロセスとする。このプロセスは、縦方向のプロセスと横方向のプロセスがあり、縦方向のプロセスは、資金や人材とその能力を組織に提供させるように配分される。横方向のプロセスは、組織内の横方向のことである。リウォードは、個人の目標と組織の目標の統合である。モチベーションを高め、お金ではないプログラムも採用されることがある。人材は、戦略の実現に向けてスキルやマインドセットを人材に生み出すため適切に能力を開発することになる。（J・R・ガルブレイス2002）

(3) 組織の行為を確認する

　ここまで組織構造と組織（構造）をデザイン（設計）することの重要性を確認してきた。地域を盛り上げようと人が集合しても、何を解決するのか、どう

4）J・R・ガルブレイス（2002）「組織設計のマネジメント」生産性出版 p12

図表6

機能組織別構造	製品別構造	マーケット区分ごとの構造	地域別構造	プロセスに基づく行動
小規模な企業で単一のライン	製品ごとのフォーカス	各マーケット区分が重要	製品価値に比べて輸送コストの比率が低い	機能組織構造の最も進んだ発展形態
機能組織内の規模と専門能力が重要	様々なカスタマーに数多くの製品を提供	各区分ごとに最適の製品やサービスを提供	現地でサービスを提供することが求められる	新しいプロセスの創造、既存プロセスにも大きな変化が生じていることに対応
製品開発、製品寿命が長い	製品開発、製品寿命が共に短い	バイヤー側に強力なパワー	サービスと支援にカスタマーに近いことが求められる	運転資本の削減
共通した基準が存在する	機能組織、または外注の際に規模の効率性はそれほど重要ではない	カスタマーごとの知識が優位性を生む	地域密着企業と認識されることが重要	各プロセスごとのサイクルタイムの短縮の必要
		カスタマーに対するサービスと製品のサイクルが極めて短い	地域ごとのマーケット区分が重要	
		機能組織、または外注の際に規模の効率性はそれほど重要ではない		

出典：Ｊ・Ｒ・ガルブレイス2002「組織設計のマネジメント」より筆者修正

すれば良いか合理的に仕事がすすめられなければ目標の達成は難しくなるであろう。組織構造や組織のデザインをおこなったとしても、行為するのは、現場レベルの人とその集合であるから組織と組織の行為が結びついた研究を参考にして理解を助けることも必要であろう。

　Ｊ・Ｄ・トンプソンは、組織の行為と組織構造を行為に結びつけて命題を述べた。組織構造と組織の行為が環境に適応するためには、メカニズムと戦略の理解が必要として命題の後半では組織の中の個人の行為についても述べている。

　組織がどのように行為するかという問いに対して、これを理解しようとするならば、組織は、成果を求められることを前提に合理性の諸概念が組織の行為を限定するが、この合理性が組織にそのような影響を及ぼすのか検討しておくことが必要とする。

　地域では、活動の合理性は何か、どこまでやるのかあいまいのまま行為されることもあろう。地域活性化の事業等が行われる場合に行うことが目的とされどのような結果にコミットするのか決めていくことに組織の構造と行為とはど

のようなものか確認しておくことは有用であろう。

　J・D・トンプソンによると、「組織は、ドメイン（活動領域）を確立しなければならない。ドメインは、どの側面に関して組織が環境に依存しているかを明らかにする。その面に関しては、制約条件とコンティンジェンシー要因に直面するので、組織は、自律的コントロールをおこなうため依存関係をマネジメントしなければならない。」（J・D・トンプソン2012）と述べられ、自立した行動のためには予め何をどうするのか行動を調整しておかなければならないとする。

　また、組織構造をテクノロジーによる三つのタイプに分類した。それぞれのタイプについて適切に調整する方法がコミュニケーションおよび決定の過程になる。その三つは、①連続的相互依存関係は、計画化によって調整される。②組織は、環境の制約条件を地理的空間、社会構成による。③組織構造に影響を及ぼす次元とは、同質的－異質的、安定的－変動的という次元である。

　この組織構造を調整する役割をもつのは、組織の協会連結担当者である。地域において組織の行為を具体的な行動に落とし込む場面でトンプソンの命題と自分たちの行動を対比して再検討してみることで合理的な行為が確保できるであろう。

（4）組織間関係

　地域で活性化のため行動を取っていく場合、地域のコミュニティで活性化イベントを実施することがある。また、活性化の実現には一定期間の時間が必要とされることもあることからプロジェクトとして扱われることもある。この場合、非営利組織と企業の協働や非営利組織と地域の自治組織の共催など組織と組織が協力することが少なくない。

　地域資源の活用として6次化にかかわる生産者と加工業者、販売者の関係、観光産業では、自治体と中間法人、顧客と直接かかわる現場担当者など組織と組織のつながりで進められている。このような実際の組織と組織がからむ場面では、常に効果が得られているとはかぎらない。関係性がみられるところではパワーの強弱や上下関係などの影響が容易に類推できるが、組織と組織が共通の目的を明確にもち、何をどうすれば良いか貢献意識を認識したうえでコミュ

図表7

【合理性】
合理性の規範の下で、組織体は、自らのコア・テクノロジーを環境の影響から遮断しようとする。

【ドメイン】
合理性の規範の下で、組織体は、代替的な方法を維持することによって、タスク環境の要素主体が組織体に対してパワーを最小化しようとする。

【ドメインのデザイン】
合理性の規範の下にある組織は、タスク環境に委ねると重大なコンティンジェンシー要因となりうる諸活動を取り囲むように組織体の境界領域を設定しようとする。

【テクノロジーの相互依存関係と組織構造】
合理性の規範の下で、組織体は、調整コストが最小化になるように職位をグループ化する。

【環境に対する合理性】
合理性の規範にある組織体が、異質的なタスク環境に直面しているばあい、同質的なセグメントは何であるかを明らかにし、それぞれに対処するための構造的に区分した部門を設置しようとする。

【評価の類型】
合理性の規範の下で、評価担当者は、効率性のテストを手段合理的なテストよりも選好し、手段合理的なテストを社会的なテストよりも選好する。

【変動要因】
現代社会においては、誘因と貢献をめぐる契約の内容はパワープロセスを通じて決定される。

【自由裁量】
自分が直面する原因ー結果関係に対する問題処理能力が当面の不確実性に対しては不十分であると考えるとき、当該個人は自由裁量を回避しようとするであろう。

【複雑性のコントロール】
組織が判断的決定戦略に依存しなければならない分野の数が増えれば増えるほど、支配的連合体はより大きなものとなる。

出典：J・D・トンプソン2012「行為する組織」より主なものを抜粋・筆者作成

ニケーションが確保された行動が必要であろう。そのために留意するべき組織間関係とはどのような関係か、どうすればよいかを見ていく。

　組織間関係の諸理論からは、組織間パワーと組織間コミュニケーションについて知ることができる。組織間関係は、組織レベルで行われる二つ以上の組織の何らかの形のつながりであり、資源交換、情報の流れ、協働行動、構造、パワー関係、価値共有として現れる。主となる組織が自らの目標を達成する為、他組織との関係をなぜ形成し展開するのか問うことが必要となるからである。

　ではなぜ組織は、他の組織との関係を形成していくのか。項目をあげれば、

①お互いに共同利益を追求する為、②他組織に対するパワーを形成・展開する為、③他組織とのコストを減らすため、④自らの正当性を獲得するため、⑤上位機関から委任、強制されたため。などがあげられる。ここでのパワーの考え方を「自らの欲しないことを他から課せられない能力」と一旦設定しておく。なぜならそれぞれの組織の自律性を確保することが組織間関係にとって重要となるからである。

　組織間パワーは、組織間の相対的関係のあり方、組織間関係の潜在的な可能性であるから、それが行使されるかどうかは状況に変化による。

　組織の他組織への依存度は、他組織の資源の重要性、代替的源泉の利用可能性によって規定される。自組織にとって当該資源交換の相対的規模が高ければ高いほど、他組織の資源の重要性は高まる。他組織がパワーを持っているという意味である。

　組織が依存する三つの資源の型は、①双方依存。規制によってパワーの均衡がはかられる、②双方独立。依存関係が二次的役割しか持っていない場合、③一方的依存。一方の組織が他組織に依存している場合。他組織の資源が優位であり組織が他組織以外から遡源を調達することが難しい状況。という類型を示すことができる。これを処理するために以下の方法が試される。主組織が他組織に対して依存関係を処理するための方法としては、主組織が他組織に対する自らの資源の価値を高めること。資源の調達先を他組織以外にするなど選択肢を増やすこと。他組織との関係性を減らすことである。主組織が結託を形成し他組織にとっての選択肢を減らすことを念頭に行動することで関係性が保てる。

　組織間で関係性をよい状態で継続していくためには、コミュニケーション量と質の確保が必要となろう。無機質にメールの連発や必要とされる内容が確保されない伝達は組織コミュニケーションにとっては壁となる。ここで見た組織間コミュニケーションは、①二つ以上の組織間の情報交換および意味形成のプロセス、②情報の送り手と受け手の間の関係、③二つ以上の組織間の意味形成・意味共有、④組織が他組織に対して意図をもって働きかけることでパワーと関連することと定義される。組織間関係の機能としては、組織間調整、組織間価値共有、組織間取引の円滑化である。

　組織間コミュニケーションは、組織のコミュニケーションであるから権限に

基づくものではなくお互いの交渉力・情報力が重要である。組織体としてのコミュニケーションではあるが、組織を代表する個人間のコミュニケーションも対象となる。これは、現場に近い対境担当者によって行われる。組織間コミュニケーションは、組織間構造の枠組みで行われコミュニケーションによって組織間構造も変動させる要因となる。後に述べる組織内コミュニケーションとは目的を区別しておく方が便利であろう。

4．組織論のミクロ的視点

　前節まで見てきた組織のマクロ的視点である組織構造とこれを設計する組織デザイン、そして組織間関係が地域の活性活動に重要な視点であることが知ることができた。しかし、これらを執行するうえで最も重要なのは、誰が何をするかという現場レベルでの行動となろう。組織での行動の主体は、組織の中の個人である。組織の中の個人とは、Ｃ・Ｉ・バーナードで設定された、組織の誘因を受容し貢献しようとする個人のことである。組織の中の個人の行為として、地域の活動に影響の大きいテーマであるリーダーシップと組織の中の個人としてのコミュニケーションを概観し地域を活性化する場面での組織と個人の行為を確認していく。

（1）リーダーシップ
　リーダーシップというキーワードからは、組織のメンバーを目標達成に向かわせるためにグイグイ引っ張る個人を安易に連想してしまう。日常的に目にするリーダー像は、歴史や大衆的に提供される情報によってイメージしやすい、あるいは、そうであってほしいリーダー像の願望かもしれない。なぜなら、地域の活動でも、地域活性化の事業を提供する関係者のコンセンサスを重視し決定力の薄い集団を見る場合があろう。このような場面では、グイグイ引っ張り決断力のあるリーダーを求めてしまう。しかしながら、リーダーシップとは、集団に目標達成を促す影響を与える能力のことであり、すべてのリーダーが必ずしも管理者であるとは限らない。
　これまでのリーダーシップ論では、リーダーシップを個人の資質に寄せある

べき姿を見つけようとする者であった。知性やカリスマ性、決断力など英雄的な行為から様々にリーダーシップの特性が探索されてきた。英雄や著名な軍人、逸話を残した政治家のストーリはリーダーシップの特性を導くのに都合がよい。リーダーシップの研究者であるコッターは、リーダーシップとマネジメントは異なるとし、リーダーシップとマネジメントの差異を示した。（図表8）リーダーは、①針路の設定、②組織メンバーの心の統合、③動機づけと啓発をおこなうこととした。他方マネジメントに挙げられる項目は、管理過程でありリーダー行動ではなく、管理者の行動としての差異を述べている。

図表8

マネジメント	リーダーシップ
計画の立案と予算策定	針路の設定
組織化と人材配置	組織メンバーの心の統合
コントロールと問題解決	動機づけと啓発

出典：J・P・コッター「リーダーシップ論」より筆者作成

　しかしながら、社会や市場が変革し、組織がおかれた環境が複雑化してきた場合にリーダーが生まれ持った資質だけでは対応しきれないのではないかと新たなリーダーシップの探索がおこなわれた。人間関係論に見ることができるオハイオ研究やミシガン研究である。

　これらの研究成果では、組織のメンバーへの配慮と目的に応じたマネジメント志向によってメンバーの指示が得られるという結果であった。

　リーダーシップ発揮とメンバーの受容は状況によって異なるというLPC理論（least-preferred coworker）では、リーダーとメンバーの関係として部下がリーダーに対して抱く信用・信頼・尊敬の度合い、タスク構築では部下の職務範囲は明確であるかという度合、職位パワーとは雇用・解雇・解散・懲戒・昇進・昇給というパワー変数に対するリーダの影響度という三つの状況的評価基準が調査され、結果としてタスク（仕事）志向型のリーダーは、好ましい状況と好ましくない状況の両極に位置し、適度に好ましい状況つまり普通の状況では人

間関係志向のリーダーの方が高い業績を上げているという結果もみられる。

　わが国の代表的なリーダーシップ研究として三角二不二のPM理論があげられよう。このPとMはmaintenanceのM、performanceのPをあらわしている。わが国組織における現場第一線管理者などを詳細に調査し四つの類型と因果をまとめた。maintenanceとperformanceの効果、あるいは影響が大きい場合MとPに分類される。その効果、影響が小さい場合pとmに分類される。結果としてリーだーシップ効果が最も高いにPM型、Pm型、pM型が中間的、効果が低いpm型のリーダーシップ行動を明らかにした。Pはこれまでの先行研究では、生産志向やタスク志向と呼ばれるものである。Pは、仕事を最大限に達成するための指導とされ圧力とも受け取られる、しかしながら何をするのかどこまでやるのかという指示が明確でなければ受ける側も漫然と作業することになり職務を遂行できないであろう。Mは、行動としては、主に配慮とされる。タスクに対しての割合によりMかmで分類される。（図表9）これらはPを補い役割があるとされPが伝達されると緊張がおこる。緊張を緩和する役割がMとmでありリーダーが使い分けることができればメンバーの高い動機づけとなるとした。

図表9

P m 仕事はできる 人をまとめるのは苦手	**P M** 仕事ができる 配慮もできる
p m 仕事に甘い 面倒見はよい	**p M** 面倒見はよい 仕事は甘い

Performance 目標達成

Maintennance 集団維持

出典：三角二不二1982「リーダーシップ行動の科学」より作成

　リーダーシップ研究は多様であり、本節で確認したリーダーシップ研究は、一部である。わが国のミドル・マネジメント行動を詳細に分析し体系づけた研究（金井2000）やフォロワーシップに焦点を当てた研究（日野2010）など広い範囲と種類でリーダーシップが探求されている。地域や状況に応じてリー

ダーシップを選択すればよい。

（2）コミュニケーション

　どんなに見栄えの良い組織構造を設計しても、組織間関係や組織間のネットワークに気遣っても、それらを執行するのは、組織の中の個人である。個人が、その関係性の構築や管理を適切に処理しよい結果を得ようとするためのコミュニケーションを適切に行わなければ実際の効率や目標達成は難しい。共通目的や貢献意欲が他者に伝わらなければ協働は達成されないからである。

　経営組織の実態としての企業などでは、外部に対するコミュニケーションを財務状況やガバナンス、CSRなど社会的責任にかかわる行動や新製品の上市、販売の戦略を市場など自社の外部へ広報により組織としての行為を表出する。このことを意思決定するのは、組織内で権限をもつ経営者や管理者であり、市場や社会一般からの情報を内部のために収集し次の行為のために積み上げるためにメンバー間や管理者とコミュニケーションをとる。

　組織の目的を達成するために現場で行動する組織内の個人で共通の認識や行動パターンが確保されない場合、効率と効果が最適に求められない結果も想定できる。組織と組織が市場あるいは地域という外部環境に対応するためには、自分たちが何を目的とするか、どのように行動していくかという内部的に決められていることが重要である。

　地域では、組織が成立し中長期で地域に貢献できる組織として存続していくことが活性化の要因の一つとして必要であろう。できた組織を地域に貢献する存在として機能させる、有効的である行動を求めようとする場面では、伝統的組織論で組織とは何かを述べたC・I・バーナードによる組織理論を確認することでコミュニケーションの重要度を知ることができる。

　C・I・バーナードは、公式組織を成立させるための必要な要素であるとして「相互に意思を伝達できる人々がおり、それらの人々は行為を貢献しようとする意欲をもって、共通目的の達成を目指すときに成立する」とし組織の要素をコミュニケーション、貢献意欲、共通目的が条件であると述べている。（C・I・バーナード1956 p 85）

　組織におけるコミュニケーションは、組織成立に欠かせない重要な要素であ

る。ここでは、コミュニケーションについて要点を確認していく。

（3）組織の中のコミュニケーション

　コミュニケーションとは、「意思の伝達と理解の両方を含むものである」（猪俣1992 p192）と捉えておく。コミュニケーションを適切におこなうために機能とメカニズムを述べた研究を参照して理解のきっかけとしてみたい。

　コミュニケーションの障害として、①心理的要因、②組織的要因、③環境的要因、④言葉の意味上の要因をあげることができる。心理的要因は、欲求・期待・態度・関心という要素を個人が知覚し認識や解釈に変換されコミュニケーションされる問題である。組織的要因は、組織内の役割・地位・権限・規範などの要因によっておこるコミュニケーション疎外のことである。環境的要因は、物理的に見えないなどの障害や文化的要因としてコンテクストが影響して文化差が生じている状況によりコミュニケーション障害が起こっている場合である。言葉の意味上のコミュニケーション要因は、言葉が同じであっても相手の解釈によって生じる障害であり、情報の受け手は、それぞれの経験や価値観によって意味を解釈するとされることから程度など感じ方による差異を生じさせるとされる。（猪俣1992 p240）発信する側としては、コミュニケーションの障害をできるだけ軽減させるような伝達方法をとることが必要であろう。

　コミュニケーションの機能は、組織内の情報や人間の関係として組織の目的を誘因として取り込み自律的に行動する誘因の要素として重要になってくる。統制、動機づけ感情表現、情報である。企業では仕事を進める場合に権限や責任など範囲が決められている。タテ構造の組織では、管理者は部下の仕事を管理する上で決められた仕事について目標に向かって行動しているのか、効率的かどうか結果についてはどうかなど階層のとおり指示や指揮などタテのコミュニケーションにより組織を方向づける。（猪俣1992 p193）

　また、メンバー間の情報共有は、横のコミュニケーションとしてタテのコミュニケーションを補う。タテやヨコのつながりがじゅうようであることからコミュニケーションのネットワークにどのようなものがあるか確認しておく。

　コミュニケーションの構造としては、輪型、Y字型、鎖型、循環型、全通路型に分類できる。輪型は情報伝達に最適で伝達速度が速い。立場や役割が同レ

ベルの場合に有効とされる。Y型は同レベルのメンバーとその下層にメンバーがいる場合に効率的となる。鎖型はリーダーを中心に両側へ同レベルと両側の下層のメンバーに対して伝達する状況で正確で速い。循環型は、鎖型と有効性は類似するが下層が結びついており隣同士での情報共有は性格である。しかし、リーダーとのあいだに距離があるメンバーはリーダーにアクセスしにくい。全通路型は、成員それぞれに各自がアクセス可能で自由度は高いが正確性に若干欠ける。（猪俣1992 p168）

　これらは、職務遂行を早く正確に行うか、組織は安定するのか、メンバーの満足を高く確保できるか、中心性はどれくらいあるのかという構造による効果の差異である。唯一最善の策として設定しなければならいという趣旨ではなく、組織の目的によって使い分けることが必要となろう。

　地域での実践の場面を見てみると、組織立ち上げやその初期で組織が安定していない場合メンバーは、多くの情報を欲するのでタイミングで常に速い情報伝達が必要である。このような状況では、輪型、鎖型が有効となろう。組織メンバーに目的が浸透した後では安定したコミュニケーションを確保できるコミュニケーションスタイルを選択すればよい。

　組織が成熟して職務の種類が増えた場面では、速さと効果のトレードオフを調整するためにネットワークの型を使い分けるあるいは組み合わせるなど工夫も必要であろう。部下は上司とのコミュニケーションによって自分の仕事がうまくいっているかどうか確認しつつ仕事を次に進めていく。いわゆるホウレンソウである。組織内で部門間のやり取りが必要とされる場面では、階層のないヨコのコミュニケーションで情報を確保する。

5．まとめ

　地域の活性化を考えていく場面では、地域の企業など組織と組織メンバーの行為が最適になることが重要な成功要因となろう。どのような目的でなにをするのか組織論や組織行動論に述べられる研究成果を利用することで効率的に知識を得ることができる。

　地域で活性化の組織が発足するならば、基本となる組織の行動の目的、役割

を明確にするための組織構造を設定してみよう。組織構造は、組織におけるメンバーがどこで何をするか、割り振られる仕事はなにか、そこでは効率をもとめることはできるのだろうかという具体を知らせてくれる地図となる。

　組織のマクロ的な視点とミクロ的な視点の全体を通貫する行為の組織論では、組織の合理性と活動領域の確認と個人の行為のバランスなど調整過程をみてきた。地域の現場では、マネージャーが複数の役割を兼務する場面を見ることができる。このようなマネージャーは、自分の組織と外部との調整、組織内を調整する方法としてこの組織の行為論が参考になる。

　現在の地域の活性化の活動の場面では、メンバーと協調するリーダーシップが必要とされる。まちづくりの活動をおこなう組織では、メンバーは必ずしも身内だけとは限らず、多様な個人が参集していることからより柔軟にリーダーシップのバランスをとることが重要であろう。組織のマクロ的視点で設定した組織構造を活かすこと、組織間関係で外部組織と調整をする役割にあるメンバーに加え、組織のミクロ的視点で必要とされたリーダーシップを効果的にするためにも、コミュニケーションが必須の要素となる。地域の活動のように多様な関係者が参加する場面では、コミュニケーションの方法、方向、内容など丁寧な行動が必要となろう。組織のマクロ的視点とミクロ的視点を相互作用させ地に足つけた組織が運営できるとよいであろう。

　本章では、地域を活性化する場面で必要となる組織の一部を紹介した。組織を理解しようとする場合のテーマは広いので一部の確認にとどまった。地域創生のために、組織論、組織行動論の基本的概念や理論は、どうして世か迷った時に立ち返る礎にしておくとよいだろう。

（佐藤浩史）

参考文献

・総務省（2016）『地域の課題解決を目指す地域運営組織──その量的拡大と質的向上にむけて──』（地域課題解決のための地域運営組織に関する有識者会議）
・中小企業庁（2014）『中小企業白書「第2章地域の抱える課題と地域活性化」』
・中小企業金融公庫（2007）『地域活性化における中小企業・地域コミュニティの役割と課題』（中小企業金融公庫総合研究所）
・田中史人（2004）『地域企業論』（同文館）
・C・I・バーナード（1956）『経営者の役割』山本安次郎・田杉競・飯野春樹訳（ダイヤモンド社）
・H・A・サイモン（1994）『経営行動』（ダイヤモンド社）
・加護野忠（1980）『経営組織の環境適応』（白桃書房）
・A・D・チャンドラー Jr（2004）『組織は戦略に従う』有賀裕子訳（ダイヤモンド社）
・J・R・ガルブレイ（2002）『組織設計のマネジメント』梅津祐良訳（生産性出版）
・J・D・トンプソン（2012）『行為する組織』大月博司・廣田俊郎訳（同文館）
・山倉健嗣（1993）『組織間関係』（有斐閣）
・若林直樹（2009）『ネットワーク組織』（有斐閣）
・今井賢一・金子郁容（1988）『ネットワーク組織論』（岩波書店）
・三角二不二（1984）『リーダーシップ行動の科学』（有斐閣）
・John・P・コッター（1999）『リーダーシップ論』（ダイヤモンド社）
・J・W・ガートナー（1993）『リーダーシップの本質』（ダイヤモンド社）
・日野健太郎（2010）『リーダーシップとフォロワーアプローチ』（文真堂）
・金井壽宏（2000）『変革型ミドルの探求』（白桃書房）
・猪俣正雄（1992）『組織のコミュニケーション論』（中央経済社）
・原岡一馬・若林満（1993）『組織コミュニケーション』（福村出版）
・Stephen・P・ロビンス（2004）『組織行動のマネジメント』（ダイヤモンド社）
・大平義隆（2017）『変革期のモノづくり革新「わが国工業部門の経営管理における文化差の解釈──社会的調和の考え方を基軸として──」』工業経営研究学会編（中央経済社）

第8章 地域経営戦略

1. 地域企業の経営戦略と大企業の経営戦略の違い

　経営戦略は、企業の外部との「ポジショニング」または「リソース（資源）」をベースにする考え方の2つに大別される。前者のポジショニングによる経営戦略は、市場におけるポジショニングにより競争優位を築こうとする考え方であり、如何に市場シェアを獲得するか、または如何に競争相手と差別化するかを考える。これに対し、後者のリソースベースの経営戦略では競争相手にない競争優位なリソースを如何に獲得するかを考える。

　1980年代まではアメリカの巨大企業が世界中で圧倒的な市場シェアを獲得していたため、企業を取り巻く外部環境に着目し、市場シェアを大きくし規模拡大するポジショニングをとることが競争優位の源泉となると考えていた。

　そこに現れたのが、アメリカの進んだ生活と製品に憧れ、アメリカに追い付き追い越せと頑張ってきた日本であった。アメリカ企業より圧倒的に規模が小さな日本企業がアメリカの大企業が築いた世界市場を瞬く間に奪ってしまった。シェアが高ければ市場リーダーとして競争優位を持続可能であると考えてきたポジショニングによる戦略では対抗できなくなった。そこで考えられたのが、日本企業は高品質で性能が「良い」にもかかわらず「安い」製品を「迅速に」開発するリソースをもつ、それこそが競争優位の源泉であると考えるリソースベースの戦略論である。

　両方の戦略をまとめると、大きな市場シェアを占有できたとしても市場でのポジションはいつか失われる。それならば、模倣困難なリソースがあれば、競争優位が持続可能だろうか？日本の安くて良い製品は当初は模倣しきれなかったが、やがてキャッチアップされてより安くより良い製品が他の国でも作れるようになってしまった。とどのつまり、市場でのポジションとリソースを常に変化させていかないと競争優位は持続できない。

　近年は、爆発的成長から衰退に転じる破壊的変化が頻発している。企業が大

きくなるほど、このような環境の激変に適応することは容易でなくなる。地域企業も、大企業の後を追っていては大企業任せになってしまう。

　ところが、地域企業だからこそ大企業とは違う経営戦略をとるこができる。大企業にはできない市場を創造し、世界で高い市場シェアを維持し、大企業さえも依存させている地域企業がある。これらの地域企業に共通する戦略は、ポジショニングとリソースによる戦略だけでなく、自分がもたない外部のリソースを自分が中心となって活用する戦略をとっている。まずは、市場が変化すると大企業で何が起こるかから見ていこう。

2．大企業の時代から地域企業の時代へ

　トランジスタラジオ、ポケベル、目覚まし時計、テープレコーダー、電卓、電子辞書、ウォークマン、ビデオカメラ、DVD、プラズマテレビ、日本の家電、書店、アドレス帳、地図帳、懐中電灯、固定電話、口述用テープレコーダー、キャッシュレジスター、イエローページ、カーナビゲーションシステム、レストランガイド、チケットカウンター、新聞、雑誌、電話番号案内、旅行代理店、保険代理店、スーパー…まだまだあるが、これらには共通点がある。それは、ビッグバン・イノベーション（ラリー・ダウンズ/ポール・F・ヌーネス, 2015）により、一夜にして爆発的成長から衰退に転じる超破壊的変化が起こり、消滅したか、しようとしているものである。これらを開発した多くの企業は、市場の変化に対し、次の成功を手にすることは出来なかった。近年の製品ライフサイクルがシャークフィン型に変わり、突然に市場が衰退したためである。

　市場が爆発的に誕生する一方、突然消滅するようになった原因はものづくりの仕組みが急激に変わったことと関係する。『ジャパン・アズ・ナンバーワン』（エズラ・F.ヴォーゲル, 1979）の時代にアメリカが教訓とした「日本のものづくり」では「安くて良い」製品を作るリソースが競争優位の源泉であった。ところが、いまは「手にして感動する」が当たり前の時代に変わってしまった。しかも、日本を模倣し追い付いてきた外国企業は、いちはやく性能と使用性が「もっと良い」ものをつくれるようになり、日本の大企業を追い越している。以下で、そのような環境変化が起こった原因と対策を考えてみよう。

（1）大企業によるイノベーション時代の終焉

　日本発のイノベーションは沢山ある。クォーツ腕時計、電卓、家庭用ビデオ、自動焦点カメラ、イメージセンサー、ウォークマン、カーナビゲーションシステム、CD、ノートパソコン、フラッシュメモリー、メモリーカード、USBメモリー、ハイビジョン、リチウムイオン電池、液晶テレビ、QRコード、デジタルカメラ、DVD、非接触決済認証技術、多機能携帯電話、デジタル情報暗号化技術等々（発明協会、『戦後日本のイノベーション100選』から）。これらは日本の精密な設計思想と精練したものづくり能力が無ければつくれなかったとされている。

　これらハイテク技術全てを集めた製品は何か？スマートフォン（スマホ）である。SONY製品マニアであり、docomoの多機能携帯電話i-modeマニアであったSteve Jobs（スティーブ・ジョブズ）は、まず世界で爆発的に大ヒットしていたウォークマンに音楽配信サービスを付加したiPodを2001年に発売し、いま主流となった音楽ストリーミング・サービスへつながる市場を創造した。続いて、日本の高機能携帯電話の良いとこ取りをするだけではなく、当時のハイテク電子部品とハイテク液晶タッチパネルを日本各地の地域企業から買い集め、日本とアジアの各地に生産委託して作ったのがiPhoneである。スマホ長者企業が幾つも名を連ね、半導体王国日本が復活するかのようにさえみえた。ところが、わずか数年で外国が真似できるようになってしまい、幾つもの企業が倒産、或いは外国企業に買収されてしまった。

　Apple社はiPod発売直前まで日本のキャノン社、アメリカのDELLコンピュータ社をはじめ多くの企業から買収提案が繰り返されたほどの経営危機に陥っていた。このような危機を乗り切ろうとしていた時期でもあったため、大企業が市場を占有していた携帯電話市場にiPhoneで打って出ることができた。もしApple社が本来の事業であるパソコンにこだわっていたら、いまのiPod, iPhoneの成功はなかったに違いない。

（2）破壊的変化による大企業の消滅

　画面が大きくボタンが少ないiPhoneが日本の部品を使って誕生して以降、手本にされた当のSONY社は音楽配信サービス事業を始めないことをそれ以前

に決めてしまっていたが、すぐ後追いして発売した。しかし、音楽販売事業への影響を懸念して音楽配信事業に取り組まず、Apple社が勝ち続けることを許し、結局、海外携帯電話事業から撤退せざるを得なくなってしまった。

　iPhone発売直後の07年第2クォーターに携帯電話のグローバルマーケットシェア50.8％だったノルウェイNokia（ノキア）社の携帯電話事業は2013年にMicrosoft（マイクロソフト）社により買収されてしまった。当時シェア2位のMotorola（モトローラ）社は世界初のカー・ラジオ、世界初の携帯無線機、半導体、テレビ、1983年に世界初の携帯電話、2004年に100gを切る最薄最軽量携帯電話をヒットさせる等、最先端技術による製品開発をリードしてきた優良企業であった。1990年代に50％以上の携帯電話シェアを占めた携帯電話事業は、iPhone発売4年後の2011年にGoogleに買収されてしまった。Googleさえも再建に失敗し、中国のLenovo（レノボ）社に2014年に売却された。スマホの登場により、携帯電話市場で規模と市場シェア上位2社の携帯事業は数年のうちに破綻してしまった。

　明らかに、市場シェアが高くても、競争優位は維持できない。市場が激変すると、大企業は失敗することを物語っている。他方、市場が変化しても、成功した企業は、韓国・台湾・中国にある企業のように模倣と技術キャッチアップに徹した企業だった。このような後発企業は、かつての日本企業のように、安くて良い製品を先行企業よりも早い時期に発売できるようになり、いまや市場シェアトップの座をApple社から奪い、情報プラットフォームの覇権争いが始まっている。

　スマホ時代の到来以降の物語は、企業がものをつくって提供する時代の終焉を象徴する出来事であった。iPhoneの登場が初めてのスマートフォンであったわけではない。当初のスマホから、ボタンを取り払った点がiPhoneの革新的な部分であった。これにより、アプリに代表されるような新しい使い方を提案して広めたことで、個人個人に応じた使い方（機能）を探索して実行可能性（feasibility: フィジビリティ）を確かめながら素早く実用化できることとなった。つまり、スマホによるイノベーションのインスタント化が起こった（Takayama, 2012、Takayama and Fukushima, 2013、高山, 2019）。そのために周辺市場に破壊的変化が起り、プレーヤーが突然変わる時代に突入した。

初代iPhone発表会でのJobsの講演は、機能と使い易さを超える感動を求める時代になったことを象徴している。

＜iPhone発表時のSteve Jobsの講演＞

　電話とメールとインターネットとキーボード……スマートフォンは賢いがより使いにくい。基本操作を覚えるだけで大変だ。そんなのはいやだ。我々が望んでいるのは、どんな携帯よりも賢く超簡単に使える。これがiPhone。

　プラスチックで固定されたキーボードが付いていて、どのアプリでもそれを使う。アプリによって最適なボタン配置は異なるのに、すでに出荷された製品に、新しいボタンは追加できない。どうする？

　これではダメだ。ボタンを変更できないから、よりよいアイデアが浮かんでも、変えることができない。どう解決する？

　われわれは解決しました。20年前に、Mac（Apple社コンピュータ）が解決していた。画面にすべてのインターフェースを表示、ポインティング・デバイスとしてマウス。これをモバイル機器に当てはめるなら、ボタンをすべて取っ払い、巨大な画面だけにする。巨大な画面。

　どう操作する？　マウスは無理だ。タッチペンか？　ボツだ。誰が望む？　すぐなくしそうだ。タッチペンはやめとこう。みんなが生まれながらに持つ世界最高のデバイス、指だ！

（歴史的瞬間！ジョブズによる初代iPhoneのプレゼン　https://logmi.jp/business/articles/4152、2019.12.18アクセス）

3. イノベーションを支える地域企業

　先端的な技術も使われなければ意味がない。あれば便利、あったらなくなっては困るものを探すことにより、イノベーションが見つかることをJobsの講演は物語っている。それでは、技術力でも製品力でも世界市場で勝ち続けていた日本の大企業なのに、なぜ成功が続かなかったのだろうか？それは、「近視眼的」であったために、関心をもてなかったからである。

　かつて半導体王国と呼ばれた日本の半導体関連企業がインターネットや携帯

電話の普及と通信技術の高度化を進めるために大役を果たした。その頃のアメリカでは「シリコンバレーの火が消えた」といわれるくらい、危機感にあふれていた。日本の半導体と高性能な製品は世界市場でもてはやされた。最先端の半導体製品を作るためには、緻密な設計と改善・改良が必要である。長期雇用により、人を資源として育てる日本企業に向いていると説明されていた。日本の技術力のおかげでICT（情報通院技術）革新が起こり、情報が急速に普及した。

　情報が一挙に普及すると、技術も瞬く間に普及して、誰でも手に入れることができるようになる。最先端の技術を使って苦労して作った製品はすぐキャッチアップされ模倣される。技術が陳腐化すると、製品の差別化特性（機能、品質、ブランド力など）が失われ、単なる価格競争となる。

　このようなコモディティ化市場では、価格と買いやすさだけを理由に選択が行われる。製品の変化が頻繁に起こるにもかかわらず、機能や品質面で大差のない製品が多く流通する。それを自前で研究開発し、生産していては間に合わない。ところが、大企業は規模の経済により価格競争力をつけて市場を支配する戦略をとるので、身動きがとれなくなってしまう。設備や市場への投資自体が埋没費用（sunk cost, サンクコスト）となって、事業を転換できないからである。こうしたサンクコスト効果（コンコルド効果）を回避するために、大企業は研究開発と生産を、専門のベンチャーと中小企業に任せようとする動きが起こってきた。こうして、地域企業の役割が大きくなってきている。

（1）イノベーションの外部化とその波及効果
　Apple社が10年以上にわたり成功を続けたきっかけは、必須な部品の開発と生産を自前ではできなかったことにあった。というのは、iPodに続いて発売したiPhoneが予想外に爆発的に売れ、注文量が見込み以上に多過ぎて供給不足が起こり、生産をアウトソーシング（外注）に切り替えたことが、皮肉なことに、その後の成功を決定づけることとなった。これに加えて、主要部品を日本企業に依存したため、Apple社は製品デザイン（形と機能と使い易さ）のみに集中することになった。

　このような事情が幸いして、先端技術を組み合わせた新製品を次々と市場投入することができるようになった。もしもApple社が携帯電話で高いシェアを

もつ大企業であったならば、研究開発から生産までを垂直統合しているうえに大規模投資をしてしまったため容易でなかったに違いない。つまり、大企業とは全く逆の道を行かざるを得なかったことが幸いした。すべてを自社内に抱え込むのではなく、コア技術だけを内部化し、それ以外は外部活用することで、イノベーションを加速化することができ、10年以上におよぶ長期間の成長が可能となった。

　元来、自前の技術と製品へのこだわりが強い企業であったが、世界各地の地域企業から部材（部品と材料）を調達することにより、想定外の波及効果を得ることができた。最も性能の良い部品と最も使い易いアプリを調達し、次々と製品化できた。イノベーションを外部化するオープンイノベーションと呼ばれる戦略を他の競争相手よりもいち早くとれたことが成功要因であった。これにより、もの・サービス・情報を提供する情報プラットフォームとなり、従来の携帯電話にはない予想できない様々な事業へ展開するという波及効果を得ることができた。

（2）大企業を飲み込むコバンザメ戦略
　ところで、アウトソーシングを受ける地域企業にも逆転する戦略はある。製造に特化した地域企業は様々な製品の製造経験を積むことができる。生産コストが安くなるだけでなく、安く良いものづくりができるようになる。地域企業であればこそ、コバンザメのように、大企業についていくことにより規模を拡大しながら、やがて大企業を飲み込むことさえできる。

　iPhoneへの依存度が50%以上あった電子機器受託生産サービス（EMS: Electronics Manufacturing Service）企業であった鴻海（ホンハイ）精密工業（Foxconn, フォックコン）が典型的な成功例である。1972年にプラスチック製の誰でも作れる白黒テレビ用選局つまみの製造を24坪の借家で始めた。大企業からみると、開発力がない単なる下請け企業に過ぎないが、赤字倒産したシャープを買収し、わずか1年後に黒字化を達成している。多様な企業と取引もあり、難しくなかった。売上高で日立製作所、パナソニック、SONY、東芝を遥かに凌駕する巨大企業になったが、その後も二桁成長を続けている。労働者代替型ロボットを自社開発・製造して生産の強みを強化している。取引先か

ら学習したAI（人工知能）、ロボット、医療、ヘルスケア、介護、金融サービス、インターネット、IoT（モノのインターネット）等の周辺領域へはやくも展開している。勿論、Apple社から受託生産しながら自社のスマホも発売している。

　日本にも典型例がある。江戸時代から300年以上の歴史がある越中富山の薬売りで知られている薬屋さんが始めた製造受託産業が産業集積をつくっていて、富山県は医薬品生産額シェアトップである。よいものを安く製造できるようになり、大企業は自社での製造と開発を行わなくなった。特許切れ後のジェネリック医薬品企業の生産性は新薬大手並みの生産性（一人当たり売上高と一人当たり利益）をあげるまでになり、海外進出するとともに、「クスリのシリコンバレー TOYAMA」計画を進めている。大手企業がしなかった特許切れ医薬品とバイオ医薬注射剤にいち早く進出しており、やがて売上高でも大企業を追い抜くであろう。また、大手企業が参入しない関連産業として、包装容器、パッケージ、印刷などの周辺産業クラスターもある。くすりのパッケージ、ケース、医薬品説明書などで朝日印刷はシェア30%を有し、富山県の同業者をあわせると富山のシェアは50%に達している。いずれも、大手企業には真似ができないことから始め関連事業へと展開している。そのおかげで、大手企業は自社生産をしなくなり、業界にとってはなくてはならない存在となっている。

図表1　**越中富山の薬売りの像と柳行李と得意帳**

出典：全国配置薬教会HP（https://www.zenhaikyo.com/history/）

　Apple社は、スマホの形状と使い方、デザインは自分で決めるが、部品は外部から調達する。自動車会社の場合も同じで、エンジンとデザインは自分で決めるが、部品は外部から調達する。このようにして大企業を中心として周辺市場が形成される。周辺市場は小さくみえるため、地域の中小企業が受託することになる。

　部品製造企業の場合、経営上、盲点となることがある。故障とメインテナンスのための多種多様で多数の在庫を抱えなければならないことである。したがって、調達先から外されるか、市場が変化すると、独自の技術力を誇りにしていたスマホ長者企業のように、過剰在庫を抱えて黒字倒産してしまう。市場がコモディティ化して価格競争になる前に、大企業が目にとめない周辺市場へ展開しながらイノベーションを発信する企業が京都には集積している。

（１）イノベーションを発信する地域企業の集積地
　液晶とパソコンで断トツの性能を誇ったシャープと東芝は、それらの市場がコモディティ化した途端に事業を買収されてしまった。コモディティ化した市場になっても生き延びたいのなら、鴻海（ホンハイ）のように安く作る能力を構築する戦略に転換すべきであった。最先端の技術と製品開発を続けるなら、コモディティ化する前に、周辺領域の市場を作るべきであった。液晶に限らず部品は様々な用途があるから、将来性のある周辺市場へ展開していけば、新しい市場を作ることも可能である。

　京都には、イノベーションを発信し続ける世界屈指のハイテク企業が集積している。売上の70-80％が世界シェアトップ、海外売上比率90％以上、１兆円企業で自転車に乗ったロボット「ムラタセイサク君」で有名なニッチな部品の村田製作所、半導体・電子部品メーカー、おもな製品はLSI、トランジスタ、ダイオード、LED、抵抗器であるローム、精密小型モーターで世界一のシェアを維持し、ハードディスクの駆動装置用のモーターの世界市場シェア約80％の日本電産、自動車計測、環境・プロセス、医用、半導体、科学の5つの事業分野で分析・測定機器で世界をリードする堀場製作所、ATMを発明し健康器具

で有名なオムロン、花札製造から始まり家庭用ゲーム機で有名になった任天堂、ノーベル化学賞を受賞した田中耕一氏が勤務している測定機器の島津製作所、セラミックと部品から創業し様々な周辺領域へ多角化を続けKDDIを創業させた京セラ、ガラス版印刷から始まり液晶・半導体洗浄装置の世界シェアトップになったスクリーン等。いずれも、ニッチ市場から足掛かりをつかみ、顧客からのニーズを発掘して他の顧客のニーズを伝えることで、部品の新しい用途を開発し提案している。陶器から始まった京セラの事業展開（図表２）に典型例がみられるように、様々な周辺市場に展開しながら、イノベーションを発信し続けている。

図表2　京セラの事業展開

出典：京セラHP「動画で見る京セラグループ」（https://www.kyocera.co.jp/company/movie/）

（2）期待以上のものを提供する

　ハイテク製品で一番先頭を走っていても、やがてキャッチアップされ、市場はコモディティ化する。これに対してイノベーションを続ける京都企業は京様式企業（末松、2002）とも呼ばれ、ニッチやハイテクからイノベーションを起こしても満足することなく、常に周辺事業へと企業の活動領域（ドメイン）

を拡張していくという明確なビジョン（ベンチャー・スピリット）を持ち続けている。そこで、またイノベーションを起こして新しい事業基盤を築いている、

　期待不一致モデルにより説明すると、周辺市場に進出できるかどうかは、顧客の期待を上回ることがキーになる。商品やサービスを購入する前に形成される期待水準と、購入後の知覚水準とが一致した場合、消費者は「期待通りだった」と評価する一方、その後の商品やサービスへの関心度は薄まってしまう。他方で、知覚水準が期待水準を上回った場合、関心度が高まりリピート率と他の製品への関心度も期待できる。知覚水準が期待水準を下回った場合、消費者は商品やサービスへの怒りや失望を感じるかも知れない。企業が提供する「ものとサービス」に対して期待を上回る「もの」を提供し続けていることを目指す新しいもの好きな企業が京都には集積している。大きな産業がなかったから、ニッチから周辺市場へ展開することを常に考え続けて培われたイノベーション・スピリッツが地域企業を育てている。

5．地域企業であるからこその成功要因

　大企業の戦略は、大きな市場に目を向けているため、小さな市場に入ることは地域企業でなければできない。ところが、市場が大きくなると参入が増える。内部資源である知識を創造し、能力を鍛え続けても、やがてキャッチアップされ、市場がコモディティ化する。外部に対する強みを強化する戦略と内部資源を鍛える大企業の戦略では、コモディティ化の波を乗り越えられない。地域企業だからこそ、既存事業と内部資源に拘らずに、倒産寸前のAppleができたように、外部の資源を躊躇なく活用することができる。

（1）外部を梃として使う（ポジショニング戦略）
　誰もが使う日常品はすぐにコモディティ化する。変化を求められるコモディティ製品の代表格のアパレルでは、流行をつくるために大企業がしのぎを削っている。ところが、大企業ができない戦略をとり、地方の商店街の衣料品店から出発し、大企業を超えて市場シェアトップになった地域企業が日本、スペイン、スエーデンにある。地方の小企業であっても外部を梃子として利用すれば、

大企業を超えることが可能である。

　山口県宇部市は炭鉱と工業で発展したが、ほぼ廃墟と呼ばれるほどの典型的なシャッター商店街になっている。そこで紳士服販売店を継いだ柳井正は、米国の衣料品店の見学ツアーに参加した際に立ち寄ったカジュアルウエアトップGAPが始めていたSPA（specialty store retailer of private label apparel：素材の調達から企画・開発、製造、物流、販売まですべての流通システムを一貫して手掛ける製造小売）を手本に、1984年に広島市にユニクロ（本社山口市）一号店を開店することを決めた。ユニクロのポジショニングは、主流市場の脇役、いうならば、どのような服にも組み合わせて着ることができる部品のような洋品であった。部品ならばの「低価格革命」を起こし、量販店に脅威を与え、カジュアルゾーンの価格帯を一気に下げた。部品として服にも合うフリースは若者の間で大流行しフリース現象と呼ばれるほど爆発的ヒットをし、アパレル業界シェアトップとなり世界数十ヵ国へ展開している。

　ユニクロの扱う汎用品は、素材・機能と使い方が決まれば、リードタイム（企画から販売までの期間）は2カ月を目指せる。企画から販売までをアウトソーシングしないで、全て自社で行うことが強みになる。合繊メーカーと協業して開発することにより画期的な素材、高品質な天然素材を使用したベーシックなデザイン・ブランドとなった。ユニクロ柳井社長によると、

　"ユニクロはLifeWearというコンセプトに基づき、世界中のあらゆる人々の日常を快適にする究極の普段着をつくり続けています。デジタル化が進んだ現代社会のなかで、ユニクロはお客様とダイレクトにつながり、お客様のご要望をすぐにカタチにするビジネスモデルへと進化しています。"

　アパレル業界2位となった"しまむら"は呉服店から始め、1961年にファミリー向けにおしゃれでカジュアルな洋服という新しい製品のポジショニングに基づいた仕入れ販売を埼玉県東松山市で始めた。「4つの悪」（返品、赤黒伝票、追加値引、未引取り）の追放を公約し、フェアな取引商行によって、良いデザインのものができたら、しまむらとの取引を優先させるなど、最大の得意先がしまむらというアパレルメーカーも少なくない。その結果、低価格で品質の良い、バラエティーに富む商品が陳列されているが、同じ店舗に同じ製品を置かない。こうして、「しまラー」と呼ばれる支持層が幅広い年齢層に広がり、ファッ

出典：しまむらHP「しまむらグループ沿革」

ション・ブランドを代替する市場をつくった。

　1991年、四国の香川県高松市の丸亀町商店街内に開店した100円均一ショップのダイソーも外部を梃子として、百円ショップ業界1位となることができた。創業当時はスーパーの軒下、商店街の道端に並べて販売していたためバッタ屋と呼ばれていた。ある主婦客の一人が創業者である矢野博丈に「安物買いの銭失い」とつぶやいたことで一念発起し、できる限り良いものを仕入れるスタイルに変えたところ、「100円なのに商品がいい」と評判を呼び、全国から引き合いが増え、客が喜ぶものの提案を携えて引っ切り無しに訪れてくれるようになった。百貨店、海外にまで展開している。

図表4　バッタ屋から世界の百円ショップへ

出典：ダイソー HP「ダイソーの歴史」（https://youtu.be/2hP-zmiqwkA?t=6）

（2）外部リソースの内部化　（リソースベース戦略）

　地域の小企業だからこそできることは枚挙に暇がない。富山県黒部市を生産拠点として戦後にアメリカ製ファスナー生産機械を使い物真似から始め、ファスナーの世界シェア約45%を占めるに至ったYKKは外部リソースを内部化することで、標準化による市場拡大と周辺市場への展開に成功している。ファスナーは汎用品からブランド品、洋服から皮のバッグまで、厚いものから薄いものまで、重たいものから軽いものまで、日用品から産業用途まで、大小さまざまな製品に使われる。標準化されたため、あらゆる最終製品への取り付けの機械化が可能になり、自動車（図表5）、宇宙服、潜水服、カーテン・家具、窓・ドア、内装建材、漁網、ネット等、様々な周辺市場へ展開している。

　YKKではファスナー専用機械だけでなく最適な材料を開発して生産し、機械に組み込まれる金型やファスナーの専用部品も自社製造し、設備も自社開発する徹底した一貫生産を差別化要因にしている。自動車業界は、マイナーチェンジを繰り返しながらモデルチェンジを行う。YKKも同じで、まったく新しいものを生み出すイノベーションではなく、マイナーチェンジを繰り返しながら技術の継続的な改善、改良、進化を行うイノベーションを推進している。そうする目的は、現地の生活に適合したファスナーの開発と生産を可能にするためである。世界71カ国／地域で事業展開し、50以上の工場に設置しているファスナー専用機械は、高速・自動化を重視した「テクノロジープッシュ型」から、新興国の人でも使いやすい「製造現場に適応する設備開発」へと開発思考を転

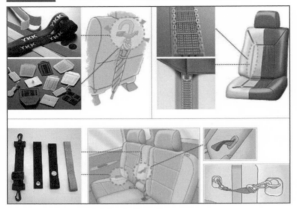

図表5 ファスナーの自動車市場への展開

出典：YKK HP「こんなところにYKK」
https://www.ykk.co.jp/japanese/ykk/here/index.html

換した。YKK大谷社長によると「生産性重視から、顧客が求めるものを実現するために技術力を活用するのが製造業の技術のあり方であるという理想を追求している」からとのことである。このように、YKKは外部の顧客を梃子にして、自社にない外部リソースを内部に取り込みながら様々な周辺市場に展開することによって成功を収めているわけである。

(3) 取引の中心となり周辺市場へ横展開する（プラットフォーム戦略）

　1947年に香川県高松市で創業したマブチモーターは玩具と模型用に数センチ大の小型モーターを大企業に先駆けて開発したところ、世界中で採用され、ゼンマイ仕掛けのおもちゃが世界中から姿を消したといわれている。顧客の注文に応じ、小型なのに馬力があるモーターを製造することから始めたが、低価格で品揃えがあったことが顧客の期待以上であった。当初は「おもちゃのモーター」として軽視されていたが、玩具・模型、工具向けのニッチ市場が、家庭電化製品、音響・映像機器、自動車電装機器、移動体、精密・事務機器、情報機器関連、ATM、自動販売機、医療機器等々、多様な産業で使われるようになった。自動車のサイドミラーで80%以上の世界市場シェア、小型モーター世界市場シェア50%以上を数十年維持している。

図表6　小型モーターの周辺事業への展開

出典：マブチモーターHP

　モーターは製品ごとに特注していたが、そこに目をつけて、小さくても大きなモーターの代わりに使えるよう、小さくても馬力があるモーターを開発し、高性能化・静音化・小型化・長寿命化などのニーズに応えるために、顧客と共同で開発をし、新しい使い道を提案することで、周辺市場へ展開することができた。

　コモディティ化市場で、世界シェアを維持しつつ市場を拡張できたこれらの地域企業に共通する戦略は、最初の活動領域に留まらず外部を梃として周辺領域に展開したことである。コモディティ化市場で生存するためには品質に間違いがなく期待以上であることが求められる。価格を変えずに壊れない小型モーターやファスナーが生産できるようになるには、ヒトを育てないとできなかった（両社生産担当副社長）。幅広い領域で使われることにより、まずは聞いてみようと顧客が思ってくれる。そして、また想定外の使い道が発見されてお客さんも喜び、自分も活動領域が広がるという相乗効果を生む。こうして、コモディティ製品であり安いにもかかわらず、どのような製品に対しても品揃えがあるという圧倒的な差別化をし続け、他社には真似ができないポジションをつくりあげてきた。小さな市場から一挙に大きな市場ができあがるわけではなく、小さな市場から入って地道に積み重ねていくものであるから、大企業には手に負えなくても中小企業だからこそ小さく始めることができる。一つひとつは小さいが幾つもの取引の中心となり周辺市場へ横展開するプラットフォームの中心となって成功を収めることができたわけである。

6. 地域だからこそできる経営戦略

　地域発小企業の成功例で共通することは、大企業が入らない隙間市場から小さく始め大きくなっている。その過程で、外部を梃子にしか、外部のリソース

を内部化し、周辺市場へ横展開して大きくなっている。

　大企業が目に留めない大きくなる隙間は探せば必ずみつかる。1966年に静岡市で創業した新参のお茶屋に過ぎなかった伊藤園は、「宵越しのお茶は飲むな」、「お金を払ってお茶は飲まない」という業界通念を革新し、世界初の缶入り茶飲料を発売し、飲料茶業界シェアトップとなって数十年である。

　地域では大企業が目に留めない隙間市場で十分に商売になる。まず、地域で隙間から小さくスタートし、やがて大企業の市場を置換して市場リーダーとなる。地域企業だからこそできる経営戦略である。

（高山誠）

参考文献

・久保隆行（2019）『都市・地域のグローバル競争戦略 日本各地の国際競争力を評価し競争戦略を構想するために』（時事通信社）
・琴坂将広（2018）『経営戦略原論』（東洋経済新報社）
・末松千尋（2002）『京様式経営 モジュール化戦略──「ネットワーク外部性」活用の革新モデル』（日本経済新聞社）
・高山誠（2009）「イノベーションの必勝・必敗の法則」（『日本企業のイノベーション』日本経営学会編　千倉書店）
・高山誠（2019）「破壊的イノベーションを実現させる戦略コンテクスト」（『日本情報経営学会誌』Vol.38, No.4, pp.24-35）
・高山誠（2019）「勝組地域企業の戦略デザイン」（地域デザイン学会誌『地域デザイン』No.14, pp.83-104）
・ディスカヴァー・レボリューションズ（2014）『ビジネスモデル全史』ディスカヴァー・トゥエンティワン
・平野敦士カール（2010）『プラットフォーム戦略』（東洋経済新報社）
・平野敦士カール（2012）『カール教授と学ぶ成功企業31社のビジネスモデル超入門』（ディスカヴァー21）
・山﨑朗 加藤恵正 山本匡毅 根岸裕孝 戸田順一郎 北嶋守 岡野秀之 谷川徹 石橋毅 辻田昌弘（2019）『地域産業のイノベーションシステム: 集積と連携が生む都市の経済』（学芸出版社）
・ヴォーゲル,エズラ・F 広中・木本（訳）（1979）『ジャパン・アズ・ナンバーワン』（TBSブリタニカ）
・マルコ・イアンシティ, ロイ・レビーン（2004）「キーストーン戦略：ビジネス生態系の掟」（ダイヤモンド・ハーバードビジネスレビュー 2004年5月号）
・ラリー・ダウンズ/ポール・F・ヌーネス, 江口泰子（訳）（2015）『ビッグバン・イノベーション── 一夜にして爆発的成長から衰退に転じる超破壊的変化から生き延びよ』
・Takayama, Makoto（2012）"Open and integral innovation on tablet PC by popularized advanced media as industrial cradle"in New Technology（INTECH）.
・Takayama, M. and M. Fukushima（2013）"Instant Innovation from Experiment to Implementing New Technology,"『日本情報経営学会誌』第34巻第3号、pp.86-102.

第⑨章　地域社会と産業集積

1. はじめに

　地域の活性化は経済活動が基盤であると言っても過言ではない。移住には雇用が重要だし、雇用は経済活動によってもたらされる。経済活動としては、工業のような生産活動、商業や流通業、あるいは観光のようなサービス業などが必要である。そこには消費者や働く人がいなければならない。多くの場合、地域における基本的な需要を満たす地域に根ざした農林水産業であった。

　単純な「地産地消」のモデルをイメージすればわかりやすいかもしれない。地域の経済活動は生活に関わる財やサービスが生産され、それによって所得が生まれ、生産された財・サービスが消費される循環が生まれる。かつて明治時代までは地域内で自給自足体制が形成されていた。もちろん地域内には「海彦と山彦」との分業は形成されていた。

　舟による運搬から鉄道や馬車、そして自動車による交通が発達するにつれ、地域内における経済活動が大きく変貌した。例えば群馬県ではそれほど魚は食べられていなかったと言われるが、新しい流通とビジネスがそれを変えてきた。地域内の産業は外部の企業と競争しなくてはならなくなり、競争力のない企業や産業は淘汰された。他方、競争力のあった企業や産業は流通経路の革新でさらに成長・発展する。

　江戸時代以前にも、全国各地で販売された財やサービスは生産されていた。前者は京都西陣や桐生の織物、能登半島の「輪島塗」、富山の「置き薬」である。後者は「お伊勢参り」や四国の「お遍路」である。全国市場に向けた財を生産する生産拠点は「産地」、あるいは「地場産業」と呼ばれる。一般的には、「産業集積」と呼ばれている。江戸時代以上に形成された、第二次世界大戦後まで生き残ってきた地場産業の数も業種も多様であった。江戸時代、山形県の旧上杉藩は繊維などの産業振興に積極的に取り組んだことで知られている。

　以下では、地域内の産業の特徴を述べることとしたい。地域おける産業を支

えるのは人であり、そして人々の関係である。すなわち住民のコミュニティであり、そのコミュニティのありようこそが経済活動に大きく影響する。地域の活性化や発展の視点から地域を研究することは必ずしも一般的ではないが、地域における人間関係や「ソーシャルキャピタル」の重要性が近年指摘されている。地域における産業政策ばかりでなく福祉政策など様々な政策を企画実施する上で、この視点は現在社会では欠かせない。

2．地域とは

　この議論を進めるためには、「地域」という言葉を少しはっきりさせる必要がある。「地域」という言葉は日常に溢れ、「地域」という言葉は多様に使われている。辞書によれば、地域は「ある範囲の土地のこと」であるが、「地域」という言葉は地域の範囲を限定していない。非常に広い範囲を指すこともあるし、狭い場所を指すこともある。

　地域活性化や地域創生といっても、どの範囲や程度の地域であるのか。国のような範囲か、県のような範囲か、商店街といった狭い範囲か。地域活性化がある自治体の政策目的であるとして、どの範囲で活性化しようとするのか。活性化の内容も明確にしなければならないが、その内容は地域の範囲よって異なるだろう。

　「地域」という言葉で何をイメージするのか。その実体がどのようなものかを考えみよう。「地域」を当たる外国語はいくつかある。英語では「area」、「zone」、「district」、「region」、「 block」、「territory」、「locale」などがある。さらに地域活性化では、フランス語の「milieux」が使われる。「場」という意味である。ただ、英語のregion」とフランス語や「re'gion」の「regione」国ごとに意味合いは違う。フランスやイタリアではかなり広い範囲、州を意味する。実際、Regional Studyはかなり広い国レベルの範囲を指す場合もある。人々は自分たちの生活圏をもとに言葉や概念を生み出し使ってきたのだろう。生活圏は地理的な条件に大きく依存するが、交通手段の発達によって変化する。

　そういう意味で生活圏、そして地域の概念は相対的である。日本の国土は30％しか平地ではない。かつて多くの人は急峻な山に囲まれた狭い地域空間

で生活していた。それが生活圏であり、世界であった。生活は農林水産業を核として自給自足であった。江戸のような大都市では生活物資の輸送は容易ではなかった。徒歩で近隣の集落へ行き来することは容易ではないので、海や川を利用して容易に往来できることもあった。江戸や大阪、そしてロンドンやパリも運河が活用されていた。瀬戸内海や地中海などは同じ生活圏に属し文化を共有してきた。また北回り船によって、江差を含む日本海岸は京都や大阪と直接結びつき通婚さえ普通に行われた。地中海文化と言われることもある。地域の概念は単純ではなく、技術や社会とともに地域の内実は変化することを認識することは必要である。鉄道がひかれ、さらに高速道路網、橋などの整備が行われれば、生活圏、そして住民の地域観は大きく変化する。また後に詳しく述べるように、全国各地の地域は同質的ではない。非常に多様である。ある市で成功している施策が隣の市で成功する理由はない。

　他方、経済地理学の原点ともいえる、チューネンが描いた「孤立国」はドイツの地理的条件を反映している。都市がほぼ平坦な国土に均一に分散しており、都市周辺には農地が広がる同質性が見られる。市場である都市との距離、すなわちコストで差額地代が決まるというモデルである。このような地理的条件のもとでは生活圏の範囲、そして地域のイメージ形成されたことは分かりやすい。

　ところで、大都市部について、地域はどのように考えれば良いのだろうか。東京都の住民が東京都全体を地域と認識することはあまりないかもしれないだろう。住民の多くは「地域」とはどのようなイメージか、アンケート調査によれば、市や区というよりも子供達が通う「小学校区」や「中学校区」を指しているようである。住民の多くは都心部などへ通勤するが、イメージする地域は「学校区」と言う狭い地域なのである。

　地域は住民にとって生活圏ともいえる、身近な「集落」や「学校区」であるが、生活は消費だけはなく生産活動も重要である。そうした地域の範囲で雇用の視点だけで考えても、生産と消費のバランスが取れる保証はない。しばしば標語的に使われる「地産地消」はほとんど意味のない概念である。

　行政単位である市区町村を地域と考える人もいる。地域活性化を議論するためには、自治体の政策は不可欠であり、重要な役割を果たすが、行政の予算額を地域のKDPと比較してもそれほど影響力はない。

明治維新以来、市町村合併が繰り返されてきた。多くは合併によって生活圏が変わるわけではない。人は一人では生きていけない。通常住民は集まって生活する。これは「集落」である。それは自然に自生的に生まれた。集落自体そして集落が集まり、「自然村」が形成されている。単に人々が地理的に集まって住んでいると言うだけではなく、それは言語、文化、習慣、規範、価値観、生活様式、宗教など様々共有する「村落共同体」でもあった。日本の中山間地でしばしば見られるが、集落ごとに方言が異なることは特別のことではない。

　通常、地域の人々はコミュニティを形成して生活するといわれる。人類の歴史の上ではコミュニティと言う家族や親族を核とした集団である。集落とコミュニティの関係は視点の違いといっても良いだろう。これは都市住民が「地域コミュニティ」と呼ぶものとはかなり異なる。未開の人々の間にはその集団を強固に維持することが生き残るために必要であった。「交差イトコ婚」といった婚姻の規範はそれを示している。地域独自のルールである。宮崎県や熊本県の中山間地では、集落ごとに独自の祭りや「神楽」が伝承されている。一般に「コミュニティ」は言語、文化、習慣、規範、価値観、生活様式、宗教などアイデンティティを共有してきた。

　コミュニティは自律的でもあった。イタリアにはギリシャ語を話す集落が残っていた。イタリア語はローマが支配領域を拡大することによって半島全体に普及した。しかし、それ以前は当時の先進国ギリシャの植民地であった。ギリシャ語の村は2千年以上ほとんど孤立していたとも言える。アメリカでも比較的歴史の浅い「アーミッシュ」の生活も、日本人の常識では図れない馬での生活をしている。しかし、地域コミュニティとは基本的にそういう生活を持つことを認識しておくことは重要である。地域アイデンティティのない地域活性化や地域創生は原理的にないのである。地域の独自性をどのように形成していくかである。

　地域ではこれまで見てきたように、人が住み、コミュニティが形成され、企業が活動する。日本、特に東京のような都市部では、地域はしばしば政治的に線引きされ、行政の単位である。人為的に線引きされた、広がりしかない区域に過ぎないことが地域活性化、地域住民の関係構築を妨げている。地域の特殊性や差異を解消することが明治時代からの政府の方針だった。

　地域コミュニティの重要性は、そこに住む人々の関係である。その関係を通じて協力し地域の将来や現状の問題点を解決することである。東京近郊のアンケート調査からは、住民はこのコミュニティへの意識もないし、協力する基盤もない。また「平成の大合併」による行政の線引きが人為的に変更されたが、ほとんどは旧来の集落や関係を超えて、新たな人間関係、ソーシャルキャピタルは生まれていない。そうした関係をもとに地方自治は本来成立するが、地方自治の弱さは地域コミュニティの弱さでもある。

　経済活動においても、地域コミュニティは大きな役割を果たす。ここでは詳しく述べる余裕はないが、地域コミュニティにおけるソーシャルキャピタルが低水準であれば経済活動もなかなか発展しない。すなわち地域活性化は難しい。図表1のように、地域の経済活動はコミュニティの人的関係を基盤としている。

図表1

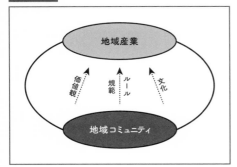

3．地域の経済

　伝統的に、日本の地域の経済的基盤は産業である。多くの地域では主要な産業は農業、林業、漁業であるが、「地場産業」や「産地」と呼ばれる製造業が立地している地域もある。最近では観光開発も地域産業である。

　多くの地域で農業は主要産業であるが、その農産物が市場価値を持つとは限らない。輸入や他産地の農産物との競争があるからである。漁業や林業についても同様である。温泉などの観光地も近くの観光地と競争関係にある。地域の

産業が雇用や所得を維持し成長するためには、「競争優位」を持たなくてはならない。

　地域産業が競争優位を持つためには、地域にある程度企業が集積する必要がある。どのような大企業でも1社だけで財やサービスを生産することはできない。巨大企業のトヨタや日立でも自社だけでは消費者まで財サービスを届けられないので、周辺には多数の様々な関連企業が立地する。これはトヨタや日立の競争力の源泉でもある。中小企業だけで完成品を生産する金属製品の産地「燕」や靴を製造する地場産業「台東区」なども存在する。こうした企業の集積を一般的に「産業集積」という。産業集積の在りようが個々の企業の競争力に影響する。産業集積は「産業クラスター」、「産地」、「地場産業」などと使い分けられることもあるが、本質はほとんど変わらない。

　「産業集積」について、なぜ集積が形成されるのか。その特徴はどのようなものか。なぜ重要なのか。例えば、陶磁器の産業集積は日本では瀬戸・多治見や有田など日本全国に古くから立地している。中国の景徳鎮やドイツのマイセンなども知られている。なぜそこに集積するのか。こうした集積は産業革命で急激に増加した。それを最初に指摘したのは、マーシャルという経済学者であった。マーシャルによる集積形成の説明要因は一般に「外部経済」と呼ばれるものであった。すなわち、

（1）特殊技能をもつ労働者と労働市場
（2）支援する関連産業の存在
（3）技術の普及・伝播

より具体的には
・産地は日本でもヨーロッパでも問屋制（産地問屋や消費地問屋）のもとで形成された。
・産地内で産地問屋を中心とした分業が発達した。
・原料や部品を供給する関連産業が発展した。
・市場関連支援業者の出現と増加があった。
・職人・労働者による固有の技術の発達がある。
・為政者の支援、利益独占も行われた。

　1970年代第一次石油危機の中で、イタリアにおける産業集積への注目やピオーレ＆セーベルの『第二の経済分水嶺』によって、再び産業集積の役割が再認識された。これが世界各国の産業政策や地域政策に対する一つの原型となった。それが近年の「産業クラスター」政策の普及である。日本では十分認識されていないが、北欧諸国の経済発展の背景にはクラスター政策の成果があったと思われる。

　日本全国の地場産業に関して、企業数でみると、産地に立地する企業数は41,656社であり、日本の中小製造業全体に占める割合は16％程度である。また、その従業員数は381,521人であり、中小製造業で働く従業員全体に占める割合は約8％である。年間生産額は67,868億円で、中小製造業全体に占める割合は約6％であった。

　総生産額の20％以上を輸出する輸出型産地は22か所に過ぎず、産地は総じて内需型である。輸出型の代表である「機械・金属」は生産額を増加させている。輸出型産地も22か所存在する。輸出比率は40％を超える。

　このように産地産業とそこに立地する中小製造企業が日本経済に占める比重は、生産額でみても輸出額でみても、現在ではそれほど大きなものではないが、地域経済の視点からは重要な存在である。産地は平均86.8社の企業から形成されており、多数の小企業から形成されている。

　産地が形成された時期は様々である。産地の40.9％は江戸時代ないしはそれ以前に形成された。第二次世界大戦後に誕生した産地は20.4％に過ぎない。産業集積には、業種にもよるが、通常生産工程に分業構造がみられる。

　産地企業の最大の課題は流通である。生産基地としての産地と都市の消費地との間を結ぶ流通経路が死活問題である。産地内の「産元商社」や「産地問屋」が消費者における「消費地問屋」を通して、小売店に商品を流通させてきた。しかし、業種によって、程度の差はあるにしても、旧来の流通経路が機能しなくなり、産地のメーカーは新しい流通の仕組みを構築しなければならなくなっ

1）（中小企業庁の「産地概況調査」を利用する。「産地概況調査」による「産地」の定義は、「中小企業の存立形態のひとつで、同一の立地条件のもとで、同一業種に属する製品を生産し、市場を広く全国や海外に求めて製品を販売している多数の企業集団」（3）であり、「年間生産額がおおむね5億円以上の産地」である。ここで定義されている産地は、「一円」という表現で、かなり広範囲の地域もある。また、基本的には、中小企業だけから形成されている産業集積である）。

ている。

　大田区は江戸時代に海苔を中心とした漁村であるとともに、東海道の交通の
要所でもあった。電気、造船、鉄鋼などの分野で大企業の立地で、多数の中小
企業が周辺に集積し、世界的にも希な部品の製造や加工を担うことができる産
業集積を形成している。

　いくつかの産業集積の事例を紹介しよう。

○「大田区」の金属加工・組み立ての産業集積

　産業集積として知られる大田区は、周辺に大企業が立地する中で、一般機械、
金属製品などを中心に、従業員10名以下の事業所が80％を占める零細企業の
地域である。

○ハウスウエアーやキンゾック食器「燕」産業集積

　燕産地は何度も市場環境変化に対応し、主力製品を転換させざるをえなかっ
た。近世まで、燕周辺は農民が副業で和釘を生産したことから始まった。江戸
時代になると、江戸における和釘の需要が増大し、「釘鍛冶千人」といわれる
ほど生産は拡大した。1700年頃、ヤスリの製造も始まった。また、近くで銅
山が開かれ銅器の生産が始まった。さらに、技術の導入によって、煙管の生産
もおこなわれるようになった。

図表2

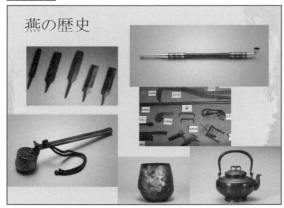

　明治維新後、海外から技術や文化が導入され、和釘は洋釘に、煙管は紙巻きタバコに、矢立は万年筆に、銅器はアルミニウムに、取って代わられることとなり、燕の産業は衰退の一途をたどった。第一次世界大戦中に、海外からスプーンやフォークの洋食器が伝えられ、その試作に成功した。その後、金属加工技術を改善しながら、洋食器の製造に活路を開いた。新しい機械の導入やステンレス鋼の導入によって、品質の向上をはかり、急速に輸出を伸ばした。

　第二次世界大戦後、洋食器とともにステンレスの加工技術を活かして、金属ハウスウェアーを生産し世界中に輸出してきた。しかし、円高をきっかけに輸出が激減しており、産地は危機に直面している。（表）

　現在、金型設計、プレス加工、板金加工、レーザー加工、表面処理加工などの金属加工のノウハウを獲得するとともに、チタン、アルミニウム、マグネシウムなど多様な素材の加工にも対応しつつある。また、多品種少量生産、短納期生産、品質管理、特注品への対応、新しい金属製品の開発など、産業集積として再構築に取り組んでいる。中小企業の中には、競争力を回復した企業もみられる。どのような産業集積でも、市場や技術の変化に応じて産業の転換が重要な鍵となっている。

　伝統型産業集積ばかりではなく、近年先端産業でも産業集積が注目されてきた。「シリコンバレー」、それをフランスに移植しようとした「ソフィア・アンティポリス」、台湾の「新竹」、インドの「バンガロール」、中国の「深圳」、そして北欧諸国の「産業クラスター」などである。産業集積化は途上国における経済政策が発展政策の手段となっている。日本でも、「産業クラスター政策」や「知的クラスター政策」として政策化された。

　地域経済は進化しなくてはならない。技術進歩による新技術や競合する新製品が開発されるかもしれない。消費者の嗜好が変化するかもしれない。それに対して、企業はいうまでもなく、産業集積も転換する必要がある。これは地域経済の転換である。地域の活性化とはこの転換を意味することでもある。

　事例を二つ挙げよう。一つはお馴染みのシリコンバレーである。よく知られているように、シリコンバレーはスタンフォード大学のターマン教授がエンジェルとなって、ヒューレットとパッカードによって生まれた。オシロスコープのような製品から、レーダーのような軍需生産、そしてよく知られる半導体生産、

ついでヤフーなどIT産業、近年はバイオ産業との関係を深めているという。

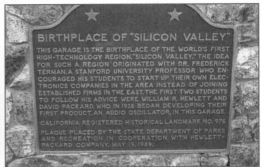

　もう一つはイタリア北部の山岳地帯にある産業集積である。もともと絹織物産業であったが、次々に新しい産業に転換した。ついで綿織織物、そして高級下着に多角化した。他方、繊維産地の多くは織機産業も必要となる。それが織機・金属機械を誕生させる。さらにヘリコプターやエアバス関連の航空機部品へも転換した。自動車が盗まれることの多いヨーロッパでは自動車盗難警報器が不可欠であるが、自動車盗難警報器の製造基地ともなった。

4. おわりに

　地域経済の発展や活性化には地域コミュニティが一定の役割をはたしている。とくに地域産業や産業集積の転換には多くの住民のコンセンサスと協力が不可欠である。

　もちろん、技術や情報が必要であり、地域外とのコミュケーションによって導入するのが普通である。それを可能とする地域産業を「地域イノベーション」と呼ぶ研究者もいる。地域イノベーションと言う概念はヌーシャテル[2]で生まれた。

2）高級時計や製薬、精密機械の産業集積、スイスのジュラ山地の中心地

　マーシャルは産業集積を外部経済で説明したが、現在では地域産業の競争力にはイノベーションが不可欠であり、それをどのように地域で実現するかが最大の課題である。地域イノベーションのジュラではフランスやイタリア、そしてドイツとの人間関係やネットワークが形成されている。

図表4　地域活性化のモデル

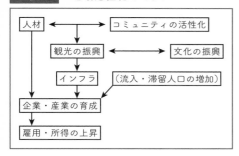

　産業集積を再活性化するためには、産業集積の転換や競争優位を促進する施策が必要である。新しい技術や情報を産業集積の外部から移転することも必要がある、そのためにも人材の育成と地域外からの招請。そして協力可能なソーシャルキャピタルの形成が必要なのである。

（岡本義行）

参考文献
- アレント・ハンナ（1994）『人間の条件』（ちくま文芸文庫）
- 岡本義行（1994）『イタリアの中小企業戦略』（三田出版会）
- 岡本義行・法政大学地域研究センター（2017）『地域活性化政策とイノベーション EU主要国の事例研究』
- 清成・橋本（1997）『日本型産業集積の未来像──『城下町型』から『オープン・コミュニティー型』へ』（日本経済新聞社）
- サクセニアン・アンリー（2008）『最新・経済地理学』（日経BP）
- ジェイコブズ・ジェイン（2012）『発展する地域 衰退する地域: 地域が自立するための経済学』（ちくま学芸文庫）
- ストロース・レヴィ（2001）『悲しき熱帯』（中公クラシックス）
- パットナム・ロバート（2001）『哲学する民主主義──伝統と改革の市民的構造』（NTT出版）
- 広井良典『コミュニティを問いなおす──つながり・都市・日本社会の未来』（ちくま新書）
- ホフステード G.&ホフステードG. J.他（2013）『多文化世界──違いを学び未来への道を探る』（有斐閣）
- 山内道雄, 岩本悠他（2015）『未来を変えた島の学校──隠岐島前発 ふるさと再興への挑戦』

第Ⅲ部

学際的な視点から地域創生を考える

地域創生 と NPO

1. NPOは身近なところに

NPOは、私たちの暮らしの身近なところにある。そしてそれは、誰もが何かしらの関わりをもって生きている。

「NPO」はNonprofit Organizationの略であり、日本語にすると「民間非営利組織」である。意味はそのままで、民間の営利を目的としない組織のことを指す。NPO法人を思い浮かべる人も多いが、それは狭義のNPOであり、本来は営利企業でもなく、行政組織でもなく、民間の組織でありながら共益的・公益的な活動をしている組織全般を指す言葉である。

そうした意味から身の回りを見渡すと、NPO的なものは実にたくさんあることに気付く。まず思い浮かべるのは、町内会、青年団、老人クラブ、消防団などの、地縁をベースとした様々な組織ではないだろうか？これらの組織は営利を目的とせず、域内の住民の共通の利益のために活動している。

スポーツや趣味のサークルなども、はっきりした組織があればNPOの一種と言ってよいだろう。これらの団体も利益を上げることが目的ではない。

さらには、献血をしたり、赤い羽根共同募金に協力したことがある人も多いだろう。実施する日本赤十字社や共同募金会は日本を代表する民間の非営利組織であり、やはり広義においてはNPOの中に含まれる。

「組合」という言葉もよく耳にする。組合とはその構成員同士の何らかの共通の利益を守るためにつくられる組織のことで、多くは社会的立場の弱い個人や中小事業者が集まって設立される。代表的なものに「労働組合」があり、全国に約1千万人の組合員がいる（厚生労働省平成30年労働組合基礎調査）。他にも様々な組合が存在するが、主なものとしては生活協同組合、農業協同組合、漁業協同組合、事業組合、信用組合などが挙げられる。これらの組織は収益事業を営むこともあるが、目的はあくまで構成員の共通の利益であり、営利組織とは区別されている。ここでは共益的なNPOとしておく。

　こうした方向でさらに周囲を探してみると、もっと身近なところにNPO的なものを発見する。例えば、私立の学校である。教育は極めて公益性の高い事業であり、民間として営めば立派なNPOである。筆者は2001年にアメリカのペンシルベニアNPO協会で半年間のフェローシップを経験したのだが、その際耳にしたことのひとつに「日本は教育分野のNPOが多い」というものがあった。最初は何を指しているのかピンとこなかったが、よく考えてみると私立の小・中・高等学校、幼稚園、教育支援の様々な団体を指していることがわかった。「NPO」という言葉が持つ意味の広さを痛感した。

　病院はどうだろう？　医療も極めて公益性の高い業種である。国公立のものを除けば重要な民間非営利組織である。

　さらに解釈を広げて、神社や寺院もNPOの一種と考えることはできるだろうか？　日本の法律上、宗教法人は営利を目的とするものではないとされており、そうした解釈もなりたちそうだ。キリスト教文化圏では教会が民間非営利組織の代表格に挙げられることが多い。多くの教会は様々なチャリティ活動や文化活動を行うと共に、教育事業の担い手としても地域住民から親しまれている。日本でも寺や神社が幼稚園や学校を営む例があるが、宗教と教育は非常に親和性の高いものであると言える。

　もちろん、日本人が狭義のNPOとしてイメージする「NPO法人（正式には特定非営利活動法人）」も、2019年1月末時点で51,676法人が存在（内閣府統計）し、人々の暮らしの身近なところで、福祉や教育、文化、環境、災害救援、人権、国際協力、まちづくりなどの様々な分野で事業を展開している。NPO法人は他の公益法人等と比べて新しい制度であり、設立の手続きも簡素で、活動内容も自由度が高い。それ故市民の自発的で自律的な活動を展開しやすく、新たな地域づくりの担い手として期待されている。

　ここで改めて「NPO」とは何かを考えてみよう。大きなポイントは以下のように整理することができるだろう。

・民間の組織であること
・営利を目的としないこと
・定款や規約、事務所を持つなど、組織としての実体があること

「営利を目的としない」については、「収益活動をしてはならない」「携わる人がお金をもらってはならない」という誤解をされることも多いが、目的は共益的・公益的なことであり、収益を上げることや人を雇うことはその手段として否定されるものではない点に注意をしておきたい。

図表1　組織の種類

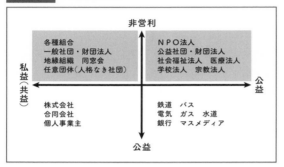

2．公益の担い手は誰か？

　私たちの社会は、行政セクター、企業セクター、民間非営利セクターの3つの集団で成り立っていると説明することができる。民間非営利セクターとは前述の「NPO」を広義に捉えたもので、民間という点では企業と共通するが、公益性・非営利性を持つという点では行政と共通している。ここで、「公益」とは「公（不特定多数）の利益」という意味になるが、行政とNPOがどのように役割を分担し、そうした性格を持つ仕事を担っているのかを考えてみたい。

　まずは公益事業の担い手としてイメージしやすい行政の仕事について考えてみよう。行政の仕事は税金によって成り立っているため、そこには当然公益性が求められる。さらには、公平・平等であることや、安定していること、確実に行われることも同時に求められる。

　以下に、行政がもつ様々な機能の中で、代表的なものをざっと羅列してみる。

　戸籍管理　選挙管理　保健　医療　福祉　税務　年金・保険　公的金融

　まちづくり計画策定　道路や橋の建設・管理　水道　公共交通（鉄道・バス）
防災・災害復興　農業振興　観光振興　学校　図書館　公民館　文化ホー
ル　警察　消防　国防　……

　次に、上記に羅列されたものの中で、行政にしかできないことはあるか考え
てみる。実はそう考えると、多くの機能（の一部）で民間にも活躍の余地があ
ることが見えてくる。

　保健・医療・福祉については言うまでもなく、様々な民間の組織が自立的に
事業を営んでいる。年金や保険は行政としてその機能を持たない国も多く、も
ちろん日本にも民間の事業者は多数存在する。公的金融（例えば、日本銀行、
日本政策投資銀行、商工組合中央金庫など）については様々な性格があるので
比較が難しいが、非営利という点に注目すれば民間にも信用組合や信用金庫、
農協、労働金庫、さらには近年増加しているいわゆる「NPOバンク」のような
新しいスタイルの金融機関も存在する。

　まちづくり計画をつくるのは、行政のみに課せられた仕事だろうか？決して
そうではない。自治体単位の計画については行政が策定するとしても、それよ
りも細かなコミュニティ単位で住民が自らのまちの振興計画を作ることは決し
て珍しくない。むしろ、地域コミュニティの自立が時代の要請であり、「自分
たちのまちは自分たちでつくる」という価値観の下、住民ワークショップなど
を通してまちづくり計画を策定する動きは加速している。

　道路、橋、水道といった公共インフラについても行政の独壇場ではない。そ
もそも、行政に今のような財力がない時代は、地域の富裕層がお金を出し合っ
て必要なインフラを整えることが当たり前の時代もあった。また近年では、長
野県下條村が砂利やコンクリートなどの材料費だけを支給し、住民が自分たち
で道路や水路の建設・修復を担うという取組に注目が集まった。この事業によっ
て、住民同士の絆が強まり、地域コミュニティの活性化が促されるという副次
的な効果も生まれているという。

　公共交通は特に地方においては重要な課題である。過疎化と高齢化の進んだ
地域では住民の生活の足が確保できず、行政にも民間のバス・鉄道会社にも全
てのニーズに応える余裕はない。これについては近年様々な取り組みが民間レ

ベル、あるいは官民の連携で始まっている。「乗り合いタクシー」「デマンドタクシー」「コミュニティバス」「企業が運行するバスの住民解放」などが例として挙げられる。

　防災や災害復興については行政の役割が大きいことも確かだが、まさに地域住民の力が問われる分野と言えよう。行政が提供する「公助」に対して、住民が担う「自助」「共助」がしっかりと機能し、噛み合うことが必要だ。また、復興の過程を長い目で見ると、最終的には住民がその地域を愛し、新たな活力を生み出すために行動する自発的なパワーが欠かせない。

　農業振興や観光振興は、そもそも民間が主体であり、行政はそのアシストをする立場と考えた方がよいだろう。図書館や公民館、文化ホールなどの公共施設は行政に頼る部分が多いと思われるが、運営については指定管理者制度により民間企業が担っていたり、さらには企業やNPOがそれぞれの特色を活かしてコンセプトを持った施設を運営するケースも少なくない。また、自治体によっては財政難により公民館を公費によって維持することが困難になり、地域住民による自主的な運営へと転換していく動きも広がっている。

　そうなると、ここに挙げられたものの中では「戸籍管理」「選挙管理」「税務」「警察」「消防」「国防」が行政にしかできないものとして残るわけだが、これらとて絶対的に行政にしか担えないものなのかというと、歴史や世界に目を向ければ「絶対」ということはない。

　それでは一体、公益の担い手としての行政と民間の境目はどこにあると考えればよいのだろうか？

　前述の通り、行政の仕事には「公平性」「安定性」「確実性」が高いレベルで求められる。税金によって成り立つ以上避けられない宿命であり、これらの特徴により、公益性の高い事業を安心して任せられるのだ。

　これに対して、NPOや企業はあくまで自立した民間の組織であるため、上記のような制約に縛られることなく、自分たちの特色を活かしてやるべきことを決めればよい。行政と比較した際の主な特徴としては以下のようなものが挙げられる。

・柔軟性　　　　必要に応じて手段や方法を変えられる。

- 先駆性　　前例のないことも実験的に行える。
- 草の根性　小さなニーズや特殊なニーズに低い視点で対応できる。
- 迅速性　　組織が小さく機敏に動くことができる。
- 自律性　　やるべきことを自らの意思で決めることができる。

　公益は行政だけでも民間だけでも成り立たない。それぞれの特徴をしっかりと踏まえた上で適切な役割分担をしつつ、必要に応じて連携・協働していくことが重要である。

3．活動型、事業型、地縁型

　地域におけるNPOの活動は様々な分野に渡ることを見てきた。ここで、活動分野とは別の視点で、組織の行動モデルによる分類をしてみよう。

（1）活動型NPO

　ミッションを達成するための「活動」そのものに比重が置かれたNPOである。理念を全面に押し出すため共感性が高く、ボランティアの参画を多く得ながら事業を進めていくことが特徴である。比較的、寄付をたくさん集められるのもこのタイプのNPOだ。収益事業にはある種「活動を成り立たせるための活動」的な側面があるが、このタイプのNPOはそうしたことに慎重で、「何のためにやるのか」「誰のためにやるのか」といった論理が最優先される。財政的には比較的小規模な組織が多い一方で、ボランティアで関わる人々のネットワークを含めたソーシャルキャピタル（社会関係資本）の形成力は強い。

　いわゆる「ボランティア団体」と呼ばれる各種組織、労働組合、社会的弱者や社会的な危機、不公正などに対応するNPOがここに含まれる。

（2）事業型NPO

　ミッションを達成するために、組織経営の安定性や事業の継続性を重視し、マーケットに存在する機会を積極的に活用することで事業規模を拡大していく志向を持ったNPOである。行動モデルとしてはより企業に近く、財政規模も大きくなりやすい。NPOである以上活動の根底には社会的な目的がある点に違い

はないが、提供しているサービスが「市場に受け入れられること」も同時に重視し、積極的に商品開発やマーケティングを行って競争力を高めようとする努力はポジティブに評価される。

　地域産業の発展や地域おこしを旨とする団体、ベンチャー的な性格を持つ非営利組織、いわゆるコミュニティビジネスやソーシャルビジネス、事業組合、非営利金融機関、中間支援組織などがここに含まれる。

（3）地縁型NPO

　上記2つの型とは別に、地縁をベースとしてつくられたNPOにも独特の性格が認められる。ある一定の地域の活性化をミッションとすると、その地域にいる様々な立場を持った人々と向き合うことになる。その複雑な関係性の中で全てのステークホルダーの利害を考慮しつつ、摩擦を最低限に抑えて事業を遂行することがこの種のNPOには求められる。

　まず、その地域に存在する伝統的な共同体のルールへの配慮が必要である。それには明文化されたものもあれば慣習的に守られているものもあるため、外部からは一見してわかりにくいことが多い。また、いわゆる「声の大きい人」や物事を進める際に理解を得ておくべきキーパーソンの存在も疎かにできない。中には微妙な人間関係があったり、性別や世代による役割の違いもあったりするため、読み誤ると決定的な亀裂を生じかねないデリケートな事情も存在する。

　一方で、「同じ地域に住む仲間」という意味では共感を育てやすい素地を元々持っているとも言える。郷土愛や同胞愛を共通の価値観とすることができれば、固い絆を持つ安定した運営基盤を築きやすいというメリットもある。

　地縁という括りは制約が多くて舵取りが難しそうではあるが、その制約の中だけで進めようとすると動きが鈍くなり、時代の変化についていけなかったり、外からの資源やアイディアを取り入れにくくなったりという弊害が生じる。地域に必要な変化を起こす勇気と決断力を持つこと、そしてそうした変化を起こすために住民の意識を育てる取り組みを同時に行っていくことがこうした組織の運営の鍵となる。

　このタイプのNPOの代表的な例としては、「コミュニティ協議会」「地区振興

会」「地域自治組織」などと呼ばれるコミュニティ組織や、住民有志によるまちづくり団体などが挙げられる。

4．NPOの歴史

　ここまでの話でわかるように、NPOは決して現代社会に特有の集団ではない。いつの時代にも市民（地域共同体を構成する主権者）は存在し、彼らは自発的に営利を目的としない組織を立ち上げ、地域づくりを行ってきた。そうした営みが日本ではどのように展開されてきたのか、歴史を紐解いてみよう。

　日本におけるNPOのルーツはどのようなものであったのだろうか？おそらくは、狩猟採集や農耕牧畜を営む共同体の中で、生産性を高めるため、あるいは飢餓や外部からの攻撃といったリスクに備えるための相互扶助的な組織がその原型であったと思われる。その中でも田植えや稲刈り、家の建て替えや屋根葺きなどの際の共同作業の仕組みは中世になると「結い」や「もやい」と呼ばれるようになり、農村社会を支える重要な役割を担った。国内には現代に至るまでこうした仕組みが受け継がれている地域もある。

　仏教と共に伝来し、その後全国的に広がったものに「講」がある。元々は字のごとく勉強会や議論の場を指す言葉であったが、後にそこに集まる集団そのものを指すようになり、さらには参詣費用の積み立てや一時的な資金の融通などを目的とした非営利金融の仕組みを指すようになった。「頼母子講」などはその代表例である。

　平安時代には、同業者同士の共益的な組織である「座」が普及する。今で言う同業者組合のようなもので、構成員は営利的な性格を持つが座自体は非営利である。地名の「銀座」はまさに同地が銀関連業者のまちであったところから来ている。

　現在でもよく使う「組」という言葉にも、非営利組織としての長い歴史がある。例えば、江戸時代に始まった「五人組」の制度や、火消しでお馴染みの「いろは四十八組」、第二次世界大戦中に導入された「隣組」の制度などがそれに該当する。その流れは主に共益型の組織を意味する「○○組合」という使われ方で今に続いている。

江戸時代に爆発的に増加した「寺子屋」も、日本のNPO史を語る上で欠かせない存在だ。寺子屋は紛れもなく民間の教育機関であり、1883年に当時の文部省が行った調査によると、江戸末期には1万6千軒以上が全国に存在したとされている。

　時代が下り、1896年に成立した民法には「公益法人」という条文が入れられた（第34条）。日本において初めて民間の非営利組織が法律の中に定義されたのである。それ以来種々の法律が整備されていくが、主なものの成立年と名称、規定している法人を以下に挙げる。

　　1896年　民法（財団法人・社団法人）
　　1949年　私立学校法（学校法人）
　　1949年　労働組合法（労働組合）
　　1949年　協同組合法（協同組合）
　　1951年　宗教法人法（宗教法人）
　　1951年　社会福祉事業法（社会福祉法人）※現在は「社会福祉法」
　　1998年　特定非営利活動促進法（特定非営利活動法人）※いわゆるNPO法人
　　2008年　一般社団・財団法人法（一般社団法人・一般財団法人）
　　2008年　公益法人認定法（公益社団法人・公益財団法人）

　民法の中で定められた公益法人には社員を基礎とする社団と財産を基礎とする財団の二種類がある。何れも「主務官庁」が許可することによって設立することができる。ただし、ここで言う「公益」は行政官の立場から見た公共の利益であり、必ずしも市民目線のものにはならない。また、設立には高いハードルがあるだけでなく、所管する官庁の縦割り構造の影響も受けることになる。この時点では自発的で自律的な市民による活動には法律の目は向けられておらず、官庁の要求に適わない組織は「人格なき社団」として活動するしか選択肢はなかった。

　この問題は早い時期から指摘されてきたが、改革には長い年月を要することとなる。まず、第二次世界大戦後には公益法人制度を補完するものとして様々な特別法が作られた。何れも民間の非営利活動の幅を広げるものではあったが、

　ここで新たに誕生した法人の設立には主務官庁の許認可が必要であり、設立後も強い監督権限が及ぶ点は公益法人と同じである。法制度におけるこの姿勢は、この後40年以上に渡り継承される。

　変化の兆しが生まれたのは1994年のことである。その年、市民活動の発展を法制度の面から支えることを目的として「市民活動を支える制度をつくる会（通称：シーズ）」が発足し、立法に対する組織的な働きかけが本格化していく。奇しくもその翌年には阪神淡路大震災が発生し、被災地には100万人以上のボランティアが集結して復旧・復興活動に携わった。彼らの活躍から、1995年は後に「ボランティア元年」あるいは「NPO元年」と呼ばれることとなる。

　そこから、市民活動に関する法制化の動きは加速する。超党派によるNPO議員連盟と上記のシーズが連携し、主務官庁制と許認可制をとらない、それまでの我が国における非営利法人の常識を根底から覆す「特定非営利活動促進法（いわゆるNPO法）」を、震災からわずか３年後に成立させる。行政は「所轄庁」と称し、分野による縦割りではなく、事務的な手続きを所管する窓口として内閣府と各都道府県に設置された。また、従来の様に行政が許可・認可という「お墨付き」を与えるのではなく、法に定められた客観的な要件のみを審査する「認証」という役割を持ち、その情報を公開することによって市民が内容をチェックできる仕組みとなった。

　2001年には一定の条件を満たすNPO法人に対して税制の優遇措置を与える認定NPO法人制度もスタートする。さらにはそれから７年後、問題が指摘されながらも進まなかった公益法人制度の改革が成し遂げられることとなる。社団法人と財団法人は「一般」と「公益」に分けられ、「一般」については登記のみで設立できる準則制度が適用される。また都道府県ごとに設置される有識者による公益認定等審査会にて公益性が客観的に審査され、その認定を経て税制の優遇措置を持つ公益社団法人・公益財団法人へと「格上げ」される制度が導入される。

　このように、20世紀の終盤以降、日本の非営利法人制度は官によるコントロールから市民による自発的な活動を後押しする方向へと大きくシフトしてきたと言える。

　NPOには2種類の顧客がいる。それをここでは「第1の顧客」「第2の顧客」と呼ぶ。

　第1の顧客とは、その団体の理念やミッションと直結するものである。例えば、その団体のミッションが障がい者の自立支援であるならば、その対象となる障がい者が第1の顧客である。そのNPOが「何のために存在するのか」あるいは「誰のために事業を展開するのか」といった問いに対する答えが第1の顧客であると言える。

　ここでひとつの問題が生じる。例えば絶滅危惧種に指定されている猛禽類を保護する団体があった場合、その団体にとっての第1の顧客は猛禽類ということになるが、その活動を支える資金はだれが出してくれるのだろうか？　もちろん、猛禽類はその活動に対して金銭的な見返りを提供してはくれない。代わって、その団体を支えてくれるのは、理念やミッションに共感し、賛同する応援者や協力者の存在だ。こうした人々のことを「第2の顧客」と呼ぶ。この構図は、第1の顧客が障がい者であっても、子育て中の母親であっても、ホームレスであっても、貧困に苦しむ子どもたちであっても、基本的に同じであることは容易に理解できるだろう。

　第2の顧客が提供するのは資金だけではない。ボランタリーなマンパワー、情報やアイディア、専門的なノウハウ、人脈、モノや場所など、経営に関わるあらゆる資源が期待できる。顧客は個人や企業、行政、助成団体など様々な相手が想定され、そうした人々に対して自ら働きかけることが前提である。彼らが支援してくれる背景には何らかの理由があることを理解しておかなければならない。もちろん「共感」も理由のひとつだが、支援を提供することにより、顧客自身にも何らかのメリットが及ぶこともあるはずだ。社会的評価や知名度の向上、自己啓発や学習の機会の獲得、NPOと共通の目的の達成、夢の実現や自己実現、などが挙げられる。そうした良き第2の顧客を得るためにも、まずは第1の顧客が誰であるのか、そして、第1の顧客に何を提供できるのかを明らかにしなければならないことは言うまでもない。

　通常、企業の世界では「顧客」というと外部の人間を指す。一方NPOでは、

顧客が組織の内部の人間として存在することが珍しくない。第1の顧客で言えば、そもそもその団体を運営する主体が問題を抱える当事者であったり、同じ問題を抱える人々が互助的に助け合いの活動を展開していたり、というケースが考えられる。第2の顧客については、役員を含むボランティアスタッフや、「賛助会員」などの会員の一部として参画していることが考えられる。（図表２）

図表２　ＮＰＯの組織の例

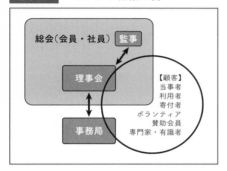

　思いを媒介として成り立っている集団を運営していく上で重要なのは、一人一人の思いをしっかりと受け止め、事業に反映できるような仕組みを組織の中に持つことである。形に表すならば、一般的によく用いられるピラミッド型は従属構造を持ち、硬直的で、風通しが悪い点で相応しくない。一方、「ネットワーク型」「クラスター型」と呼ばれる組織の形があるが、こちらは構成員の個性を尊重し、ゆるやかにつながり、それらを全体的にコーディネートすることをイメージしている（図表３）。言うまでもなく、後者の方がNPOの組織特性を表す上で適切である。

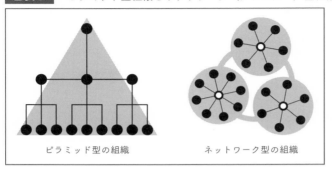

図表3 ピラミッド型組織とネットワーク（クラスター）型組織

ピラミッド型の組織　　　　　ネットワーク型の組織

6．共感が地域を変える

　NPOのマネジメントのポイントを一言で表すならば、「想いを共感に、共感を資源に、資源を力に」である。それはNPOの成り立ちを見ればよくわかる。

> NPO ＝ 人 ＋ 想い ＋ 仕組み

　NPOの資源はカネよりもヒトである。ヒトはただ集まっているのではなく、彼らをつなぎとめる核となる想い（＝理念／ミッション）を共有している。その想いへの共感を広げることにより、NPOは経営資源を獲得する。獲得した資源は有効に生かさなければならない。NPOにとって組織や事業は、獲得した資源を用いて社会を変える力とするために必要な仕組みであると言える。

　共感を核として組織をつくり、資源を集めて事業を営み、成果へとつなげる一連の行動を「共感のマネジメント」と呼ぶ。NPOの経営を考える上で重要な概念であり、営利組織の行動原理と比較するとその特徴がよくわかる。（図表4）

　「非営利」とは、「利益を上げない」ということではなく、「利益を配分しない」

図表4　営利と非営利

利益の分配	**目的**	課題の解決
⇑		⇑
収益	**成果**	共感
⇑		⇑
事業	**手段**	事業・活動
⇑		⇑
資本	**原資**	人

という意味である。営利組織が資本を元手に事業を営み、収益を上げて、最終的には出資者に利益を配分することを目的とするのに対し、非営利組織（NPO）は社会的な課題の解決を目的としており、事業（活動）やその中で展開される収益活動は目的を達成するための手段である。法制度面においては、そうした非営利組織の行動原理を担保するために「非分配の原則」が用いられている。ここで言う利益の配分とは株主配当のような出資者への還元を意味し、スタッフの給与など労働に対する正当な対価は含まれない。

　NPOが持つこうした行動原理は、ソーシャルキャピタルの形成に大きく資するものである。地域創生には経済的な活動の活性化が欠かせないのはもちろんだが、その土台に共感に基づくソーシャルキャピタルの形成があることにより、経済活動による効果やそこに携わる人々の幸福感はさらに高まることが期待できる。例えば、何か新しくビジネスやプロジェクトを立ち上げる時には支援者や協力者を得ることが容易であったり、買い物をする際には顔見知りの事業者を優先することでお金の地域内循環を高めたり、といった効果があるだろう。何よりも、良好な人間関係が築かれた地域に暮らすこと自体が住民の安心感や幸福感に直結することは言うまでもない。

　NPOまたはNPO的な行動原理を持つ組織が活発に活動する地域では、それだけ共感に基づく人間関係が構築されやすく、ひいては地域創生を進める上での大きな原動力となる、ということが言える。

（金子洋二）

参考文献

・雨森孝悦（2012）『テキストブックNPO』（東洋経済新報社）
・大滝聡・金子洋二・斎藤主税・山賀昌子・横尾文子（2018）『マチダス　まちをつくるひとをつくる』（特定非営利活動法人まちづくり学校）
・金子洋二・近藤尚人（2015）『NPO・地域づくりのお悩み解決ヒント集』（新しい公共にいがた会議）
・澤村明・田中敬文・黒田かをり・西出優子（2017）『はじめてのNPO論』（有斐閣）
・早瀬昇（2018）「『参加の力』が創る共生社会──市民の共感・主体性をどう醸成するか──」（ミネルヴァ書房）
・P.F.ドラッカー著・上田惇生訳（2007）『非営利組織の経営』（ダイヤモンド社）
・山岡義典（2005）『NPO基礎講座新版』（ぎょうせい）
・山下惇一郎（2017）『ドラッカー5つの質問』（あさ出版）

第⑪章　地域メディア論から概括した「地域創生」とは

はじめに　地域メディア論のガイダンスから…

　私たちは地域社会を含む様々なコミュニティに帰属している。そこに住む一市民（生活者）として、個々が多様な活動を行う際に、様々に異なった考え方や立場、組織を結ぶコミュニケーションのためのツールとしてのメディアの在り方、捉え方を考えてみる。メディアは時代とともに多様化してきた。特にインターネットの普及によって既存の紙媒体や電波媒体には無かったグローバルな発信が可能になり、メディアとして市民が発信活用する環境も生まれてきた。そこで市民社会（特に地域社会）の状況や課題を捉えなおすことを前提に、どの様にコミュニケーション手段として、ひいては地域社会のマネジメントツールとしてコミュニティ・メディアを捉えるべきかを考えてみたい。ICTという言葉も普通に聞かれるようになったが、例えば PC、mobile、weblog、2ch、mixi、YouTube、Facebook、Twitter、Ustream、LINE、TwitCasting、Instagram…SNSなどは、この20年くらいの間に生まれてきたものがほとんどと思われる。

　本書では竹内郁郎・橋元良明・児島和人（2005）を参考にメディア・コミュニケーションの歴史等も時系列的に捉えなおし、読者にコミュニティ・メディアの役割を理解してもらうことだけではなく、理想的な市民社会のコミュニケーション・モデル（規範モデル）とはどのようなものか考えてもらうことを目標にしている。現状認識としてマス・メディアとコミュニティ・メディアの定義や機能・役割の違いを学び、各々の課題に焦点を当て比較検討し、その視点を基にメディア相互の特性や機能、協働の可能性についても考察していきたいと考えている。

1. メディア・コミュニケーションの歴史

　メディアとは何であろうか。一言でいえば「コミュニケーションをつなぐ（なかだちする）ものや事象」のことである。ただし一般的にメディアと言えば、新聞・雑誌・テレビ・ラジオ・広告等のマス・コミュニケーションを示すことが多い。MediaとはMediumの複数形で「間にあるもの」を意味し「媒体」と訳され、コミュニケーション及び情報を繋ぐものである。この「つなぐ」と言うことが本稿においてはとても重要な意味を持っている。

　メディア論の中には、人間の関与する全ての道具・技術・行為媒体は「メディア」であるとする考え方もある。間を取り持つもの、媒介物さらには「手段」というように考えてみると、あらゆる道具は対象との「あいだを取り持つ」メディアとなりうる。当然のことながら話し言葉（音声言語）も、人と人とを取り持つ（仲介する）メディアである。つまりこの世の中の多くはメディアに関連しているということになりうる。

　コミュニケーション手段は時代とともに拡張してきたと言える。おそらく原始時代、我々の祖先と言われる人々はまだ正確な言葉を持たず、感情を伝えるためには身振りや大声を上げる、咆哮することが対面コミュニケーションであったと考えられる。その後長い歴史を経て文字が発明され広くつなげる手段としているマス・メディア（新聞、ラジオ、テレビ、雑誌等）が生まれてきた。そして現在ではインターネットによってその規模が時空を超えて世界的なものになった。

（1）声の身体性と共同性
　それではここから活字が生まれるまでを時系列で俯瞰してみたい。ヨーロッパにおいて一般庶民に「文字」の読み書き能力（リテラシー）が浸透したのは19世紀後半くらいと言われている。それまでは発声という身体的活動としての「言語」のあり方がコミュニケーションにおいて極めて基本的な事態であったことが伺える。この身体的活動は、話し手の内部から発生された「声」が、話し手、聴き手の双方の身体内へ相互移送される行為である。当然、言語は話し手同士による同時的な具体的状況・実践的な生活の状況と密接に結びついて

いる。したがって当初言語は、声という生命力を宿していた。しかし文字の発明や黙読（黙って文字を読む、解読する行為）によって、その声としての生命力は徐々に衰退した。

　文字が生まれる前は石や紙（パピルス、羊皮紙）上にデータとして蓄えることは出来ないので記憶に留め置くしかなかった。そこで記憶され易い形式へ言語（知識）を整形し類型化する作業が必要となった。それがことわざ・口伝え・語りとして平易にコンパクトに加工され集団で共有可能なものとなった。最古の文字はB.C.6000年くらいのメソポタミアの楔形文字とされている。当時、文字は少数の政治や権力を司るエリート集団の独占物であった。文字は情報を残すものとして機能していたからである。具体的に言うと、支配者にみられる私的所有の発生から、その財産を法によって管理し、何世代にも亘って所有権の譲渡を可能にするための「保存可能な証明」として「記録する」ために共通の文字が発明されたのである。その後長く「写本」の時代すなわち原本を元に手書きで複製するようになった。その習慣は紀元前から始まり、ヨーロッパでは8世紀頃から主に修道院や図書館で写字生が聖書を羊皮紙に手書きで書き写していた。また読解できるのは上流の知識人階層のみであった。

（2）活字とテクストの誕生

　その後15世紀半ばドイツでヨハネス・グーテンベルクが活版印刷機を発明したことにより、大量なコミュニケーション手段としての複製可能な印刷物を出現させ、写本時代が終わりを告げる。活版印刷は綴り字の画一化（書体等が同一のもの）、文法的構造の単純化により、言語のステレオ（固定）化を促すとともに文字の人工的、機械的な大量生産を可能にした。

　そしてついに言葉は「活字」としての物理的単位に分解可能なものとされた。この物理的単位の組み合わせと集合により新たに多くの言葉が生み出されることになった。その後、機械的な製造過程によって作られる活字の集合体が商品化され大量に生産流通している。これ以降、現在普通に行われている個室内で行う「黙読」が一般化する。黙読の慣習は11世紀の修道院の世界に始まり13世紀の大学、14・5世紀の貴族層にまで拡張し、このグーテンベルクの発明が一般の庶民レベルまで拡大していくのである。この印刷本は写本に比べ軽量、

安価でしかも運び易かったため、教会・僧侶の固定化した独占物ではなくなった。そして一般の人々は音読による聴き手から黙読の読み手に代わった。この本を読むという黙読習慣は、社会環境を激変させた。詳細は省くが、地域的な言語や同一言語集団を基礎とする政治的統一やナショナリズム、言い換えれば民族的な単位や思想の統一による国民のアイデンティティーを促進した。言語の相違が国民の固有性と独自性の指標の一つとなったわけである。

(3) 遊行者（ゆぎょうしゃ）とコミュニケーション

　しかし当時はまだ活字本の読者は民衆の中でもごく少数の者に限られていた。多くは様々な情報に接触する機会も無く、教会の僧侶の説教を聴く時や、芝居の旅役者が朗読する際のオーディエンスと言うように、民衆は依然として聴き手（受身）から脱することはなかった。このようにヨーロッパの中世〜近世初期のコミュニティを繋ぐものは行脚僧侶、行商人、職人、旅芸人、吟遊詩人（詩や曲を作り、各地を訪れて歌うミュージシャン）等であった。最大の理由は民衆が他郷に自由に行く機会そのものが殆ど無かったからである。このような遊行者は遠い異郷の地で起きた出来事の見聞者でもあり、情報の伝達者でもあった。彼らは本来不可能な地域間の移動が特権的に可能であったため、見聞したことを全て自分が経験したかのように具体的に語る事で定住している民衆の信頼と対価を得ようとした[1]。

　この遊行者が拠点としていたのは「中世都市」である。ここでは封建的なコミュニティの規制（閉鎖性や因習）を脱した人々が自由な商いや流通行為を行い、情報の交換も盛んであった。さらに経済の発展と共に各地からの情報流入が目覚しく、都市は遊行者の流入をさらに促進し、彼らの定着を加速させた。この都市に定着した人々の特徴は、情報にたいへん敏感なことであり、特に商人は商売上の必要から、正確な情報を集めそのネットワークを通じて伝達していた。まさに情報はお金になるものであった。そして情報を専門に売買する商売が誕生した。例えば16〜17世紀に豪商であったFugger家（独 アウグス

1）欧州同様、日本においても行商人・行脚僧・旅芸人・職人などが地域間を徘徊し、地域民に他郷の情報を伝え歩いていた。

ブルグ）は「Fugger zeitung（=news paper）」という手書の情報新聞を発行した。その後欧米各都市で週刊、日刊様々な種類の新聞が発行されていった。当初は経済や政治を中心とした情報が主であったが、19世紀に入ると政治色を薄めた商業的な新聞も増えてきた。「London Times」は中産階級の読者、「THE New York Sun」は一般労働者にも読者を広めた。このように活版印刷の発展により生まれた新聞は、中世の遊行者に変わり地域間の水平的、且つ横断的なコミュニケーション・メディア（ツール）として成長していったのである。

　その後20世紀に入り電波媒体が飛躍的に発展し、さらにインターネットの登場により多様なメディアが次々と生まれることになる。

2．地域社会とメディア・コミュニケーション

　地域社会には沢山の課題がある。内容も環境、福祉、教育、災害、医療、犯罪等々複雑化し、多様化してきた。しかし公的機関・専門機関の対応には限界が生じてきている。そこであらためて住民相互の扶助、共助的システムが再評価されている。わが国では数十年前まで、地域社会（コミュニティ）における身近な問題の解決は住民同士の相互扶助や協力に依存していた。しかし現代ではどうであろう。生活者個々が公的機関や専門機関を通じて問題解決へ向かうことが当たり前になってきた。言い換えれば個人相互のコミュニケーションによって解決してきたことが、対行政や専門機関に委ねるコミュニケーションへと大きく変化してきた。

（1）マス・メディアから得る地域情報とコミュニティ・メディア

　マス・メディアは全国規模を対象にした東京発信の情報である。このマス・メディアが扱う地域情報には当然マス・メディアのフィルターがかかっており、地域コミュニティの本来求める情報とは差異がある。このようなマス・メディアの限界から、コミュニティ・メディア（コミュニティFM等）が見直されてきた。地域情報の受発信、コミュニティの課題解決、地域内コミュニケーションの活性化をコミュニティ・メディアという場が担うのである。現在では電子ネットワーク（SNS等）も同様の機能を担っている。

(2) コミュニティ・メディアの分類

　コミュニティ・メディアは機能や性質からいくつかに分類できる。大きく分けて市民運動型メディア、私的目的指向型メディア、地域コミュニケーション型メディアである。本書ではコミュニティ・メディアを主に地域コミュニケーション型メディア且つ、まちづくりに資するツールと捉えていきたいと思う。

図表1　コミュニティ・メディアの役割による区分

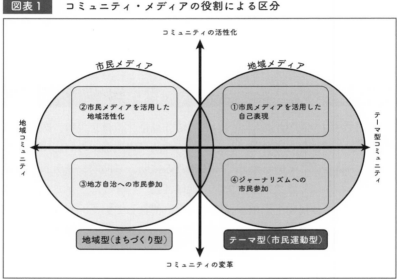

　コミュニティ・メディアは媒体特性にあわせて多様な種類がある。少し広く見ていくと、地方新聞、フリーペーパー、自治体広報誌、回覧板、ローカル県域放送局、CATV、コミュニティFM放送、インターネット空間等々たくさんあり、これらが重層的に重なり合って成立している。

　このコミュニティ・メディアの特徴は、以下のようなものである。
・コミュニティ（地域）が決めた目的のためにコミュニティ（地域）自身が使用するメディア
・コミュニティ（地域）の住民がいつでも情報の入手や学習や娯楽のためにアクセス（参加）可能なメディア

・コミュニティ（地域）自らが企画、制作、参加可能な表現メディア
・コミュニティ内で住民が互いに意見やニュースの発表、交換が可能なメディア
・双方向の情報伝達を可能とするメディア
・意見形成、合意形成の場（オンラインとオフライン）作りも行うメディア
・コミュニケーションが循環するコミュニティづくりを可能にするメディア

　従って、いきなり昭和の昔のように直接的な「対面コミュニケーション」へ戻すのではなく、「メディアを介したコミュニケーション」により「地域（コミュニティ）」の再生を実現する。コミュニティ・メディアはこれに寄与するものと捉えることができる。そして人と人の間を取り持つ（つなぐ）メディア自身をマネジメントする人や組織の存在も重要になってくる。コミュニティ・メディアとは、地域情報の共有（伝達）及び地域内コミュニケーションの促進（交換）のための『場・空間の構築（＝つなぎ役）』であると一旦結論づけてみる。

3．コミュニティFM放送の位置

　地域メディアを代表する全国のコミュニティ（FM）放送は328局ある[2]。総務省の定義では「市区町村内の一部の地域において、地域に密着した情報を提供するため、平成4年1月に制度化された超短波放送局（FMラジオ放送局）」とされている。ここで重要なのは総務大臣の免許を受けて運用される民間の放送局であるということである。県域放送局と同様国から認可されなければ成立しないのでミニFMやインターネットラジオとは明らかに異なる[3]。

（1）コミュニティFM放送の目的と実態
　一般的なコミュニティFM放送の目的としては以下のようなことが考えられる。
　①地域の商業、行政情報や地域情報に特化して、その地域の活性化に役立つ
　　ような放送局を目指す

2）2019年6月21日現在（日本コミュニティ放送協会（JCBA）調べ）
3）ミニFMとは、電波法に規定する免許を要しない無線局の内、微弱電波でFM放送の周波数帯を使
　用して放送するもののことである。

②防災情報や災害時の情報、地域の様々な問題についても放送を通じて貢献できるよう努力する[4)]

③公共的なコミュニケーションツールとしての機能と場づくりを担う

　また市民（生活者）のための放送局ということで多くの市民ボランティアに支えられていることも特徴である。それは従来のボランティア（参加、奉仕）スタイルから、より積極的な参加スタイルを取る放送サポーター（支えあう、協働）へと発展した。

　コミュニティ放送は法人組織である。したがって放送局の維持継続のためには、CMや番組提供（スポンサード）、イベント事業等による収益が主体である。当然、設備投資、社員の人件費、家賃、光熱費等の経費がかかる。番組制作も地域の人材（生活者・市民）を活用した自主制作の独自番組が基本であり、CMも自主制作が多く見られる。電波を送出するという点では24時間、365日が基本であるが、現状はコミュニティ放送向けに制作している衛星放送コンテンツの再送信や、PCで操作可能なAPS（自動番組送出システム）の発達により音楽や番組の再放送を行う局も増えてきた。ラジオ受信機はもちろん、今ではインターネットやスマートフォンのアプリでも聴けるようになった。このようにまちづくりのツールとして、コミュニケーションの空間として、さらに災害時の緊急対応の情報源としてコミュニティ放送は広く市民に活用されている。

（2）長井市地域実習での「おらんだラジオ」体験

　2016年より大正大学地域創生学部では毎年9月から10月末にかけて約6週間の地域実習を行っている。この時期には1年生と3年生が幾つかのグループに分かれ、様々な地域でフィールドワークや座学を通して地域の方々と直接触れ合い交流し頭と体で学びあう。そのなかで山形県長井市の実習では毎年地元にあるコミュニティ放送局「おらんだラジオ」で週一回30分（期間中）計5

4）コミュニティFM放送は伝達手段が無線電波であるため、ライフライン（道路・電線）が寸断しても情報の提供が可能であり、ラジオが1台あれば受信は可能である。放送エリアが地域内を主体にしていることから、市内の状況を細かにリアルタイムで伝えることが可能である。阪神淡路大震災、東日本大震災に於ける臨時災害放送局としてその認知が高まった。

回の番組を学生だけで放送している。タイトルやコーナー内容、原稿づくりや選曲まですべて学生だけで行っているが、番組の進行や機材操作を局の方に少しお手伝いいただく。

　毎回生放送である為に、事前に班員同士でどのような内容を話すか会議を行い、その中で担当を決めてだれがどの活動報告を行うかを決定している。これは他の番組放送予定との兼ね合いもあり、また、放送上ふさわしくない内容をお互いに確認する意味合いもあった。地域創生学部の学生が作り上げる番組の目玉コーナーは「他の地域とつながること」である。この時期に他地域で活動している仲間と電話中継を行ない各々の地域の文化や風習などの情報交換を行う。その中では学生らしい、楽しげな実習内容のエピソードなどを挟み堅苦しくならないように努めている。この電話中継は事前に該当実習地のリーダーや教員と連絡を取り綿密な事前打ち合わせも行っている。そして毎回時間配分を細かく記したキューシートを作成して進めている。

| 図表2 | おらんだラジオ放送風景 |
| 図表3 | 番組進行表 |

　この放送体験の目的は地域内でのコミュニケーション循環と自分たちの行動を告知することであり、またコミュニティ放送局には地域内の様々な情報が集まってくるので、結果的に地域での実習を円滑に進める一助となり、自分たちの活動を一週間ごとに振り替える学習効果にも繋がっている。

4．メディア・リテラシーの必要性

　ここまでコミュニティ・メディアについて学んできたがここで、メディアと接し利用していく際に必要なリテラシーとは何か考えてみたいと思っている。一般的にメディア・リテラシー（英: media literacy）とは、「メディアを主体的に読み解いて必要な情報を引き出し、その真偽を見抜き活用する能力」のことを言う。言い換えれば「情報を評価・識別・伝達する能力」とも言える。ただし「情報を処理する能力」や「情報を発信する能力」をメディア・リテラシーと呼ぶ場合もある。本書では主に、前者の「情報を評価・識別・伝達する能力」という意味のメディア・リテラシーについて考えていきたいと思っている。

図表4　メディア・リテラシーの構成要素

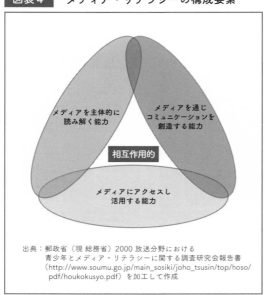

メディアを主体的に
読み解く能力

メディアを通じ
コミュニケーションを
創造する能力

相互作用的

メディアにアクセスし
活用する能力

出典：郵政省（現 総務省）2000 放送分野における
青少年とメディア・リテラシーに関する調査研究会報告書
（http://www.soumu.go.jp/main_sosiki/joho_tsusin/top/hoso/
pdf/houkokusyo.pdf）を加工して作成

　鈴木みどり（1997）は、メディア・リテラシーとは、市民がメディアを社会的文脈でクリティカルに分析し、評価し、メディアにアクセスし、多様な形態でコミュニケーションを創り出す力を指す、と言っている。ここで言う批判

的とは、「批判的気づき」を育成すること、すなわち「critical thinking」のことである。メディアが押し付けていると思われる価値観やイデオロギーに対して、我々が批判する力を養うこととも言える。

　ここまで見てきたように不特定多数にメッセージが送られるテレビ、ラジオは放送免許制を導入し許可制になっており一定の規制が入る。インターネットも不特定のメッセージ発信は可能であるが、許可制ではなく規制の外にある。従って双方向性を利点とするインターネット社会におけるメディア・リテラシーは特に重要な要素となる。なぜならば受信者としてだけではなく発信者としてのメディア・リテラシーが必要とされているからである。

（1）インタラクティブ（双方向）に潜む危険性
　インターネットはマス・メディアに匹敵する多くの情報にアクセスできる機能を持っているにもかかわらず、きわめて安価に利用できる特徴がある。しかも直接一対一、一対多の情報の受発信が可能である。このインターネットとどう向き合い、いかにクリティカル（批判的）に接し、かつ利用していくかというメディア・リテラシーからの視点が重要なのである。例えば以下のような問いにどう答えるであろうか。

　「インターネットを通して流れる情報、それによって作られる環境と現実はどう違うのか」「インターネットを中心としたマルチメディア社会の情報には、どんなイデオロギーや価値観が織り込まれているのか」これらのことを読み取るのは難しいのであるが、間違いなく必要なことなのである。

　一例を挙げれば「ニュースまとめサイト」の存在である。この面白さの裏に隠れている危険性を知ることは重要である。新聞であれば「社」としてのカラー（論調）を明確に出すので読者も分かりやすいのであるが、まとめサイトの場合、ネット上の多くの発言の編集を個人の恣意によって抽出し方向づけられていく。仮に2chのスレッドの流れでは否定的なものであっても、記事の抽出方法によっては、その逆の肯定的意見が多数であるかのように見せることが可能である。そうとは知らず大勢の意見と信じてしまったりする。それがどんどんリツイートされたりする。それはとても危険なことである。

173

（2）双方向性とメディア・リテラシー

　あらためてメディア・リテラシー・スタンスとはメディアが送り出す情報を単に受容するのではなく、意図を持って構成されたものとして、積極的に読み解く力（を養うこと）そして「批判的」に読み解くことである。このように現在は多様な形態のコミュニケーションにアクセスし、分析し、評価し、発信する能力が求められているのである。さらに昨今のSNS全盛の中では、特に批判や分析の幅が、情報発信能力にも関連している。ツイッターにみられるような「つぶやく」という行為にも油断すれば陥りやすい罠がある。つまり送り手、受け手の双方においてメディア・リテラシーは語られなければいけないのである。各々が主体性を持ち、自らのメッセージを発信する能力を備えることが大切である。すなわち、これからのメディア・リテラシーを考えることは、我々がメディアを使ってどんな社会関係を築き、社会を動かしていきたいのかを考えることに等しいわけである。

5．地域創生と地域メディア…豊かさとは何か

　本書ではコミュニティ・メディアの中でも特にコミュニティ放送について触れてきた。このメディアはFMラジオというツールを使用する。これは筆者の持論でもあるがラジオは「寄り添い」のメディアと言われてきた。テレビは『お茶の間の皆様』と複数の対象者に呼びかけるのに対して、ラジオは『ラジオの前のあなた』と個人に呼びかける。すなわち一人称で問いかけるメディアはラジオしかないのである。そのことはコミュニティの人々同士がラジオというコミュニティ・メディアを通じて「各々つながっている」とも言える。このように寄り添うという意識は地域創生を考える場合と相関性があると思う。なぜならば地域創生は地域に如何に寄り添い地域の人たちとの相互理解（コミュニケーション）を通して協働していくのかを考えることだからである。

（1）地域実習から学んだこと

　本学で現在の地域実習が始まる前、我々には地域を活性する意味が「東京中央視点（よそ者・若者視点）」で地域に乗り込んで課題を見つけて何か提案す

ることでミッションが完了するというような発想があったと思っている[5]。世の中には実際にそういう考え方もあることは確かである。しかしこの前提通りに読者には映っているであろうか。ここがポイントである。長井市実習で学んだこととは少し違っている。

少しまとめると以下の差異を感じた。
・東京目線という考え方＝地域は疲弊しているという思い込みや驕り
・地域の方々の考え方＝自分たちなりに豊かに暮らしている（課題がないとは言わないが）
という違いがある。
この考え方にはさらに次の要素がある
・「豊かさとは何か」の違い（経済的に物質的にみたされることだけではない）
　→陥りやすいのは、外から何か持ってくる、あるいは「やってあげる」という発想である。とりあえずイベントを仕掛ける、短絡的な商品開発、無責任な「こうしたら」提案、にも見られる。
・無理な地域活性（余計なお世話）になっていないか
　→本当にその地域がこのままではだめなのか、をどこまで検証しているか。どうして外の人にそこまで言われなければならないのか、という地域の声にも耳を傾けたい。

ただし、地域の中でも以下のような地域課題はありうる。
・世代間のギャップ
　→若い人は物質やお金を求めて地域を離れていくものという決めつけ
・移住者（地域に憧れて来る人たち）と既存住民との意識の差異
・地域の行政側と住民との意識の差異
　→簡単に外部や国からの活性化や援助を求めることに対する両者の議論が不足している。また、何でも観光に結び付けるのは危険ではないであろうか。

5）中塚雅也・小田切徳美（2016）は「大学と地域をめぐる中央省庁の補助事業でも、「なんのための地域連携か」という点において、混乱が見られる」と述べている。

そう考えると、地域全体の「思い」も一定ではないことが実は現在の地域課題なのではないであろうか。簡単に地域疲弊（高齢化、過疎化、産業衰退）を課題にするのではなく、地域の中のこのようなコミュニケーションや考え方の差異で停滞している可能性もある。このような議論にコミュニティ・メディアが果たせる役割はないものであろうか。

（2）これから目指す地域創生とは

① 豊かさの定義を明確にすること　これは地域に限ったことではないが、どんどん儲けて豊かな暮らしをする、という都会型の発想がある。もう一方で身の丈（食べられて、周囲と調和して、足りないものはお互い補いあって、自然を大切にして、子供がすくすく育って、時間にも余裕があること）が一番であるという発想もある。

② 求められている「もの」を明確にする　これは我々が提案することは、どこまでそこに求められているのかということである。地域の人たちが我々に求めているのは（彼らが）愛するこのまちを外の人たちにも知ってもらいたいということではないであろうか。であるからいきなり「あなたの欠点は…」的な指摘に対してどう思うであろうか。もし提案をするなら、その地域を好きになったうえで地域にあるものをこう活かすことも考えられるのではないか、というような、すなわち「身の丈提案」である。その上で、いっしょにやろう（協働）、続けよう（サスティナブル）ではないであろうか。それは大量消費、大量販売を目指すことの対極にあると考える。

③ 求めている「ひと」を明確にする　先に書いたように若者と年配者、そして住民と行政（自治体）の考え方に差異はないであろうか。どちらの良し悪しではなく、若い人は都会や物質的豊かさにあこがれやすく、年配者は（かつての若者は）様々な経験から身の丈を好む。ただしそれはあきらめではない。それと、住民は域内の豊かさを循環すること（身の丈の生活の豊かさ）に求め、行政や自治体は補助金や外部資源に依存した経済活性（時には企業誘致による雇用創出や大型店の誘致を積極的に認める発想）に向かいやすい。このことは、現在のシャッター通りの増加や持続しない雇用計画と無関係ではないはずである。

　この①〜③のバランスをどう取ればよいか、これが本書から読者への投げかけであり、ひいてはこの答えを考え続けることがこれからの地域創生の鍵になりそうである。この前提を踏まえて初めて、地域内のコミュニケーションを豊かにする、活性化するための、住民参加型のメディアの意味や役割が明確になるのではないであろうか。

（北郷裕美）

参考文献

- 浅岡隆裕（2006）『道具としての地域メディア/メディア・アクティビズムへ』（丸田一、國領二郎、公文俊平 編著『地域情報化 認識と設計』NTT出版）
- 井上悟・三浦房紀 共著（2007）『成功するコミュニティ・放送局』（東洋図書出版）
- 大内斎之（2018）『臨時災害放送局というメディア』（青弓社）
- 小内純子（2003）『コミュニティFM放送局における放送ボランティアの位置と経営問題』（『社会情報』vol.13 NO.1）
- 加藤晴明（2007）『コミュニティ放送の事業とディレンマ』（田村紀雄 白水繁彦 編著『現代地域メディア論』日本評論社）
- 金山智子（2007）『コミュニティ・メディア』（慶應義塾大学出版会）
- 北郷裕美（2006a）「地域社会におけるコミュニケーションの再構築——コミュニティFMの現状と新たな可能性」（札幌学院大学地域社会マネジメント研究センター）
- 北郷裕美（2006b）「対抗的公共圏の再定義の試み——オルタナティブな公共空間に向けて」（『国際広報ジャーナル』No.4 北海道大学大学院国際広報メディア研究科）
- 北郷裕美（2008）「コミュニティ・メディアと地域社会——公共的コミュニケーションの視点からの考察」（博士論文 北海道大学大学院国際広報メディア研究科）
- 北郷裕美（2010）「コミュニティ・メディアにおける社会的支援の課題——スコットランドと北海道の実態比較から得たもの——」（『北海道自治研究500』）
- 北郷裕美（2015a）「コミュニティ・メディアの公共性モデル構築に向けて——北海道内コミュニティ放送局の現状と公共性指標を使った分析結果の提示——」（『札幌大谷大学社会学部論集第3号』札幌大谷大学社会学部）
- 北郷裕美（2015b）『コミュニティFMの可能性: 公共性・地域・コミュニケーション』（青弓社）
- 北郷裕美（2018）「コミュニティ放送——世代交代にみる理念の継承と変革の可能性　試論——」（『大正大學研究紀要（103）』）
- 紺野望（2010）『コミュニティFM進化論』（株式会社ショパン）
- 齋藤純一（2000）『公共性』（岩波書店）
- 鈴木みどり（1997）『メディア・リテラシーを学ぶ人のために』（世界思想社）
- 竹内郁郎・橋元良明・児島和人 編著（2005）『メディア・コミュニケーション論（1）』（北樹出版）
- 竹内郁郎 田村紀雄 編著（1989-1994）『地域メディア』（日本評論社 共著）
- 玉野井芳郎（1979）『地域主義の思想』（農山漁村文化協会）
- 津田正夫・平塚千尋 編著（1998）『パブリック・アクセス——市民が作るメディア』（リベルタ出版）
- 中塚雅也・小田切徳美（2016）「大学地域連携の実態と課題」農村計画学会誌35-1（『地域と大学の関わり——その理想と現実の中間検証——』）
- 花田達朗（1996-2002）『公共圏と言う名の社会空間——公共圏、メディア、市民社会』（木鐸社）
- 原由美子（1997）『コミュニティFMの現状と課題』（松尾洋司編著『地域と情報』）（兼六館出版）
- 日比野純一（2017）『伝送路のこだわりを超えて　オンライン放送局になったFMわぃわぃ』（『日本のコミュニティ放送——理想と現実の間で』晃洋書房　第14章）
- 廣井脩（2000）『災害——放送・ライフライン・医療の現場から』（ビクターブックス）
- 松尾洋司 編著（1997）『地域と情報』（兼六館出版）
- 松島京（2005-2011）『公共（公共圏）』（川口清史/田尾雅夫/新川達郎 編著（2005-2011）『よくわかるNPO・ボランティア』ミネルヴァ書房）

第⑫章　地域交通（地方鉄道）と地域創生

1．現代社会における地方鉄道

　過去40年間の地方鉄道の歴史は、「廃線の歴史」と言われる。それは戦後の高度経済成長下のモータリゼーションの進展の影で、その存在感を失っていった公共交通のあり方を如実に示している。わが国における鉄道の総延長の12％にあたる約3,300kmが、この間に失われている。

　だが、この「廃線の歴史」を分節化してみると、いささかその背景が異なってくる。廃線の歴史は、大きく３つの段階に分類することができるが、それは、ローカル線の歴史そのものと換言することができよう。ローカル線は地方旅客鉄道（以下、地方鉄道）を指し、地方鉄道とは、国土交通省鉄道局鉄道統計年報による民鉄の機能別分類によるものである。この地方鉄道は、旅客の地域輸送を主として行う民鉄線（高速軌道線および同一経営の付属貨物線を含む）で、大都市高速鉄道および観光鉄道以外のものが該当する。よって、高速で運行されない軌道線である「路面電車」や、貨物収入が運賃収入の８割以上を占める「貨物鉄道」は地方鉄道ではなく、また、民鉄となるから国鉄から派生した旅客鉄道各社（JR各社）は含まれない。「廃線の歴史」は、まさにローカル線の歴史そのものであったと言える。

図表1	**鉄道の機能別分類**

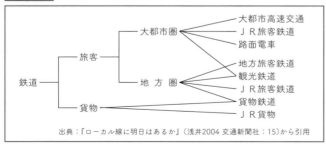

出典：『ローカル線に明日はあるか』（浅井2004 交通新聞社：15)から引用

２．鉄道事業と規制緩和

　地方鉄道廃線の歴史の第１段階は、1960年代に始まった地方鉄道の廃線とそれにともなう民間バスへの転換であった。地方の民鉄は、利用者の減少による経営危機に直面して、運賃値上げや合理化（列車のワンマン化や駅の無人化など）といった経営合理化策を取ったものの、さらなる利用者の減少が廃線を招いた。そして、鉄道から転換されたバス路線も1960年代以降は利用者の減少によって不採算となり、町営・村営バス化など公営化への転換が余儀なくされた。

　つづく第２段階は、国鉄改革との関連が深い。1980年に施行された日本国有鉄道経営再建促進特別措置法（1980年12月27日、法律第111号、以下「国鉄再建法」）にもとづく、「特定地方交通線」対策がそれである。これは、旅客輸送数に応じて国鉄の路線を選別し、第１次（輸送密度[1]）2,000人未満の枝線、40線729.1km）、第２次（輸送密度2,000人未満、31線2,089.2km）、第３次（輸送密度2,000人以上4,000人未満、12線338.9km）に振り分け、鉄道による輸送特性が発揮しにくい路線をバス輸送による営業転換が妥当とするものであった。原則、バス輸送による代替が目的で選別されたが、地元側があくまでも鉄道輸送を望んだ場合は、第三セクター化による経営存続の道も残されていた。しかし、特定地方交通線の多くが漸次廃線となっていった。結果、全国で第三セクター化によって存続された路線は、38線区1,310.7ｋｍで、45線区1,846.5kmはバスへと転換されることになる（古平2014：2-3）。

　そして本稿の論点となるのが、第３段階の廃線についてである。2000年3月1日に施行された「改正された鉄道事業法」（以下、改正鉄道事業法）は、鉄道事業における規制緩和を推し進めた。同法は、鉄道事業の経営環境を一変させ、鉄道事業者に対して事業活動の自由を与える一方で、事業業績を事業者自身の責任として、負うところを大きくした。公共交通という公共性をもつ鉄道事業を、採算性の縛りと事業活動の自由との案分の中でそれをどう調和させていくのか、事業者には難しい舵取りが求められたのだった。

---

1 ）輸送密度は、交通機関の1日1km当たりの平均輸送量のこと。

　この改正鉄道事業法を下として、交通政策では需給調整規制の廃止といった規制緩和が図られる。この内容は従来の交通調整を併用した異なる公共交通機関相互で、参入規制と内部補助を併用させるもので、政策体系とは性格を異とするものであった。参入規制と内部補助を併用させるこの規制は、かつての地域公共交通に独占力があった時代には効果を発揮した。が、この規制体系では、規制の枠外に存在する地域公共交通の代替を自家用車が果たす今日、規制下にある公共交通への需要の低下と収益部門での利潤の喪失により、公共交通機関の経営難を引き金として崩壊していく。また、参入規制と内部補助併用によるこの規制は、民間部門であっても競争抑制的な環境であれば、経営効率化やサービスの多様化を阻害するという課題を残した。

3．鉄道事業と交通政策の課題

　地方自治体と交通の関係をみると、長い間、大都市の交通事業を除くと、地方自治体の交通政策は、地方行政の中で認知されてこなかった。「我田引鉄」ともいわれるように、政治運動によって国鉄の地方ローカル線の布設を願うといった、請願的対応しかなかったのである。そうした流れのなかで、大都市交通では都市自治体が、市内交通事業の私的独占に対して、公共的還元をめざして買収方式で公営事業を拡大していった。

　このような大都市自治体の基本的戦略が、戦前戦後を通じて都市部では一般に波及し、公営バス事業として広がり、多くの都市で交通事業が経営されてきた。しかし、昭和40年代にはいると、マイカーの普及によって、公営交通事業の独占体制は崩れ、経営環境が悪化する中で、大都市の路面電車は廃止、中小都市でバス事業からの撤退が進む。結果、地方自治体の交通政策への対応は減退していくと思われたが、大都市部の地下鉄の拡充に見られるように交通事業の復権が成される。また一方では近年、多くの都道府県で交通政策担当課などの設置が図られ、都道府県行政としても、過疎バス、地方鉄道などの交通経営問題に取り組んでいる。また中核市などの基礎自治体においても同じ潮流が見受けられる。

　以上のように全国的に、しかも都道府県、市町村といった全地方自治体に共

通的政策課題として、交通問題が地方行政に浸透しつつあるといえる。しかし一方、これら交通事業の経営環境は厳しいのが現実である。もともと過疎バスや地方鉄道は、民間バスや国鉄が不採算であることから財政支援に乗り出し、地方自治体などが、経営権を引き継ぐことで運営を継続させた。また大都市部の地下鉄でも、当初から赤字覚悟の建設であって地方自治体が交通事業をどう運営し政策的に対応をしていくのか、依然、難問である。また地方鉄道では、事業経営の観点よりも地域政策的視点での取り組みが求められ、行政としては確固たる指針とより高度な経営戦略とが求められている。

　これまでも、過疎バスや路面電車などの経営危機は深刻であり、やむなく撤退が選ばれ、さらに、少子高齢化が進む今後は都市や地方を問わず、交通産業の経営はより厳しい環境にさらされるといえる。鉄道事業では、地域交通のより大きな部分を自動車に奪われ、鉄道の構造的不況の様相が一段と深刻化すると予測される。

　この傾向は交通産業特有の問題ではなく、教育産業や外食産業など、サービス産業全般において共通する課題である。それはこれまで、日本の産業界が右肩上がりの拡大する経済成長を前提に、量産化を選択してきた。鉄道事業も例外ではなく、特別な経営戦略を必要とせぬまま経営収支を均衡させることができた。しかし安定成長期に入った今日、経営戦略なき事業者は淘汰される傾向にある。その兆候が、交通では構造的な問題を抱える過疎地域に現れている。交通需要を誘発し地域との連携を模索しながら、経営戦略を立案することが事業者に求められているのである。

　この経営環境の悪化に対しては、コーポレート・ガバナンスの外部環境の整備が考えられるし、同時に交通支援策の拡大も求められる。「社会経済システム」の発展段階の中では、競争における被害者や落後者が生じるが、セフティーネットでそれを救済するのか否か、仮に救済するとした場合、その必要度をどう判定していくのかが肝要となる。

　昨今は政府に大きな期待ができない中で、地方自治体の交通政策（鉄道支援策）を積み重ねて、政府の政策を動かす政策形成のスキームが求められている。また旅客の増加といった数量的な成長が見込めない中で、交通産業の付加価値の拡大を目指し、交通サービスにおけるサービス分野を拡大する経営戦略も求

められる。しかし交通産業は、既に関連事業を展開してきた成熟産業であることから、果たしてどれ程の事業展開が可能なのかその判断が難しい。

　最後に旅客の増加策になるが、人口減少の過程でどう交通需要を呼び起こすのか、きわめて困難な課題である。特に、通勤・通学などの定期券利用者の減少が想定され、これに代わる乗客をどう確保していくのか難しい。地方鉄道の維持は公営あるいは民営を問わず容易ではない。

　地方鉄道や地域交通の危機が叫ばれてから久しいが、依然、解決の糸口は見出せていない。鉄道事業者はコスト削減の合理化策を選択し、他方で政府や地方自治体は、交通事業へ補助金を投入して支援策を講じてきた。しかし公共交通は、自動車との競争の下にあり、構造的な不況の様相を深めている。過疎地のバスが消滅し、地方鉄道は廃線問題に直面している。今後も人口減少が続くならば、地方のみならず都市部においても交通産業の衰退は、不可避的な状況になってくる。それは、人口減少が利用者の減少となり、交通産業の経営が成り立たなくなるという、負のスパイラルの中に陥ってしまうことである。

4．人口減少社会と地域交通

　交通を経営の視点で見ると、今後、社会は少子高齢化の進行が避けられない。そのため、利用者の減少が交通産業に限定した課題ではなく、サービス産業や消費産業にも共通する問題として浮上する。ゆえに、地域にとって不可欠なサービスを、地域が連携してどう維持・運営していくのかというコンセンサスを早く醸成することが肝要といえる。今日、サービス産業に共通する経営課題は、消費者の単位当たりの消費額の減少にあり、他方、企業は料金値上げによって収入をカバーする方法が取れない状況にある。また、インターネットを介した商品購入など流通チャネルの構造変化によって、スーパーやコンビニエンスストアから仮想店舗へと消費者の購買ルートが変化するように、既存業態は窮地に陥っている。

　交通産業の場合も利用者の増加が望めない中、運賃値上げを実施したいところではある。しかし、高速道路の休日割引等もあって、マイカーとの競合から容易ではない。また付加価値の上昇を選択するにしても、交通各社は、流通や

不動産業など関連事業がすでに展開された成熟産業であり、増収策が期待できない。そこで、この成熟産業ながら経済社会の環境変化に即した付加価値あるサービスを模索し、交通産業が持つ立地条件の優位性を活かして増収策を図っていくことが求められる。

　今日では、交通産業も既に合理化・効率化がかなり進展しており、さらなる合理化策・効率化策を選択することは難しい。よって、一部の公営交通を除き、多くの事業者は、人件費抑制などその余地はあまり大きくなく、ワンマン化などによる効果的な人員削減は望めない。しかし、軽微な業務などを外部委託にするなど、企業連携を深めることによって、運営システムの転換を図り、企業経営の効率化を進めることも可能である。経営環境の変化に対して抵抗力あるいは耐久力を養うこと、つまり通勤・通学客以外の利用客を従来の「沿線開発型」から「イベント創出型」のように、事業展開を行うことによって活路を見出すことも望まれる。とりわけ地方自治体や企業、地域住民との連携の中から絶対的な人口の減少があった場合でも、1人当たりの交通利用回数の増加を誘発していけば、人口減のマイナス分をプラスに転換することも可能だといえよう。このことは政府や地方自治体をはじめとして、すべての産業が大きな転換点を迎えている中、高度経済成長期以降のポスト産業社会にふさわしく、経済社会システムを構築する方策が求められてくる、と言い換える事ができる。

　交通事業者がどのように経営努力を行おうと、事業としての将来展望はそれのみでは見えない。よって、交通政策に発想の転換が必要であり、これには事業者サイドからでなく、地域サイドから交通サービスを見ていくことが欠かせない。つまり、広域圏交通コミュニティー（共同体）、都市交通コミュニティー、近隣交通コミュニティーといった、地域社会の連携に支えられた交通の経営組織へと再編成が考えられる。その最大の政策課題が、交通産業への財政支援等の政策判断であり、ひいてはガバナンスへと結びつく。

　わが国では過去に、教育・医療・ごみ・福祉サービスなどの分野で、住民が参画し互助の形でサービスを提供した実績は少なく、市場においてあるいは公共サービスとして、企業や自治体がこれを提供してきた。したがってその欠陥は、個々のサービスの不足を、全体としての公共メカニズムで補填するシステムが発達してこなかったことである。これはアメリカの都市のように、交通

料金の赤字を消費税率の値上げで補填するといったシステムが、定着してこなかった現実からも読み取れる。

　すなわちこれは、公共の補填をすべて一般財源で補う方式であり、公共補填をしながら受益者負担の意識をも養っていく方法である。それは、競争力のない公益的サービスを料金システムだけで調整していくことの限界を示し、公的支援の実施によって、本来の機能が発揮できる段階まで料金を下げることが求められてくる。例えば過疎交通などは無料化し、他方、収入は地方税でカバーした場合でも、社会全体での住民負担は変わらない。また、地方税率を上げなければ、地域サービスを受益者負担で、という意識も育まれない。都市部にて高齢者のバス無料化が実施されて久しいが、それにも関わらず、都市予算のバスに対する意識が変わっていないところにもそれは見られる。

　地域社会における最適な交通体系とは何か、これまでそれが論じられてこなかった。都市は交通サービスにおいて市場メカニズムに依存し過ぎたため、ことにマイカーの発達に対しては、何ら対応がなされなかった。公共交通機関にあっても、民営・公営が別々に論じられるまま、交通既得権の調整が図られてきた。これは、地域社会にとって最適な交通システムは何か、民営か公営か、あるいは既存企業か新規企業かという観点ではなく、たとえばマイカーという共通の競合相手を前に、バス路線が調整されるべきことである。

5．地方鉄道の実情

　地方鉄道の存廃問題でも、複雑な歴史的経緯を受けて種々の状況がみられる。この存廃問題を大別すると、①路面電車、②地方の小規模な民鉄、③旧国鉄のローカル線、④旧国鉄の廃止路線を継承した第三セクター鉄道、⑤JRのローカル線、⑥大手民鉄の不採算路線というパターンに括られる。それぞれに異なった問題の構造があるが、鉄道廃止の主な理由は赤字経営で、この要因には道路への偏った投資とモータリゼーションにある。モータリゼーションの進展によって、大都市における自動車の増加が道路空間を占有している。欧州では1960年代から、都市における無秩序な自動車交通の増加により外部不経済が問題視された。そして、自動車の利用抑制策と公共交通の保護を政策的に行っ

てきた。しかし、自動車利用の圧力に必ずしも勝てたわけではなく、フランスなどのように一時、路面電車が全廃された国もある。

わが国においては、アメリカ型のモータリゼーションが政策的に導入されたこともあって、路面電車と自動車の干渉が激化し、1960年代後半から70年前後にかけて、各地で①の路面電車が多く撤去された。さらに、初期のモータリゼーションの影響を受けたのが②の地方の小規模な民鉄で、1960年代に、地域的な特色ある多くの民鉄が廃止された。これらの中には、鉄道会社の社名を残したまま、現在もバス会社として継続している事業者もある。また、この時期に撤退せず残った地方の民鉄については、部分的な廃止がありながらバスや関連事業との兼業を行って、1990年代まで鉄道事業を維持してきた。

③の国鉄ローカル線の場合は、公共企業体という国鉄の性格もあり、政治の介入が続いたため、1970年代に入っても、廃止よりもむしろ政治的な路線建設が行われた。このため、市民の認識が鉄道整備に対しては政治路線という否定的なイメージとして広まった。他方、国鉄としては経営意図に反した形で押し付けられた地方路線という認識のために、利便性の向上など積極的な運営が行われず、どちらかと言うと邪魔者として扱われた。だが、この時期に進められていた計画路線の中には、政治性だけでなく、高規格な路線で鉄道ネットワークの改善を図る路線なども含まれている。今現在も、第三セクター鉄道の伊勢鉄道（三重県）や智頭急行（兵庫県－岡山県－鳥取県）などは、独立した鉄道事業というよりJRからの直通列車の乗り入れにより経営状態が良好である。

③の類型に分類される国鉄ローカル線については、国鉄の累積赤字の増加とともに、民営化を強く意識した「国鉄再建法案」が1980年に成立した前後から、廃止が促進された。国鉄の民営化への移行は、できるだけ不採算部門を整理すべきであるという指針の下、多くの路線が廃止された。こうした鉄道ネットワークの縮小の一方で、道路建設は従来の本州を縦断する幹線と、大都市圏に建設されてきた高速道路に加えて、1980年代から枝線の部分も建設されるようになった。だが、この時期以降の高速道路では大部分が不採算になる。1980年代以降の高速道路は、地方都市相互を結ぶJRの準幹線路線に並行するルートが多く、さらに高速道路では採算性の縛りを受けない中で、JRは民間企業として採算性に基づいて経営が成されていた。

　④の国鉄の廃止路線を継承した第三セクター鉄道では、経営の財政基盤を強化すべく経営安定化基金（助成制度）が設けられた。また国鉄経営時と比べ積極的な旅客増加策が実施されたため、第三セクター転換後は当面の存続が図られた。しかし昨今、旅客の減少など経営環境の悪化によって、鉄道としての継続が困難となり、第三セクター鉄道でも各地で廃止問題が発生している。

　⑤の場合では、国鉄の民営化に際して、一定の条件に合致した地方路線が廃止を免れJRへ移行した。だが、それらが民営化により一転し黒字になったとは考えられない。民営化後は路線別の経営状況が公開されないので確認は取れないが、事業全体で黒字経営が可能なJR東日本やJR東海、JR西日本は無論、その他のJR各社でも事業全体の中で内部補助により、地方路線を維持してきたと考えられる。このため、2003年にJR西日本の可部線が部分廃止されたのみであったが、2018年の三江線の全線廃止、JR北海道では、留萌線など赤字の5路線5区画、311.5kmの廃止も進められている。

　⑥の大手民鉄の不採算路線は構造的に⑤の場合と似ており、大手民鉄でも幹線以外の大部分は赤字と考えられる。これは、JRと同様に黒字部分で赤字部分を補填し路線網を維持している。また民鉄では、経営戦略として不動産業、百貨店やスーパーなどの流通業などを兼業し、あるいは系列企業を持つ。これらの関連事業によって派生的な鉄道利用者を増加させ、企業グループを形成して鉄道網を維持している。

6．地方鉄道の今後

　これまでの廃線の歴史をたどると、国鉄の分割民営化の際には、多くの不採算な地方鉄道路線、45路線が廃止された。しかし、それ以後の2000年までの13年間に廃止された鉄道は、国鉄関係を除くと17路線となる。そうした中で、地方の鉄道路線はさまざまな状況に対処しながら、個別事業者の努力によって路線を維持してきた。しかし2000年以降、路線の廃止が増加している。2005年以降冒頭で紹介した三木鉄道まで9つの路線が廃止され、鉄道事業法の改正以降の4年間では19路線が廃止された。これは、1987年の国鉄の分割民営化時を除くと最多の数字である。

| 図表2 | 現在の鉄道路線（上）と輸送密度4,000人/日キロ以上の路線（下） |

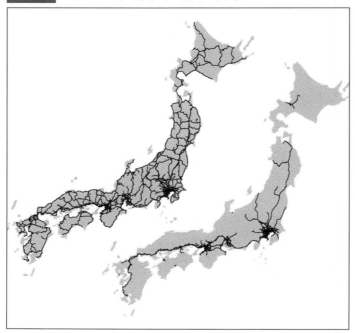

注）下図は、国鉄再建法の下、鉄路からバスへ転換が望ましいとされた
輸送密度4,000人/日キロ未満の鉄道路線を削除したもの
出典：『どうする？ 鉄道の未来』（鉄道まちづくり会議編2009 緑風出版：28）から引用

　図表2は、「全国鉄道まちづくり会議[2]」が、輸送密度4,000人/日キロ未満
の鉄道路線を削除して描いた全国の路線網である。これまでの議論に従い、狭
い意味での採算性だけで存廃問題を評価してしまうと、日本の鉄道網は図表2
のようになり、新幹線と6大都市圏の中心部分ほか例外的な地方都市が残るの
みである。よって、その存廃の議論には採算性のみならず、慎重を期する必要
がある。

2）地方鉄道が抱える共通の課題解決へ向けて、全国の沿線自治体、事業者、支援市民団体などが集
　う初の全国組織。2003年11月に設立。「第1回鉄道まちづくり会議」を2004年11月に島根県出雲
　市（一畑電鉄）、「第2回全国鉄道まちづくり会議」を2005年11月に長野県上田市（上田電鉄）に
　おいて、「第3回全国鉄道まちづくり会議」を2006年11月に兵庫県加西市（北条鉄道）において
　開催した。

　以前の廃線の場合、中小事業者がその中心にあったが、2000年の鉄道事業法の改正以降、大手民鉄の大都市周辺部の路線や第三セクター鉄道、JRの地方交通線区の廃止問題など、全国各地で鉄道事業の撤退が増加している。この主な理由は、鉄道事業法における需給調整規制が撤廃されたことと、１年前の「廃止届出制」（鉄道事業法改正以前には、事業者が路線から撤退するに際し国土交通大臣の許可が必要であったが、一年前に廃止届けを提出すれば撤退できるとする改正）の影響が指摘される。「需給調整規制の廃止」は、交通モード間の競争を促進し経済の効率化がもたらされると考えられた。これが、鉄道経営への影響を考慮すると内部補助の否定となり、事業者にとっては不採算路線からの撤退を容易にしたと言うことが否定できない。そしてさらに、「廃止届出制」が、この流れを加速させたのである。

　かつては内部補助によって維持されてきた大都市周辺部の路線、大手民鉄では名古屋鉄道の八百津線や竹鼻線、南海電気鉄道の和歌山港線などが廃止され、同社の貴志川線も一時廃止が検討された。また、京阪電気鉄道でも一部路線の廃止が検討され、都市圏の大手や準大手民鉄でも、厳しい経営環境下にある。

　このような状況は鉄道の廃止が地方都市に限定された問題ではなく、都市部も含めた地域社会全体の問題であることを示している。本来、民営化されたJR各社や民鉄に対して、事業者自身の内部補助といった経営努力にのみ頼る鉄道の維持には課題が残る。

図表3　富山市内で運行するLRT（富山地方鉄道）、地方創生を考えた交通体系の中心となる

地方鉄道は、高齢者や学生らが必要とする重要な交通手段であり、安易にバス代替を望むことは難しい。しかしながら、赤字を理由に廃線の危機にある路線は幾つもある。ゆえに、地域の実情を踏まえた交通体系の再構築が必要であり、LRT（次世代型路面電車）の導入などの新しい交通システムの検討も求められてこよう。

　そしてその時に、地域社会の意思決定（合意形成）の構造、換言するとローカル・ガバナンスについても考察する必要がある。地域創生の視点から、今後、鉄道事業者は地域社会の中でどのような役割をもち、地域に対してどう責任を負い関わっていくべきか、そのあり方が地域社会に対して問われていると言えよう。

（古平浩）

参考文献
・浅井康次（2004）『ローカル線に明日はあるか』（交通新聞社）
・古平浩（2014）『ローカル・ガバナンスと社会的企業──新たな地方鉄道経営』（追手門学院大学出版会）
・全国鉄道まちづくり会議編（2009）『どうする？ 鉄道の未来（増補改訂版）』（緑風出版）

環境保全と地域創生

1．環境保全に関する考え方の変遷

　環境保全に関する考え方やアプローチは時代とともに変化している。イギリスの保全生態学者ジョルジナ・メイスは、こうした考え方の変遷について図表1に示すように4つの大きな転換点があったとしている（Mace 2009）。すなわち、1960年代以前の自然保護は、「ありのままの自然」を対象にする、つまり、原生的で手付かずの自然を科学的な根拠をもとにいかに守っていくかがポイントであった。ここでは、人間に役に立つかどうかは別にして自然自体に内在的な価値があるという考え方が基本となる。こうしたアプローチを反映した典型的な政策として、国立公園をはじめとした保護地域の設立をあげることができるだろう。世界で始めての国立公園は1872年に米国のイエローストーンで誕生しがた、その後この国立公園の制度は日本を始め世界中に広まっていった（古田2017e）。

　1970年代は、全世界で環境破壊や公害などが大きな問題になり、そこでは人間活動による破壊的な影響から自然をいかに守っていくかが中心的な課題となった。1972年にはストックホルムで環境問題をテーマにした最初の国連の会議、国連人間環境会議が開催され、その後、国連の中で環境問題を扱う組織としてUNEP（国連環境計画）も設立された。一方で、発展途上国の側には先進国によって引き起こされた環境問題によって自分たちの将来的な開発を阻害されたくないという考えが強く、先進国と途上国の間で緊張が高まった。そうした中、1980年代を通じて環境保全と開発を両立させる「持続可能な開発」の概念が生まれ、1992年にブラジルのリオデジャネイロで開催された国連環境開発会議（通称：地球サミット）で生物多様性条約や気候変動枠組み条約などの新たな条約も誕生した。

　1990年代後半になると、人間活動の環境への影響がどこにでも見られるようになると同時に、そのことによって自然から人間が享受している様々な恵

みにも影響が及ぶことが強く意識されるようになった。また、2005年に公表されたミレニアム生態系評価によって、「生態系サービス」という概念が広く知られるようになり、この生態系サービスを保全することが我々人類のためにも必要だという考え方が強調されるようになった。この時期にはまた、環境保全の分野に経済学が広く適用されるようになり、1997年には世界の生態系サービスの経済的価値を33兆米ドルと推計した研究が公表され（当時の世界のGDPは18兆米ドル）大きな話題を呼んだ。また、2008年にドイツのボンで開催された生物多様性条約COP9でその中間報告が発表され、2010年に名古屋で開催された生物多様性条約COP10で最終報告が発表された「生態系と生物多様性の経済学（The economics of ecosystems & biodiversity）」も大きな注目を集めた（古田2011）。

図表1　　自然環境保全に対する考え方の変遷

出典：Mace, Georgina M.（2014）Whose conservation? Science, Vol345
並びに BIOCITY 79号（2019）を加工して作成

　2010年頃からはさらに一歩進んで、人と自然を一体のシステムとして捉えるという考え方が主流になってきた。この人と自然を一体のシステムとして捉える上で、「社会・生態システム（SES: Socio-Ecological System）」という概念が用いられ、この社会・生態システム全体のレジリエンスに焦点が当てられるようになった。日本でも、里地里山における生物多様性の喪失が大きな政策課題のひとつとなったが、こうした地域は国際的にも「社会生態学的生産景観」と定義され、人と自然の交互作用によってつく上げられた社会・生態システムのひとつとして理解されるようになった。また、社会・生態システムの枠組みでは、人間が単に生態系のサービスを受けるという消極的な役割を持つだけでなく、生態系に働きかけ、社会的課題の課題に対処する為に望ましいサービスや機能を積極的に作りだすために管理するという側面が注目されるようになった。

2．生態系を基盤とした解決策（NbS）と地域創生

　こうした環境保全に関するアプローチの変遷の中で2010年代後半に生まれ、近年国際的に注目を集めているのが、「自然を基盤とした解決策（NbS: Nature Based Solutions）」という概念である。IUCN（国際自然保護連合）でも、2013年からNbSを事業計画の3つの柱のひとつに位置づけ推進しており、2016年にハワイで開催された世界自然保護会議で「社会的な課題に順応性高く効果的に対処し、人間の幸福と多様性の恩恵をもたらす、自然あるいは改変された生態系の保護、管理、再生のための行動」と定義された。ここで社会的な課題とは、気候変動や食料安全保障、水の安全保障、人間の健康、自然災害、社会と経済の発展などを指す。単純化して言えば、NbSとはこうした社会的課題のために生態系の有する機能や働きをうまく活用しようという考え方で、その結果として人間社会の福利の向上と生物多様性保全に貢献の両方の目的が満たされるものを指す。この社会課題のひとつとして「社会と経済の発展」が含まれていることからもわかるように、NbSの概念は地域創生の目的とも完全に両立するものとなっている。

図表2	生態系を基盤とした解決策（NbS）の概念

出典：Cohen-Shachamら（2016）

　NbSは包括的な概念であり、その中にはこれまでに実践されてきた様々な環境保全のためのアプローチが含まれる。図表3にNbSに含まれるアプローチの例を示した。以下では、これらの中で特に近年わが国でも注目をされているグリーンインフラストラクチャーについて紹介する。

3．グリーンインフラストラクチャーとは？

　例えば森林が水を蓄え浄化したり、川がそれを下流に運ぶなど、生態系はその働きを通じてダムや上水道などのいわゆるコンクリートや鉄でつくられた"インフラ"が果たしている機能を代替したり補完したりすることができる。ダムや堤防、上下水道などの従来型のインフラを"グレーインフラ"と呼ぶのに対し、インフラとしての役割を果たす生態系のことを"グリーンインフラストラクチャー"や"生態系インフラストラクチャー"、"自然インフラストラクチャー"な

194

図表3　NbSに含まれるアプローチの例

生態系を基盤とした解決策（NbS）アプローチのカテゴリー	例
生態系回復アプローチ	・生態系回復（Ecological restoration） ・生態工学（Ecological engineering） ・森林景観回復（Forest landscape Restoration）
問題別のアプローチ	・生態系を基盤とした気候変動適応（Ecosystem-based adaptation） ・生態系を基盤とした気候変動緩和（Ecosytem-based mitigation） ・気候適応サービス（Climate adaptation services） ・生態系を基盤とした防災・減災（Ecosystem-based disaster risk reduction）
インフラに関連するアプローチ	・自然インフラストラクチャー（Natural infrastructure） ・グリーンインフラストラクチャー（Green infrastructure）
生態系を基盤とした管理アプローチ	・統合的な沿岸管理（Integrated coastal zone management） ・統合的な水資源管理（Integrated water resources management）
生態系保全アプローチ	・保護地域管理を含むエリアベースの保全アプローチ

出典：Cohen-Shachamら（2016）

どと呼ぶことがある（本稿では、これらを総称してグリーンインフラと呼ぶ）。

　グリーンインフラのアプローチは、米国で特に雨水管理の目的から1990年代半ばから盛んに用いられるようになり、一方、欧州でも2013年に欧州委員会からグリーインフラ戦略が公表されたことなどがきっかけとなり注目されるようになった。日本でも2011年に発生した東日本題震災からの復興の経験をふまえ、2014年に日本学術会議が「復興・国土強靱化における生態系インフラストラクチャー活用のすすめ」を公表し、その中で、人工構造物によるインフラと生態系インフラストラクチャーの違いを図表4のようにまとめている。

　こうした流れをうけて、わが国でもグリーンインフラは「国土のグランドデザイン2050」（2014.7.4）、国土形成計画、国土利用計画（2015.8.14閣議決定）、社会資本整備重点計画（2015.9.18閣議決定）、グリーンインフラ推進戦略（2019.7 国土交通省）などの行政計画に位置づけられることとなった。これは、特に人口減少が見込まれる一方で、これまでに整備された既存のインフ

図表4 人工構造物によるインフラ整備と生態系インフラストラクチャーの特徴

（代表的な例として防潮堤築造と沿岸生態系の緩衝空間としての保全・再生を想定して対比）
◎大きな利点　○利点　△どちらかといえば欠点　×欠点

	人工物インフラ	生態系インフラ
単一機能の確実な発揮 （目的とする機能とその水準の確実性）	◎	×
多機能性 （多くの生態系サービスの同時発揮）	△	◎
不確実性 （計画時に予測できない事態への対処の容易さ）	×	○
環境負荷の回避 （材料供給他や周囲の生態系への負荷の少なさ）	×	◎
短期的雇用創出・地域への経済効果	◎	△
長期的な雇用創出・地域への経済効果	△	○

出典：日本学術会議（2014）

図表5 グリーンインフラの持つ多面的な価値

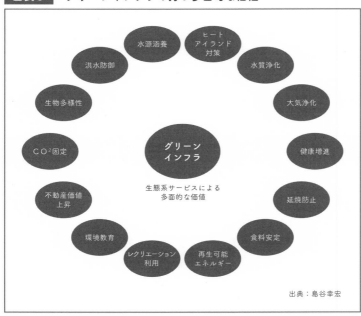

出典：島谷幸宏

ラ維持コストが上昇し続けることが予想される中、費用対効果が高く多機能性を有するグリーンインフラに対する期待が高まっていることが背景として挙げられる（図表5）。

　わが国の産官学の有識者でつくられた「グリーンインフラ研究会」では、グリーンインフラを「自然力や自然のしくみを賢く活用することで社会と経済に寄与する国土形成手法」と定義している（グリーンインフラ研究会2017）。このようにグリーンインフラは、包括的な概念であるため、その中に様々な要素やアプローチを含み、また、活動実践の場も都市から農村まで様々な地域が対象になりうる。

（1）都市のグリーンインフラ

　都市部における典型的なグリーンインフラの例は、都市内の公園や緑地、建物の壁面や屋上緑地である。例えば、米国のニューヨーク市では合流式下水道による降雨時の越流水が水質汚染の原因として長年問題になってきた。こうした問題に対し、市は下水道の容量を増強するグレーインフラのアプローチとレインガーデン（雨庭）や屋上緑化などの整備によって下水道に雨水が一気に流れ込まないようにするグリーンインフラのアプローチを比較し、後者がコストが安く、さらにヒートアイランドの抑制、景観や生物多様性の向上などの多面的なメリットがあることから、グリーンインフラのアプローチを採用することとし、2010年ニューヨーク・グリーンインフラ計画を公表した。以来、ニューヨーク市内の歩道には多数の雨庭が、また、民間のビルの屋上には緑地や農園などが整備され、都市の新たな魅力づくりにも貢献している（古田2017f、古田2018）。

　飲料水の多くを輸入に頼るシンガポールは、水の自給率100％を目指すことが国家的な優先課題である。このため、国土に降った雨水をなるべく有効に使うための政策「ABCウォーター・プログラム」が導入された。この政策では、自然環境と水、そしてコミュニティーを統合的に扱い、水辺に魅力的な新たな公共空間を創出することで、アクティブなライフスタイルを拡大し、シンガポールを活力ある水と庭園の都市に変革していくことが目的とされている。具体的には、コンクリート三面張りで直線になっていた河川の護岸を自然に戻す

ような改修や、新たな公園の創出などの公共事業に加え、民間の開発において
も同様の措置が認証制度を通じて組み込まれるような仕組みが整えられている
（古田2017b）。また、こうして増やされた緑地は立体的な歩道のネットワーク
でつながれ、都市の魅力向上と市民の健康増進も同時に目指されている（古田
2017c）。

　日本でも、近年様々な取り組みが行われているが、例えば2016年3月にリ
ニューアルオープンした池袋の南池袋公園は、以前は暗く、昼間でも人があま
り寄り付かない公園であったが、リニューアル後は広々とした芝生広場とお
しゃれなカフェが特徴の、非常時には防災の拠点となり、また平時には子育て
世代が活用しやすい魅力的な公園に生まれ変わった（古田2017d）。こうした
取り組みも、都市の中の公園を防災や子育て世代への魅力的な住環境づくりと
いった行政課題にうまく活用したグリーンインフラの好事例のひとつと言える
だろう。

（2）河川のグリーンインフラ

　河川でもグリーンインフラのアプローチを取り入れた様々な取り組みが行わ
れている。国土の4分の1が海面より低い場所にあるオランダでは、高潮や河
川の洪水などの水害が大きな課題となってきたが、1993年と1995年に発生し
た河川の高水位をきっかけに、河川改修の必要性が国家的課題となり、1996
年にルーム・フォー・ザ・リバーと呼ばれる事業が開始された。この事業では、
堤防をさらに嵩上げするのではなく、川幅を拡幅したり、湿地を遊水地として
復活させるというアプローチが採用された。これは、環境面への配慮に加え、
気候変動の進展によって万が一堤防が決壊したとしてもその被害を最小限にお
さえるためである。また、この事業によって多くの親水空間が作られ、地域住
民の生活の質の向上にも貢献した（古田2016c）。

　東京の国分寺から世田谷にかけて流れる野川では、上流から下流に至る集水
域で、雨水の地下浸透促進やそれによって維持されている湧水の活用が以前よ
り行われてきた。野川の流域には、公園や古くからの寺社などがたくさん存在
しており、湧水の維持・活用はこうした歴史的・文化的な遺産の維持・活用と
相乗効果を発揮し、野川流域地域の魅力の向上に役立っている（古田2016b）。

また、福岡県福津市にある上西郷川は高度成長期にコンクリートの三面張りに
改修されていた河川であるが、たびたび氾濫を起こすことが課題となっていた。
上西郷川では治水安全度を上げるために、堤防をかさ上げするのではなく、既
存の堤防を壊し、川幅を広げ、より自然に近い形の河川を再生するという整備
が行われた。こうして自然が取り戻され、さらに安全性の高まった上西郷川に
は、たくさんの子供達が戻ってきた。近隣の小学校ではここを総合学習に取り
入れることで子供たちの教育にも貢献しているほか、住環境が向上したために
周辺住宅地の地価が上昇するという経済効果も確認されている（古田2015）。

（3）沿岸のグリーンインフラ

　沿岸地域でもグリーンインフラの取り組みが世界各地で行われている。ベト
ナム北部にあるマングローブに囲まれた小さな島ドンズイ村は、現在でも村の
面積の約6割がマングローブに覆われているが、1990年代にこのマングロー
ブ林の多くがエビ養殖場に転換された。こうして作られたエビ養殖場は、最初
の何年間かは利益を上げたものの、数年後には病気のためにエビが育たなくな
り、ほとんどが放棄される結果となった。さらに、マングローブ林が伐採され
たことによって、村人の多くが従事していた漁業や水産物の採集による漁獲量
が激減し村人の暮らしに大きな打撃を与えることになった。こうした状況に危
機感を抱いた村の人々が、日本のNGOや企業の支援を得ながらマングローブ
林の再生事業に取り組み、その結果水産資源が回復した。さらに、村を囲む堤
防がマングローブ林によって守られることでより高潮の災害に対するレジリエ
ンスも向上した（古田2019）。

　前述したオランダでも、地球温暖化による海面上昇から海岸線を守るために
1990年以降、大規模な養浜事業が北部海岸で定期的に行われてきた。しかし、
4－5年に1度海岸に大量の砂を入れるやり方は海岸や海底の生態系に大きな
影響を与えることから自然の力を活用した新たなアプローチの試みが始まっ
た。2011年に完成したサンド・モーターと名づけられたパイロットプロジェク
トでは、通常の養浜事業の20年分にあたる大量の砂を一度に投入し、海流の
流れで砂を長期間にわたって砂を海岸に供給するという試みが行われた。この
新しい工法によって、生態系への悪影響を軽減し、さらに大量の砂が作り出す

レクリエーションのための空間を地元の経済や社会の貢献に活用することが目指されている（古田2016d）。

（4）農山村のグリーンインフラ

　農山村では、水田や河川の遊水地などがグリーンインフラとしてわが国でも活用されている事例がある。例えば、宮城県北部にある蕪栗沼は、マガンのための貴重な越冬地であるとともに洪水の際の調整池として活用されてきた湿地である。1990年代にこの調整池としての機能を高めるための掘削が計画されたが、環境悪化を招くことから反対運動が起こり、結局隣接した水田を湿地に再生することで調整池としての機能を向上させるとともに、マガンの越冬地の拡大にもつなげるという解決策が採られた。さらに、その周辺の水田でも冬の間にも水田に水を湛える「ふゆみずたんぼ」と呼ばれる農法を行うことでマガンの越冬に協力する農家が増えている。こうした取り組みが認められ、2005年には蕪栗沼とその周辺水田を含めた地域が一体としてラムサール条約湿地に登録された（古田2016c）。

　佐賀県唐津市を流れる松浦川流域は、その中上流域が平地や盆地が連なる地形により大きく蛇行しているため、たびたび水害に悩まされてきた。こうした水害対策のために、地域住民と何度もワークショップを重ねて計画されたのが「アザメの瀬」と名づけられた遊水地である。アザメの瀬では、川の蛇行部分にあった水田を掘り下げて、もともとの環境であった湿地に再生するとともに河川との連続性を確保し、湿地、クリーク、三日月湖などの氾濫原環境を再生した。アザメの瀬は、近隣や福岡の小学校の環境学習に活用されるとともに、この環境学習活動は地域コミュニティーの活性化にも貢献している。こうした成果が認められ、アザメの瀬は土木学会デザイン賞最優秀賞をはじめ様々な賞を受賞している（古田2016a）。

（5）産業衰退地域のグリーンインフラ

　より広域を対象とした大規模なグリーンインフラの事例として、ドイツのルール地方で整備されているエムシャーパークを挙げることができる。ルール地方は石炭と製鉄で150年にわたりドイツの一大重工業地帯として栄えたが、

近年は産業構造とエネルギー構造の転換によって、長期的な衰退に苦しんできた。この地域の再生を図るために、廃棄された製鉄所や炭鉱などの産業遺産を活用しながら汚染された産業用地の自然再生を図り、公園や他の集客施設に転換することで地域全体の魅力向上を図る取り組みが1989年から行われてきた。これがエムシャーパークの事業である。現在では、年間500万人もの観光客がこうした産業遺産を見るためにルール地方を訪れるまでになり、欧州域内のグリーンインフラの好事例のひとつとし欧州委員会にも認められている（古田2016 f, g）。

　産業遺産を活用したグリーンインフラでは、ニューヨークのハイラインも代表例の一つといえるだろう。ハイラインは、ハドソン川にも近いマンハッタンのウエストサイドにあった貨物鉄道の高架路線を再生した線上の空中公園である。この地区は、産業構造や都市構造の転換によって1980年代には貨物路線が廃線となり、工場も閉鎖されるなど荒廃が進んだため、高架鉄道や工場を取り壊した再開発が計画されていた。この計画に反対した地元の若者二人が高架鉄道を残した形での再開発を訴え、それが徐々に支持を集め、高架を生かした公園に生まれ変わることとなった。まず2009年に最初の区間をオープンし、2014年には残りの区間もオープンした。現在では、ハイラインは年間500万人以上の人が訪れる人気のスポットとして、ニューヨークの新たな名所となっている（古田2017a）。

4．おわりに

　グリーインフラのほかにもNbSの中でも特に防災・減災に焦点を当てたアプローチのEco-DRR（生態系を基盤とした防災・減災（Ecosystem-based disaster risk reduction））や気候変動適応を目的とした活動であるEbA（生態系を基盤とした気候変動適応（Ecosystem-based adaptation））なども、国際政策や日本の国内政策の中に近年積極的に位置づけられるようになってきている。気候変動や生物多様性の喪失などの環境問題は地球規模で深刻化しており、わが国においてもその影響が様々な形で現れつつ中、NbSのアプローチは国内外でさらにその重要性を高めていくことが予想される。地域創生のための取り

組みを検討し、実践していく上でも、こうしたアプローチは今後不可欠の要素になっていくであろう。

（古田尚也）

参考文献

- グリーンインフラ研究会（2017）「決定版！ グリーンインフラ」（日経BP社、392頁）
- 日本学術会議（2014）復興・国土強靱化における生態系インフラストラクチャー活用のすすめ
- 古田尚也（2011）「生態系と生物多様性の経済学（TEEB）報告を詠む」（森林環境2011、120-129頁）
- 古田尚也（2015）「水辺環境と地域の再生──上西郷川」（地域人4号、86-91頁）
- 古田尚也（2016a）「水辺環境と地域の再生──アザメの瀬ほか」（地域人5号、60-65頁）
- 古田尚也（2016b）「日本型グリーンインフラを目指して──野川」（地域人6号、74-79頁）
- 古田尚也（2016c）「防災と農業と環境保全の共生を目指して──蕪栗沼」（地域人8号、60-65頁）
- 古田尚也（2016d）「水害との戦いから水との共生の道へ──オランダ」（地域人10号、66-71頁）
- 古田尚也（2016e）「雨庭のすすめ──京都」（地域人11号、62-67頁）
- 古田尚也（2016f）「エムシャーパーク（上）──ドイツ」（地域人12号、62-67頁）
- 古田尚也（2016g）「エムシャーパーク（下）──ドイツ」（地域人13号、50-55頁）
- 古田尚也（2017a）「自然の力を都市の魅力とレジリエンスの向上に──ニューヨーク」（地域人18号、68-73頁）
- 古田尚也（2017b）「活力ある水と庭園の都市を目指して──シンガポール」（地域人20号、50-55頁）
- 古田尚也（2017c）「庭園の中の都市の実現を目指して──シンガポール」（地域人21号、64-69頁）
- 古田尚也（2017d）「公園と緑を街の力に──池袋」（地域人22号、72-77頁）
- 古田尚也（2017e）「近代の自然保護と国立公園の原点──ヨセミテ」（地域人27号、62-67頁）
- 古田尚也（2017f）「雨水がつなぐ天空の農園と都市の運河──ニューヨーク」（地域人28号、58-63頁）
- 古田尚也（2018）「大都会の農業ルネッサンス──ニューヨーク」（地域人39号、64-69頁）
- 古田尚也（2019）「マングローブが支える人々の暮らし──ベトナム」（地域人43号、62-67頁）
- Cohen-Shacham, E., Walters, G., Janzen, C. and Maginnis, S. (eds.) (2016). Nature-based Solutions to address global societal challenges. Gland, Switzerland: IUCN. xiii + 97pp.
- Mace, Georgina M. (2014) Whose conservation? Science, Vol 345 Issue 6204, p1558-1560

社会変動と地域回帰

1. はじめに

　時代の変遷と共に、社会や地域、コミュニティも変化していく。社会構造が変化するにしたがって、そこに帰属する人びとの社会意識もまた、その変化に呼応して変化していく。

　本章では、時代の変化に伴って、社会や地域がどのように変化（社会変動）して、そこに住まう人びとの意識がどのように変化してきたのかを、時代を追って考察していくこととする。そして、その考察をもとに、地域回帰の変化と現状についてさらに考察を深めていくこととする。

　ヨーロッパ世界における近代市民社会の成立によって私たちは、「自由」と「平等」を手にした。職業選択の自由、居住・移転の自由を得たことによって、人々の意識や行動も大きく変化し、そのことによって社会も大きく変化していった。そのような変化に対して、社会を鳥瞰的・客観的に見ていく社会科学的分析が行われるようになった。このように社会の構造を分析していく様々な手法（社会学、経済学、政治学、等々）が確立されていくことになる。近代以前と近代以降の社会ではどのように社会構造が変化してきたのかを、先ずは観ていくこととする。

2. 社会変動――欧米、日本における地方から都市への人々の移動

（1）ヨーロッパにおける社会変動

　ヨーロッパ世界において、17世紀後半から18世紀にかけて起こった「市民革命（イギリスの名誉革命、フランスの市民革命、アメリカの独立宣言）」よって、私たちは、「自由」と「平等」を得て、職業を自由に選択したり、居住・移転を自由に行なえる社会を獲得した。

　また、そのことと同時に18世紀後半にイギリスで始まり、19世紀前半には

フランス、ドイツ、アメリカへと拡がっていった「産業革命」により、さらに社会は急速に変化して行くこととなった。

①フランスの場合～コント

　こうした革命期に、人々は動揺し、社会は混乱する。「フランス革命」は、理想的市民社会を目指した革命であったのにもかかわらず、なぜ混沌とした状況なのであろうか。「社会学の祖」と言われるコント（Comte,Auguste ; 1798-1857）は、こうした状況を解明するためには、社会の現実を実証的に観察して把握するという新しい科学が必要と考えた。

　そうして書かれた著作が、『実証哲学講義』（1830-42）であり、その冒頭で、「三段階の法則」を提唱した。コントによれば、人間の精神は、「神学的段階→形而上学的段階→実証的段階」という進歩をたどり、これらの段階においてそれぞれ特徴的な思考様式を持っている。神学的段階においては、あらゆる知識は超自然的・神秘的な能動者すなわち神の存在や宗教的観点によって諸現象が説明される段階であり、形而上学的段階においては、抽象的・批判的思惟の支配する段階であり、そして実証的段階においては、人間の経験的事実を重視し、事物の観察にもとづいて諸現象を一般法則によって説明される段階へと至る。この人間精神の変動に伴って社会も変動し、「軍事的段階→法律的段階→産業的段階」という進歩をみせる。このように社会は変動してきたと理論づけたのである。（図表1）

図表1

人間精神	神学的段階	→	形而上学的段階	→	実証的段階
社会	軍事的段階	→	法律的段階	→	産業的段階

　またデュルケム（Durkheim,Emile : 1858-1917）は、『社会分業論』（1893）において、社会変動を連帯の性質の変化と捉え、「機械的連帯から有機的連帯へ」と進化してきたと分析した。連帯の形式が分業の進展によって、単純な連帯から複雑な連帯へと移行し、原始社会では個々人が個性を発揮することがない典型的な同質的集団であるが、近代社会では個性的で異質な人々の集団が優越さ

れる。機械的連帯とは、成員の個性がみられず相互の類似性によって成立する集団（ホルド）の連帯で、その様子がまるで環虫類の節のようであることから「環節的社会」とも呼ばれている。（図表2）

図表2

	通常の形式	社会の性質	具体的な絆	典型例
機械的連帯	類似による	同質的	地縁・血縁	原始社会
有機的連帯	差異による	異質的	分業	近代社会

②イギリスの場合〜スペンサー

　一方、イギリスでは、18世紀中後期から始まる紡績工程における軽工業の発展と動力源としての蒸気機関との発明によって「産業革命」が起こった。それは、産業資本主義の成立と共に、伝統的・農村的社会から工業的・都市的社会へと移行していく過程でもあった。こうして産業革命は、農村の人々を機械制工業によって必要とされた産業労働者として、都市へと移動を促していったのである。その社会的変化によって、新たな社会秩序を確立する必要性が生じてくる中で、スペンサー（Spencer,Herbert；1820-1903）が「社会有機体説」「社会進化論」を、ダーウィンの『種の起源』（1859）における進化論の影響をもとに打ち立てたのである。

　「社会有機体説」では、社会全体を生物有機体とのアナロジーによって捉えようとした。生物有機体はその成長において、構造の複雑化、機能の分化、各部分の相互依存の深化といった過程を経るが、生きた社会の全体においても同様のことが当てはまる。しかしながら、生物有機体と社会有機体との決定的違いは、生物有機体の諸器官は中枢神経によって統合されているが、社会有機体を構成する個々人は自由な意志を主体的に備えている点である。すなわち、われわれ個々人は自由にその位置を変えることが可能なのである。

　「社会進化論」では、ダーウィンの進化論にもとづいて、スペンサーは人間社会も単純社会から複雑社会へと進化すると唱える。「軍事型」社会から「産業型」社会への移行である。

軍事型社会とは軍事が社会的な生活の一切を決定する「強制的協同」であり、その典型は原始社会にあるとされる。社会がその状態を脱し産業型社会なると、成員は自由に産業に従事し、自発的に団体を構成し「自発的協同」が支配的となる。すなわち、そこにおいて両者を分かつのは個人の意志であり、軍事型社会では強制的な協同、産業型社会では自発的な協同となる。産業型社会では、個々人は自由に産業に従事していて、自治的な団体を民主主義的に作り上げているのである。このように近代社会では産業型社会へと移行したのだと理論づけたのである。（図表3）

図表3

社会	原 始 社 会　→　近 代 社 会
	軍 事 型 社 会　→　産 業 型 社 会

③ドイツの場合〜マルクス、テンニース

　ドイツにおいては、マルクス（Marx,Karl ;1818-1883）がヘーゲルの弁証法とフォイエルバッハの唯物史観をもとに、社会を生産様式から生じる社会関係において史的唯物論を論じた。ある社会において「生産力」が発達すると、対応する「生産関係」との間に軋轢が生じるので、「生産関係」も変革せざるを得ない。「生産関係」の総体は、その全体社会の構造の土台（下部構造）であるから、この変革はすなわち社会構造の変化に他ならない。これによれば、人間社会は「原始共同体制社会→古代奴隷制社会→中世封建社会→近代資本主義社会→社会主義社会」へと段階的な発展を遂げるとされた。全体社会の構造の土台（下部構造）の上に、支配力を持った政治制度と法律、また文化や社会意識の諸形態が、存在する。これらのものは上部構造と呼ばれ、土台と上部構造の相対が社会構成体である。上部構造の性格は土台によって決定されるが、相対的には独立した性格を持っているのである。以上がマルクスの社会発展段階説である。（図表4）

　次に、テンニース（Tönnies,Ferdinand ; 1855-1936）の理論についてみていくこととする。共同生活を営むためには、社会集団を組織していく。そうした集団が何によって規定されていったのかという視点で分析した一人がテンニー

図表4

社会	原始共同体制　→　古代奴隷制　→　中世封建制　→　近代資本主義　→　社会主義

スである。地縁や血縁によって自然発生する共同体（家族、村落など）を「ゲマインシャフト」と呼び、利益や目的のために形成されていく共同体（会社、大都市など）を「ゲゼルシャフト」と呼んだ。前者は本質意志（生得的な意志）による、自然的な結合からなっており、後者は選択意志（形成的な意志）による、目的的な人的結合からなっている。そして歴史的には「ゲマインシャフトからゲゼルシャフトへ」と移行すると考えた。近代市民社会はそうした特定の目的を遂行するため手段的に選択された人為的・機械的な結合の集団形成に比重が移っていくこととなる。（図表5）

図表5

社会	ゲマインシャフト	→ ゲゼルシャフト
つながり	本質意志	選択意志
集団	家族、地縁からなる村落	会社・大都市

（2）アメリカにおける社会変動

　アメリカにおいても、社会学は、南北戦争（1861年から1865年）とその後の産業化や都市化の進展に伴う社会問題、労働問題の発生という「社会の危機」を背景に、展開し始めた。

①マッキーバー

　テンニースのように、社会集団を歴史的な流れの中から形成されてきたとみるのに対して、地域性に着目して分類したのが、マッキーバー（MacIver,Robert M ; 1882-1970）であった。「コミュニティ」とは、ある地域的な広がりを持った共同生活体であり、村・町に相当する。このコミュニティは自然に発生し、人間生活全般に及ぶ関心を共有し、ある程度は自足的な生活を可能にする社会集団である。「アソシエーション」とは、コミュニティの中

で生活する人々が目的や利害のために人為的に組織した集団であり、家族・企業・政党・組合・国家などがその例である。ここでは、「コミュニティ」は「アソシエーション」を生み出すもととなっており、ひとつのコミュニティの中には多くのアソシエーションが含まれている。すなわち、「コミュニティ」と「アソシエーション」は対立的ではなく、相互に補完し合う関係なのである。(図表6)

図表6

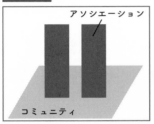

コミュニティ	地域的広がりを持つ共同生活体	村落、町、都市など
アソシエーション	コミュニティの内部において、一定の目的のために意図的に作られた集団	家族、企業、政党、組合、国家など

②パーク

　当時のアメリカは、大量の移民の流入や工場労働者の都市への流入によって、スラムの問題や犯罪等が頻繁に起こっていた。シカゴが代表例とも言える都市であり、その結果深刻な都市問題を招くことになったのである。こうした現在に直面した問題を研究・分析するために1892年、このシカゴの地にロックフェラーの援助のもとに創設されたのがシカゴ大学である。そして、その後の都市社会学の基礎を築いたのがシカゴ学派であった。シカゴ学派のリーダー的存在であったパーク（Park,Robert E.：1864-1944）は「都市は社会的実験室である」という観点から、「人間生態学」という立場をとる。

　パークは、社会には「共生的な社会」と「文化的な社会」の2つがあると考えた。前者は後者の下部構造となるものであり、共生的な社会は動物世界と同じように、競争、つまり生存競争によって基準が形成される。そして、このような共生的な社会から、闘争、適応、同化という過程を経て、文化的な上部構造を作っていくとしている。「人間生態学」とはこのような過程を考慮に入れて、「共生的な社会」という下部構造の研究を中心とするものであった。

　パークによれば、都市とは「文化的な社会の伝統や慣習が弱体化し、共生的

な社会、つまり生存競争がむき出しになっている場」とされるからである。人間にとって本質的である共生的な関係（生存競争による秩序）を研究するためには、都市は非常によい研究対象だと考えられたのである。

パークにおいては、「コミュニティ」とは一定の地域において、動物や植物と同じように、共生している人々の集合を表し、その基本的な組織原理は競争である。そして、パークによると、「ソサイエティ」はそのコミュニティの上に形成される。「コミュニティ」を基礎として成立する「ソサイエティ」は、動植物社会とは異なり、コミュニケーションによってできあがるのであって、その構成原理は「コンセンサス（合意）」である。このようにパークは「コミュニティ」から「ソサイエティ」への展開を動植物的なものから人間的なものへの発展として考えていた。（船津・浅川、2014）

図表7

コミュニティ	「共生」に基づく生態学的秩序
ソサイエティ	「コミュニケーション」によってできあがる、経済的、政治的、道徳的秩序

③バージェス

バージェス（Burgess,Ernest W.：1886-1966）は、都市への人口集中の過程で都市空間がどのように構造化されていくのかを探った。その結果、「同心円地帯理論」を提起した。それによれば、都市の発展は、「中心業務地区」を円の中心として、放射線状に「（移民、芸術家、浮浪者等が混在する）遷移地帯」、「労働者居住地帯」、「中流階級居住地帯」、「高所得者住宅地帯」と拡張して、ドーナツ状の区域に分離・成長していくとされた。（図表8）

しかし、このような構造はすべての都市に対応しているわけではないという批判から、その後修正・改良された理論が出てくる。ホイト（Hoyt,Homer：1896-1984）は、同心円地帯理論に交通網を考慮した「扇形理論」を打ち出し、またハリスとウルマン（Harris,C.D. & Ullman,E.L.）は、同心円地帯理論や扇形理論が都市発達の核心を単一としていることを批判し、「多核心理論」を唱えた。

またバージェスはH・J・ロックとの共著『家族』において、「制度から友愛へ」

図表8

通勤者地帯
住宅地域（高級住宅街）
労働者住宅地域
遷移地域
都心地域

出典：『都市の発展』（バージェス、1925）より作成

という表現を用いて家族の歴史的変動過程を描いている。制度家族とは法律・慣習・権威といった制度的抑圧によって統制された家族であり、家父長制的家族がその例である。友愛家族とは、それらの抑圧から解放され、相互愛情と意見の一致に基づいた平等家族である。この変動は、前近代から近代への変遷の一つであり、生産―消費家族から「産業化」による消費家族への移行とも平行的に捉えなくてはならない。

④ワース

　ワース（Wirth,Louis：1897-1952）は、都市および都市化によって変化した都市的コミュニティの性質、すなわち「都市に典型的見られる生活様式」に着目した。彼はそれを「アーバニズム」と名付け、生態学的、社会構造的、社会心理的という３側面から捉えようとした。生態学的側面からは、人口の異質性、職場と住居の分離、移動性、低出産率による再生産不能が挙げられ、社会構造的側面からは、社会関係における一面的・非人格的な２次接触の優位、すなわち家族、親族・近隣の社会的紐帯の意義の減少、そして専門的制度の発達、職能集団の増大、社会的地位の分化が挙げられ、社会心理的側面からは、個人

主義的無関心、他者依存的性格、非人格的合理性、人格の非統合性などの様々なパーソナリティが挙げられ、これら3側面によってアーバニズムが生み出されるとした。

（3）日本における社会変動

　こうして欧米で発達した都市理論をもとに社会変動の研究が進んできたのである。さて、それではこうした欧米で発達した社会変動の理論をもとに日本の社会について考えてみることとする。日本における近代化・都市化による社会変動は、欧米の社会とは少々事情が異なる。特に、日本においての社会変動は第二次世界大戦以前と以後とでは大きく違う。

　日本の近代化は明治維新以降に、国家が主導する形で推し進められた。それに伴う産業の発展や政治権力の集中によって、都市への人口移動が始まっていった。本格的な都市への人口移動がはじまるのは、大正から昭和にかけての時期であった。しかしながら、その後のファシズムと戦争の時代が、欧米の都市化と日本の都市化の違いを方向づけることになった。戦争に向けての統制と総動員体制は、通常の経済発展を困難にし、都市への人口移入は徐々に停滞し、また戦時中には疎開の影響もあって、都市の人口はむしろ減少することになった。したがって日本の近代の都市化は、戦争によって一旦中断し、戦前と戦後の二つの時期に分かれて存在することになる。（玉野、2012）

①戦前の社会構造〜鈴木榮太郎、有賀喜左衛門

　明治時代になると、日本は中央集権型管理体制となったことで、国家主導のもとで明治の大合併と呼ばれる大規模な町村村合併が行われ、「自然村」としてそれまで約7万1千あった町村数が、「行政村」として約1万6千に統合された。江戸時代の集落や大字に相当する範域が「自然村」であり、強固な共同性による社会的統一の基盤を形成していた。そこでは、土地や水利施設を基盤とした、「いえ」と「いえ」からなる社会集団の集積した村落共同体としての「むら」が存在していた。（有賀、1943）これを、鈴木榮太郎は「行政村」と対比して「自然村」と名付けたのである。（鈴木、1940）「むら」が「むら」である根拠は、地方行政上の「行政村」としての位置ではなく、「自然村」的な存在、つまり人々の日常的な社会生活によって形成・維持され、固有の仲間意識（共有された価

値）が存在し、村人の意識や行動を統制していることによるのである。

　こうした日本の村落社会の「いえ/むら」的特質に対して、特に第二次世界大戦後において否定的な評価が与えられた。「いえ」は権威主義的支配であり、「むら」は封建的な共同体であるとして批判的に論じられ、「いえ/むら」の払拭こそが村落社会の近代化・民主化への道であると唱えられた。

　しかしながら、グローバル化に伴う地域社会の崩壊や新しい生活原理が模索されている今日において、新たなコミュニティ論や環境論が語られていく中で、「いえ/むら」論を再評価する傾向も生じている。

②戦後の社会構造

　戦後日本においては、民主主義の確立と、国家主導の下での工業化及び資本主義の発展により近代化を達成した。それにより、日本の社会構造は急速に変動していくこととなる。

　そのきっかけになったのは、1955年から1973年までの高度経済成長期における産業構造の変化である。高度経済成長期において、かつての農業中心にした産業構造が工業を中心とするものへ大きく再編されていった。1950年の時点で全産業就業人口の内、第一次産業就業人口の占める割合は、第二次産業就業人口の2倍を超えていた。（第一次産業、48.5%、第二次産業、21.8%）しかしながら、1965年には逆転し、第二次就業人口の割合が31.5%、第一次産業就業人口が24.7%となった。工業を中心とした産業構造への転換は農業を衰退させ、農村を中心とした地域社会は大きく変化することになった。

　農家の次男三男を始めとする人々が農村から新規の工業労働力として都市へ移動していった。農村から都市への大量の人口移動は、結果として、農村の過疎化と都市の過密化をもたらした。過密・過疎の進展過程は、かつて村落共同体として存在していた農村社会が二重の意味で解体していく過程でもあった。農業の近代化や兼業化と人口減少によって、村落共同体的性格は弱体化し、また産業構造の変化に伴う農業生産の衰退によって、農村社会は農業を基盤とする地域ではなくなっていったのである。（小内、2006）

　1973年のオイルショックを契機に高度経済成長が終焉を迎えると、わが国の工業化の勢いは衰えを見せ始めた。1975年まで一貫して増加していた

第二産業就業人口の割合は、34.1%をピークに低下傾向を示すようになった。2015年の時点では、第二次産業就業人口は25%、その中核をなす製造業就業人口比率は16.2%にまで低下した。

　それに代わって、サービス産業を主とする第三次産業就業人口の割合が増加し、サービス業就業人口は、就業人口のうちの71%にまで増加している（2015年国勢調査）。こうしたサービス産業は様々な地域で進展し、地域社会の構造を再び大きく変化させることになっていくこととなる。

　1980年代に入ると、経済のグローバル化が急速に進み、地域社会のあり方に少なからぬ影響与えた。経済のグローバル化は、産業空洞化に示されるように、地域産業のあり方に影響を及ぼした。同時に、モノ、カネ、情報、さらに人々のグローバルな移動を介して、大都市の機能をグローバルなものに再編し、特定の地域社会における外国人労働者の増大を促進した。それらの変化は、地域社会のあり方がグローバル経済による影響をかつてより格段に受けやすくなったことを物語っている。

　また、高度経済成長期以降、一貫して進んだモータリゼーション、交通網や航空路線の拡大が地域社会の構造に与えた影響も忘れてはならない。1963年に日本初の高速道路（名神高速道路）が開通し、1964年に初の新幹線が営業開始して以来、交通網の拡大と自動車や鉄道の高速化が進んだ。これに、空港路線の拡大が重なり、自然距離と社会距離は大きく乖離するようになった。人々の行動範囲は昔に比べ格段に広がり、人々にとって広い地域空間の持つ意味を大きく変化させることになった。（小内、2006）

　以上の点を背景として、高度経済成長期以降、日本の社会構造は様々な形で変化していったのである。

3．地域回帰──日本における都市から地方への人々の移動

　さて今まで見てきたように社会変動とは、地方から都市への人の移動によって起こってきた社会現象であるが、地域回帰では逆に都市から地方・地域への人の移動という観点で見ていくこととする。特にこのような現象は、日本の特徴でもある。

都市部から地方への流れを、Uターン、Iターン、Jターンという３つのパターンで考えられている。「Uターン」とは、地方から都市に移住した人が、再び故郷に戻ることを指し、「Iターン」とは都市部から出身地とは違う地方に移住して働くことを指し、「Jターン」とは、生まれ育った故郷から進学や就職で都会に移住した後、故郷に近い地方都市に移住することを指す。また最近では「孫ターン」という言い方で、都市部で育った人が祖父母など親族の住む地域へのIターンが増えてきている。

　では、時代を追ってみていくこととする。1970年代に、Uターン現象が現れる。三大都市圏から地方圏への移動が、地方圏から都市圏への流入を上回ったのは、1976年のことである。「脱都市の動き」として当時のメディアでも取り上げられ、その理由として、都市の生活環境の悪化、オイルショック以降の景気低迷による都市生活の魅力の低減、第三回全国総合開発計画（三全総）以降の地方における雇用の場の創出などが挙げられる。こうした現象は、高度経済成長・近代化から生じた大量生産・大量消費型社会に対しての批判から生じた有機農業運動、生協運動、コミューン運動などとして、イデオロギー的要素を帯びたかたちで現れてきた。

　しかし、1980年代に入ると、自己実現の場として地方への移住がみられてくるようになる。Iターンというかたちで、「田舎暮らし」そのものを目的化した移住者が出現してくる。また、1987年の総合保養地域整備法（リゾート法）の制定に伴い、リゾート地に脱サラ・ペンション経営という移住者が増加した。こうして地方への移住が注目を浴びてくるようになった。（嵩、2016）

　この流れは1990年代に入っても変わらず、むしろより広い年代層へと広がりをみせていった。特に、1991年のバブル崩壊後、日本の社会は大きな分岐点を迎える。ファストライフからスローライフへ、都市から地方へ、田舎暮らしを考えるなど、人々の意識に価値の転換が見いだされるようになった。

　2000年代に入り、地方移住を支援する目的で「NPO法人ふるさと回帰支援センター」（正式名称：NPO法人100万人のふるさと回帰・循環運動推進・支援センター）が2002年11月に設立されたが、当初は特に中高年を支援するものであった。しかし、大きく流れが変わったのが2008年のリーマン・ショック以降である。若者が、仕事を求めて地方に目を向けたり、地方の情報を集め

るために「ふるさと支援回帰センター」への相談が増えていった。また2009年から始まった総務省の「地域おこし協力隊」の事業等、政策の転換点でもあった。こうして若者の地方回帰の流れが出てきた。

　特に2010年以降、2011年の東日本大震災を経て地方移住の流れは変化してきた。「ふるさと支援回帰センター」に、これまであまり姿を見たことのなかった乳幼児を連れた若い家族が相談に来たり、電話やメールなどで、「安全な地域を知りたい」「自然災害が少ないところに移住したい」あるいは「原発がないところに行きたい」といった相談が数多く寄せられた。このようなパニック的な移住希望の動きも2013年の半ばを過ぎると落ち着きを見せ始め、「じっくり考えて」の地方移住相談が増加した。こうして、「地方にこそ可能性がある」「自分の生きる道は地方にある」として田舎暮らしを希望する若者が増えてきた。(嵩、2016)

　こうした地方回帰の現象は、田園回帰とも言われ、盛んに議論され始めてきている。そうした流れの中で、藤山浩は「田園回帰１％戦略」を提唱し、地域人口の１％の移住者を毎年呼び込めば、地域は安定するという戦略を立て、実施している。(藤山、2015)

　都市と地方とを結ぶ「地域回帰」には、二つの要素が必要となる。一つは、その地域に住まう人びとの意識の満足度と地域を残したいと思うモチベーションの創発と持続である。これは、地域内で行なわれる意識づくりである。二つめは、その地域と都市圏との交流を促進・持続させるための方策やシステムの開発である。地方回帰で注目されるのは、地方から都市圏への情報発信や地方と都市圏との交流促進などが主であるが、実は先ず必要なことは受け入れ側の意識のあり方である。つまり、受け入れ側としての地域の人々は、新しい人々と共に新しいコミュニティを形成していこうと考えるプラス思考の形成が必要なのである。新たなコミュニティを形成していこうという試みは、その地域内での取り組みであり、また「まちづくり」「地域おこし」と呼ばれる活動の主たる要素でもある。それと、地方回帰の主たる要素である地方と都市圏との交流促進とが両輪の輪となって、同時に回り続けることが、「地域回帰」を成功へと導く一番重要な鍵となろう。この二つの視点を持って活動することが、「地域回帰」の現象がさらに拡がっていくための要となる。

(臼木悦生)

参考文献

・有賀喜左衛門（1943）『日本家族制度と小作制度』河出書房（有賀喜左衛門著作集Ⅰ・Ⅱ、未来社、1966）
・大久保武・中西典子編著（2006）『地域社会へのまなざし』（文化書房博文社）
・小田切徳美・筒井一伸編著（2016）『田園回帰の過去・現在・未来』（農文協）
・小内透（2006）「地域社会の編成と再編──リージョンとコミュニティのマクロな構造」似田貝香門監修（2006）『地域社会学の視座と方法（地域社会学講座1)』（東信堂）
・嵩和雄「農山村への移住の歴史」(2016)小田切徳美・筒井一伸編著『田園回帰の過去・現在・未来』（農文協）
・鈴木榮太郎（1940）『日本農村社會學原理』時潮社（鈴木榮太郎著作集Ⅰ・Ⅱ、未来社、1968）
・地域社会学会編（2000）『キーワード地域社会学』（ハーベスト社）
・鈴木広監修（2002）『地域社会学の現在』（ミネルヴァ書房）
・玉野和志（2012）「日本都市の歴史的展開」森岡清志『都市社会の社会学』（放送大学教育振興会）
・玉野和志（2012）「日本都市の地域形成」森岡清志『都市社会の社会学』（放送大学教育振興会）
・似田貝香門監修（2006）『地域社会学の視座と方法（地域社会学講座1）』（東信堂）
・船津衛・浅川達人（2014）『現代コミュニティとは何か──「現代コミュニティの社会学」入門』（恒星社厚生閣）
・藤山浩（2015）『田園回帰１％戦略』（農文協）
・森岡清志編（2008）『地域の社会学』（有斐閣アルマ）
・森岡清志（2012）『都市社会の社会学』（放送大学教育振興会）

第⑮章　地域回帰人材の育成

　地方創生が叫ばれて以後、地方の中小自治体が衰退する要因の一つとして「就職や進学に伴う18歳人口の流出」に対する注目度が高まった。そして、いちど都会へ転出した若者の地元回帰を促す手立てとして、高校と連携して「地域に対する当事者性を高校生時代に高める」教育を始める自治体が増えてきた。本章では、地域回帰人材の育成に必要な「高校生の地域参画」について概観した上で、高校や高校生について、地域実習でどのような関わりができるかを考えていくことにする。

１．高校教育と地域回帰

（１）高校教育が進学先や就職地に及ぼす影響

　高校が生徒にどのような教育を施すかによって、地域の将来は大きく影響を受ける。

　「安定した会社や組織への就職に有利な大学に進学するため、余分なことをせず、点数を取ることに専念せよ」と、地域から切り離される形で教育を受けた高校生の多くは、きっと未練なく地元を去っていくだろう。また、地元に対する思いが薄く、課題を発見・解決する能力も乏しいので、大学卒業後、よほどの事情がない限り地元に戻ろうとは思わないだろうし、仮に戻ってきたとしても十分な稼ぎをできることは期待しにくい。こうした若者が増えれば、中長期的にみて地元が衰退していくのは避けられない。

　対照的に、高校時代、各生徒が自身の興味関心をみたす素材やフィールドを地域にみつけ、夢中になって課題の解決にとりくみ、学びを深められるよう適切に支援すれば、生徒の多くは事を成し遂げて達成感・貢献感・成長感を味わい、自分のキャリアを社会とつなげて展望するようになるだろう。そうすれば、地元への貢献を誓って大学等に進学し、情熱的に学び、力をつけて回帰し、地元で活躍する者も、少なくとも現状よりは高い比率で現れるものと期待される。

こうした若者が増えれば、中長期的にみて、地元が発展していく期待も膨らむ。

（2）高校教育と地域環境の連環性

　かつて十代後半の若者は地域の担い手として活躍していた時代もあったが、今や高校生は地域と縁遠い存在になってしまった。その要因として、次の3点を指摘できる。

　第1は「受験競争の激化」だ。大学進学熱の高まりによって、志望校合格にむけて寸暇を惜しんで勉学に励む必要性が高まり、さらに、受験勉強を強化するために高校や塾が生徒を囲い込む傾向が強まり、高校生が地域で過ごす時間は奪われていった。

　第2は「コミュニティの衰退」だ。居住地から離れた職場へ通勤する人々が増える等して、大人が地域で過ごす時間も減少。高校生が地域で大人と関わる機会が減少した。

　第3は「多くの高校が県立である」点だ。県立高校は市町村にとって管轄外なので、多くの市町村にとって県立高校は関心外。仮に関心を寄せたとしても教育内容には手出しをできない。他方、県立高校にとって市町村の振興は関心外。双方の距離が縮まる理由を見つけるのは難しい。

　高校と地域の関わりが薄くなると、次のような形で悪循環が発生する（図表1－1）。

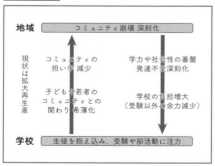

図表1－1　学校と地域がつくる悪循環

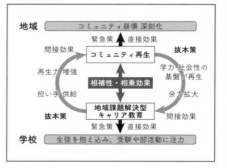

図表1－2　学校と地域がつくる好循環

　学校で学ぶ抽象的で難しい内容を理解するためには、日常生活で具体的な体験を豊富に積み重ねておく必要がある。しかし、コミュニティが希薄化すると、身近な地域で体験する機会に恵まれず、学校では今まで以上に懇切丁寧に教える必要が出てくるため、学校に負担がかかってくる。また、エネルギーを発散できる場が地域から失われると、学校は生徒を部活動でクタクタにして帰す必要性が高まる。他方、学校が受験勉強や部活動で生徒を囲い込むと、生徒は地域で活動する機会を失い、地域の担い手としては育たなくなる。地域の担い手が少なくなると、コミュニティの希薄化は加速し……という形だ。

　この悪循環によって、高校の囲い込みとコミュニティの希薄化が拡大再生産されてきたのが戦後70年あまりであり、この悪循環を断ち切らない限り、地域も学校も将来はないのは明らかだ。限界集落や学校統廃合を考える時、このような構図は看過できない。

　では、悪循環を止め、好循環へと転換するために必要な手立ては何か。それは、地域は「コミュニティ再生」に取り組み、高校は「生徒を積極的に地域と関わらせていく」というビジョンを高校と地元の市町村との間で共有し、実行に移すことだ（図表１－２）。ここで、人口規模が小さいほどコンセンサスを得るのが簡単であり、逆に規模が大きいとコンセンサスを得るのが困難なので、人口規模が小さく、学校の生徒数が少ないという機動性は、今は武器だといえる。

（3）地方の高校生が東京の大学に進学する価値

　昔、跡取りは進学する必要がなかったのとは対照的に、すでに今は6次産業化しないと生きていけない時代になっており、進学する必要性は高まっている。

　社内であれ社外であれ、新しいビジネスを起こしていくには「広い視野・高い専門性・豊富な人脈」が必要だが、このうち「豊富な人脈」は無視できない。地方の物産を大消費地である東京で販売したり、東京の人々を地方へ送り込んだりするには、東京にビジネスパートナーが必要である。では、地元しか知らない若者を採用して東京に送り込む場合、その開拓にどれほどのコストが必要になるだろうか。その額と比較すれば、会社や経済界が学費を支援しても十分に元が取れることを理解できよう。

（4）高校生の地域参加と産業人材の育成・採用

　2017年度の始め、岐阜県飛騨市に所在する県立吉城高等学校から「地域との連携を深めていきたいが、地元経済の実態や事業者の思いを未だ把握できていない。どうすればよいか。」という相談を受け、同年夏、同市の事業者を対象に調査を実施した。その結果、採用したい人物像として「元気で提案力がある」「人柄や能力を熟知している」「社内で人間関係を形成できる」という回答が数多く寄せられた。

　実は、以下のとおり、これらの課題は高校生が放課後や休日等に地域の大人達と活動する機会が充実すれば、一体的に解決できると考えられる。

　第一に、学校では、あれもこれも禁止される間に生徒が意欲をなくすのは不可避である。また、生徒集団は均質性が高く、アイデアが生まれるには限界がある。対照的に、地域は緩やかでどこかには居場所があるため、意欲は維持向上する可能性が高い。第二に、地域には多様な人々がいるので、関わりを通して斬新なアイデアが浮かぶ期待も大きい。第三に、高校生が祭り・イベント・プロジェクト等で地域の大人と一緒に活動する機会が多くなるほど、地元企業関係者等は本人の人柄や能力を自然に把握できる。第四に、〇歳から百歳までが暮らす地域で人間関係を構築できる力があれば、会社組織で人間関係を円滑にするのも苦ではなかろう。オマケとして第五に、高校生が企業関係者等と地域活動を通して人間関係を深めていれば、大学進学後にも声をかければ気軽に遊びに来るであろうし、その先、地元企業でインターンシップを行い、ついには就職、という将来像を描くのは決して難しくはない。

　以上、地元の産業を担う人材の育成や採用には、高校生を学校に囲い込むより、地域に送り出して人との関わりを豊かにする方が有益だ、という可能性が見えてきた。

　その後、「高校生と職業人との間に親近感や一体感が高まると地元回帰に好影響が表れる可能性」を裏づける調査結果が報告された。2018年度、地域創生学科の刈部亮（1期生）は『地域実習Ⅲ』において、島根県益田市が中学生を対象に実施している「新・職場体験」の成果検証に従事。アンケート結果を分析したところ、「益田市のことが好きだ」「益田市は魅力的なまちだと思う」「一度は外に出たとしても、将来は益田で暮らしたい」等の設問に対する肯定度は、

訪問先で大人との対話が「ある」と感じた生徒の方が「ない」と感じた生徒よりも高い、という傾向が浮かび上がった（図表2）。職業人に対する高校生の親近感や一体感が地元回帰につながりうることが、データ的にも明らかになった訳だ。

図表2　対話性と地元回帰指向の関係性

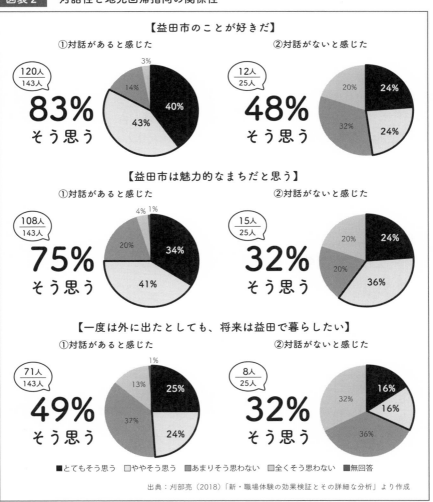

出典：刈部亮（2018）「新・職場体験の効果検証とその詳細な分析」より作成

（5）地域・高校・大学が連携して人材回帰を促す仕組み

　高校生の地域参加を促すには、それを阻んでいる要因を理解しておく必要がある。一つは、人づくりに対する地域の当事者性不足。もう一つは、地方の高校や保護者に今なお根強くはびこる現役国公立大学至上主義だ。このうち後者は、高校が「国公立は学費が安いから」「努力を重ねてきた者が集うので切磋琢磨できるから」と、強力に指導している場合も多い。となれば、それを上回るメリットを享受できる仕組みを構築できればよい。

　それには「高校と地域の連携」に「高大接続」を加えた三者連携が有効と考えられる（図表3）。まず、市町村等が地域課題を解決するために大学の専門性やマンパワーを導入する。その現場に高校生を迎えれば、高校生は地域や大学についてより深く学ぶことができ、自身の進路を地域の将来と重ねて描く者も現れる。そうした高校生は、地元に貢献する人物に育つ可能性が高いので、地域は学費補助等の形で支援する。大学はその高校生を特待生的な待遇で迎えて鍛える。そしてその先に、有為な若者が地元に回帰する、というシナリオだ。

図表3　三者連携による人材回帰

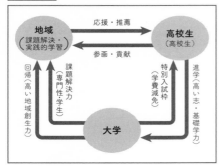

　こうすれば、私立大学でも国公立大学より安い学費を実現することが可能になるし、この仕組みにより地域を背負って入学した若者が集えば、合格をゴールとする者も少なくない国公立大学以上に刺激的な学生生活を送る道も開ける。

　以上、高校時代に安心して地域に変わることができ、大学進学後には種々の恩恵を享受できる若者もプラス。地域貢献を通して向学心に燃えた学生を獲得

できる大学もプラス。何より、能力を高めた若者が回帰してくる地域もプラス。三方よしの仕組みが実現する訳だ。この仕組みを具現化したのが大正大学地域創生学部の「地域人材育成入試」であり、2019年度に初の入学生を迎えることができた。

（6）高校と地域の連携・協働に関する文部科学省の施策

　近年、文科省は高校と地域の連携を強化する一環として、2019年度、「地域との協働による高等学校教育改革推進事業」を始めた。その背景には、2022年度の高校入学生から導入される新学習指導要領が「社会に開かれた教育課程」を理念に掲げ、育成を目指す資質・能力の一つに「どのように社会・世界と関わり、よりよい人生を送るか（学びに向かう力・人間性等）」を位置づけている点や、「高校生の地域参加が、地方創生のみならず、人づくりや生産性向上の観点からも有効だ」という認識の広まりがある。

　地域とつながっていない高校生には、適当に授業を受けて、放課後になるとスイッチが入って、部活動で燃えて、クタクタになって、引退後は勉強しなくても行けるAO入試や推薦入試で合格をとって、残りの半年間を遊びたおす、という傾向も見受けられる。そうした人物が大学入学後に何かミッションを負って熱心に学ぶとは考えにくい。こうした認識に基づき、文部科学省は「それでは、人づくりにもならないし、生産性も高まらない。高校生の間に地域と深く関わらせて、志を立てさせて、学習習慣も基礎学力も十分に高めて大学に進学させよう」と考え、高校と市町村の連携を推進する事業を立ち上げた訳だ。

（7）地方創生における「高校と地域の連携・協働」の位置づけ

　「高校と地域の連携・協働」は、ここ数年間に全国各地で優良事例が積み上げられたこともあって、「まち・ひと・しごと創生基本方針2018」に位置づけられ、2018年6月には閣議決定も受けた。さらに、第2期（2020〜2024年度）「まち・ひと・しごと創生総合戦略」の策定にむけた新たな視点として「地方創生を担う人材・組織の育成」や「関係人口」が掲げられ、2019年5月に公表された中間報告書には、その具体策として「高校段階で『ふるさと教育』等の探究的な学びの推進」「都道府県が設置・運営する高校に市町村が実質的に関与する体

制の構築」「地方の魅力ある高等学校等への地域外就学等の促進」「市町村・高
等学校・小中学校・大学・卒業生・民間団体等の多様な主体により構成する『地域・
高校魅力化コンソーシアム（仮称）』設置の促進」等、多様な施策が明記され
ている。

　すなわち、今後「高校と地域の連携・協働」は文部科学省の範疇を超え、内
閣府レベルの施策として強力に推進されることになった訳である。これは、地
域との連携が熱心な校長や教員の裁量で行われてきた時代は去って、国の政策
に則って実施される時代へと移行し、あわせて、地元の市町村から高校に働き
かける障壁が緩和されることを意味する。

（8）大正大学と「教育による地域創生」
　先述の文科省事業は、浦崎は2017年11月の大臣発表直前から文部科学省の
担当官と一緒になって事業を構築してきたほか、2019年2〜3月には企画評
価会議の座長として採否を決める審査にも従事してきた。またこの間、同事業
には大正大学としても支援を行ってきた。

　具体的には、事業が全国で力強く始まるようにと願って、2018年7月には
同省が主催する「高校と地域の連携に関わる多様な関係者が対話をできるプ
ラットフォームを各地の大学が提供していこう」という趣旨のイベントに会場
を提供したほか、採否が決まった直後の2019年4月には、「参加各校が展開す
る連携事業のさらなる洗練をはかり、質の高いモデルを全国に発信していける
ようにしよう」と、本学が主催して研修交流会を開催した。

　このような関与が可能なのは、大学として地域連携を重要な柱として掲げ、
地域構想研究所を設立し、研究所の事業に「高校と地域の連携や協働に対する
支援」を位置づけているからである。

2．地域実習における高校性との関わり

（1）実習地の高校との連携に対する期待
　もし、地域実習を通して学生と高校生の距離が縮まり、地域創生学科に対す
る興味関心が高まり、出願や入学につながれば、これは高校生本人にとっても

学科にとっても大きなメリットといえる。それは、学科の特性を熟知して高校時代から勉学や地域活動を深めてこれば、大学の学問へ円滑に移行できるし、周囲の学生が刺激を受けて学科全体が活性化すると期待されるからだ。「年齢の近い大学生が現地の高校生と関われる機会」は容易に創出できるものではないため、地域実習には大きな期待が寄せられている。そのため、地構研としても、実習地の自治体等と高校の連携支援には優先順位を上げて対応している。

（2）高校や高校生と関わる際の心得

先述のとおり、高校は今日「地域に開く」ことが求められているが、なかなか地域との連携は進まない。それは、高校の閉鎖性や硬直性に起因する場合もあるが、むしろ地域の側に問題がある場合も少なくない。たしかに、地域と連携すれば魅力的な学びを創出できるに相違ない。しかし、調整のために莫大な時間や労力を要し、トータルコストで赤字になり、既存の指導に悪影響が及ぶようであれば、協力の申し出があっても学校としては辞退せざるをえない。また「学校の働き方改革」の影響により、むしろそのハードルは高くなっている面もある。そのため、高校とつながれるか否かは、学校と連携する際の心得をわきまえているかにかかっているといっても過言ではない。

諸々の観点について対比したのが図表4だ。高校との連携について何某かの提案を持参する場合には、この図表に照らして自己点検を行ってほしい。

（3）地域実習における高校連携の実際

高校の教育活動は緻密な調整に基づいて組織的・計画的に運営されている。そのため「より円滑に、より大規模に」高校と関わろうと思えば、活動内容等について前年度中…遅くとも2月頃まで…に協議を行い、高校側の了承を得ておくことが必要だ。それでも、授業に入ることは難しく、せいぜい「放課後の任意参加企画」の開催にとどまるとものと思って間違いない。それ以前に「学校に迎え入れてもらえるか」が問題であり、そのためにも、まずは、実習地担当教員や現地講師等が高校との信頼関係の確立に努めることが重要だ。その上で、学校側から声がかかるのを待ち、「自分たちのやりたいこと」ではなく「学校や現地のニーズに応える」形でプログラムをつくることが基本になろう。

　厳しいことを書いたが、信頼関係が十分に醸成されれば、高校の側から協力要請が入り、「総合的な探究の時間」等の授業で出番を得ることも期待しうる。ただ、実習が始まってから高校へ「やりたいこと」の相談に訪れるようでは、決定的に遅いことだけは確かだ。したがって、1年生が自身の希望する内容を地域実習で実施するのは無理だと思ってよい。

　その点、3年生のもつ可能性は大きい。どうしてもやりたいことがあれば、自己負担が基本となるが、予め現地を訪問して先生方や関係の方々との人間関係を深め、丁寧な対話を通してプログラムを一緒に創り上げていけばよい。2年生の夏休みまでに計画をまとめ、その価値が認められれば、高校や自治体による予算措置も期待しうる。いずれにせよ、高校や行政がどのような年間サイクルで動いているかを把握し、先手を打って動くことが大切である。

（4）実習地による活動域の相違

　自分が実習地で高校や高校生と関われる範囲は、実習地ごとに大きな差がある。本学側の実情に加え、実習地が所在する県の教育委員会や高校の特性、受入自治体の特性、連携に好意的で動ける職員がその年度に在籍しているかどうか等が、実習地ごとに大きく異なるからだ。こればかりは運と縁と思ってもらうよりほかない。

高校と地域の関係性は、教職員や行政職員の人事異動による変動性が小さくないので、実習地毎の連携可能性を固定的なものとして明記するのは適当ではないと考えている。したがって、最新情報については浦崎ほか関係職員に直に問い合わせてほしい。

（5）地域創生学科らしい連携や交流

高校と連携し、高校生と交流する際に忘れてならないのは、大学の伝手を利用する限り「地域創生学科生として交流する」のが基本だという点だ。「子供が好きだから」という動機だけで、教育学科や保育学科と同質の交流をするのでは意味がない。少なくとも、経済学・経営学・社会学を修める学生ならではの関与が期待される。できれば、他学の経済学科や経営学科とは異なり、「都市と地方の共生をどのように図るのか？」という視点を持ってプログラムを練り上げる気概がほしい。

高校生に意義深いプログラムを提供するには、各自が地域創生学科生として、日頃から「どのように都市と地方をつなぎ、どのように地域の経済を振興しようとしているのか？」について考えを深め、「そのために自分自身が何をどのように学び、どのような活動をしているか？」「いま行っている地域実習がどのような意味や価値をもっているか」を的確に語れることが重要である。この点に説得力があってこそ先方に響き、出番が広がるものと考えてよい。

経験の浅い1年生は、運良くスピーチの依頼が来たときに的確に応えられるよう、十分な準備をして臨むことが大切である。パワーポイントや配付資料を用意し、読み上げ原稿を作成し、何度も練習し、キチンと自分に落とし込んでから臨むのが、依頼主や生徒に対する当然の礼儀である。高校生に対しても、貴重な時間を自分のために割いてくれるのだという感謝を忘れてはならない。

（6）実習地別の事例

受入自治体から高校への要請に基づいて放課後等に開催される「単発的・短時間・少人数」の交流会は、概ねどの実習地でも実施されているといってよかろう。それをふまえ、特色のある事例をいくつか紹介する。

①山形県最上町

　新庄市や最上町などを含む山形県最上地区では、県最上総合支庁が「18歳人口の流出に共同で対処しよう」と、管内8市町村や関係団体には「高校生が地元に対する理解を深められるプログラムをつくって提供していこう」と呼びかけ、管内各高校には生徒の参加をよびかけ、2017年度、数ある中から各高校生が興味をもったプログラムに参加する事業として「新庄・最上ジモト大学」が始まった。最上町のプログラムは例年10月に実施され、実習の一環として地元関係者と企画を練り込んだり、当日は大人と高校生をつなぐサポートをしたり、という形で参画している。

②新潟県佐渡市

　佐渡市の中学校では、小中高校関係者・行政関係者・民間関係者等からなる「佐渡キャリア教育ネットワーク」の支援により「課題解決型職場体験」が行われている。中学生が事業所にむけて提案を行う準備の時期が地域実習の期間と重なっていることから、大学生のもっている知識や経験を活かす形で、中学生に対して発表の内容や方法についてアドバイスを行っている。

③新潟県・越後広域（南魚沼市）

　現地の受入団体「愛・南魚沼みらい塾」は、もともと、県立国際情報高校など市内の高校が授業で実施する地域学習等において、高校と地域をつなぐコーディネート団体として2017年に設立された団体である。高校の事情に明るいメンバーが多いことから、高校との関係性は良好であり、SGH科目「魚沼学」の授業において、生徒のグループワークにアドバイザー的に立ち会う等の形で関われている。

④島根県益田市

　益田市は「ひとづくり」では全国的に知られた自治体である。中学生の職場体験も、市内の事業所が自らの価値や魅力を次世代に伝える機会と位置づけ、丁寧に運営している。ただ、それが本当に地元回帰につなりうるのか、検証の必要性を思いながらも実行できていなかった。他方、地元回帰につなげるキャリア教育に関心を寄せていた刈部（１期生）は、これをテーマに地域実習を行うことを強く希望。両者が出会い、濃密な実習が実現した。

　2018年度の『地域実習Ⅲ』では手始めに「職業人との関わりによる中学生

の意識変容」に着目したが、次の段階として「中高生との関わりを通した職業人の意識変容」の解明に挑めば、「人材の育成や採用に対する先行投資として、小中高生等の関わりに何円の出資をすれば元をとれるか？」を考える基礎資料を提供しうる。そして、これが地域創生学科生らしい教育への関わり方の一つといえる。

　これとは別に、2019年度の地域実習では「起業人材の育成にむけて企業人と高校生が交流する場」の企画や運営を実施する予定となっている。

3．おわりに

　1．で述べたように、高校と地域の連携には高度な知識や力量が求められるが、そのハードルを超えさえすれば地域回帰人材の育成は可能であり、人材育成の面から地域創生に貢献していくことは大いに可能である。だからこそ、地域実習で高校生等と関わる場面があれば、ぜひ「教育の難しさ」を実感する機会として活用してほしい。

　具体的には、「こう関われば、こう変わるはずだ」という仮説を、実際に現場で大人や高校生等に関わることを通して検証し、仮説のズレを自覚し、より妥当適切な関わりとは何かを掴み取るよう努めてほしい。

　地域実習を通して教育を通した地方創生に目覚め、地域回帰人材の育成を通して地域創生に貢献していける学生が、一人でも増えることを期待したい。

（浦崎太郎）

参考文献
・浦崎太郎（2017-2019）「高校連携で始まる人材循環」（『地域人』25-46）
・浦崎太郎（2018）「高校生の地域活動が地元就職に及ぼしうる好影響──岐阜県飛騨市における企業等への調査から──」（『地域構想』0,pp.67-76,大正大学地域構想研究所）
・浦崎太郎（2019）「地域・高校・大学の連携で人材回帰の仕組み構築を」（『しま』256,pp.64-69,日本離島センター）
・刈部亮（2018）「新・職場体験の効果検証とその詳細な分析」（『地域実習報告会発表資料』pp.21-29,大正大学地域創生学部地域実習益田班）
・下町壽男・他（2016）『アクティブラーニング実践Ⅱ』（産業能率大学出版部）
・文部科学省（2015）「新しい時代の教育や地方創生の実現に向けた学校と地域の連携・協働の在り方と今後の推進方策について」

第 16 章

東日本大震災と地域人材育成

1. 東日本大震災の被害状況

（1）人的被害や建物被害について

2011年3月11日に発災した東北地方太平洋沖地震は、東北地方を始めとする6地区22都道県に深刻な被害を与えた。この災害は「東日本大震災」と呼ばれるが、死者15,897人、行方不明者2,533人、負傷者6,157人という甚大な人的被害をもたらした。その地方・都道府県別の状況を示したものが図表1である。

図表1 東日本大震災の被害状況

地方・都道府県名		死者	行方不明	負傷者		
				重傷	軽傷	合計
		人	人	人	人	人
北海道		1			3	3
東北	青森	3	1	26	86	112
	岩手	4,674	1,114	未確認		213
	宮城	9,542	1,219	未確認		4,145
	秋田			4	7	11
	山形	2		8	21	29
	福島	1,614	196	20	163	183
関東	茨城	24	1	34	678	712
	栃木	4		7	126	133
	群馬	1		14	28	42
	埼玉			7	38	45
	千葉	21	2	30	233	263
	神奈川	4		17	121	138
	東京	7		20	97	117
中部	新潟				3	3
	山梨				2	2
	長野				1	1
	静岡			1	2	3
	岐阜					
近畿	三重				1	1
四国	徳島					
	高知				1	1
合計		15,897	2,533			6,157

出典：警察庁「平成23年（2011年）東北地方太平洋沖地震の警察措置と被害状況（令和元年6月10日）」（https://www.npa.go.jp/news/other/earthquake2011/pdf/higaijokyo.pdf）をもとに作成

　被災した地方の中でも、東北地方の被害が最も大きく、その中でも宮城県、岩手県、福島県３県の被害合計は、死者全体のうち99.6％、行方不明者全体のうち99.9％を占めていることがわかる。警察庁緊急災害警備本部（2019）から、全壊した建物の合計121,990戸のうち96.8％、半壊した建物の合計282,900戸のうち86.4％がこの３県に集中していることがわかるが、このことが官公庁の諸発表等で「被災３県」と呼ばれる理由である。

（2）被害額について

　内閣府（2018）では、東日本大震災（以下、震災）による被害総額を約16.9兆円と推計しているが、これは2011年のGDP（名目）約514.9兆円の3.3％に当たる規模である。そのうち、「建築物等」は61.5％を占め、最も大きな割合となっている。また、「ライフライン施設」「社会基盤施設」の合計は20.7％と総被害額の５分の１を超えている。これらは、生活のための必須とも言えるインフラであり、この回復なしには、震災前の生活を取り戻すことができない。

図表2　被害額の推計

項目	被害額	総被害額における比率
建築物等	約10兆４千億円	61.5%
ライフライン施設	約１兆３千億円	7.7%
社会基盤施設	約２兆２千億円	13.0%
農林水産関係	約１兆９千億円	11.2%
その他	約１兆１千億円	6.5%
総計	約16兆９千億円	100.0%

出典：内閣府『平成28年版 防災白書 附属資料19 東日本大震災における被害額の推計』
（http://www.bousai.go.jp/kaigirep/hakusho/h28/honbun/3b_6s_19_00.html）をもとに作成

（3）震災に伴う地域の危機について

　震災の被害は、まず第1に、「生命の危機」として現れる。生命の危機は、地震による被害、その後の津波による被害、そして、道路や橋、鉄道等が被災

することで、危険区域からの避難や救助を受けられず、新たな被害を生む。住居の消失で食住の確保できず、ライフラインの供給がなくなることで健康被害が発生する。さらに医療施設が被災すれば、震災前からご病気だった方々、震災で心身に被害を受けた方々の心身への危険が生まれる。また、今回は、原子力発電所の被災の影響もあり、これは長期に亘る被害の可能性も伝えられる。

　その後に訪れるのは、「経済的な危機」であろう。社屋等の経済活動に必須の建物の復旧なしには、企業の再開は難しい。人的被害により消費の規模が縮小すれば、経済活動の停滞に伴い企業倒産等も起こる[1]。個人においても、財産である家屋の消失は家計に甚大なマイナスを与え、人生設計の変更も迫られる。家のローンがある場合、家を失いローンだけが残り、再建をめざせば2重ローンの負担が重くのしかかる。さらに、企業の被災による給与の縮減や雇用の消失[2]等も起こる。また、震災の発災は3月11日であったため、4月に入社を控えていた新卒採用者の入職時期の繰り下げや、内定が取り消される事態等も起こった[3]。

　「経済的な危機」が長期化すると、「教育（人材育成）の危機」にもつながりかねない。教育機関の被害は、教員、事務員、児童、生徒等自身の人的被害に加え、施設設備が失われることで、学びの環境に大きな影響が与えられた。震災によって、学びの機会を失ったり、進路変更を余儀なくされた場合、個人の人生に与える影響は何十年にも及ぶ。そのような状況が数多く生まれた場合、地域全体が「教育（人材育成）の危機」に直面していると言える。ただし、長期に影響を受ける危機は、徐々に起こる危機でもあるため、防ぎようがあるかも知れない。

　一方で、被災地では、震災発災当初から、次世代を担う多数の大学生・高校

1）株式会社東京商工リサーチ（2019）では、震災関連倒産は「震災から96カ月連続で発生」し、2019年2月末段階で累計1,903社、2018年段階でも「月平均3.6件」の倒産を数え、被害パターン別では、「直接被害型」よりも、販路縮小、連鎖倒産等の「間接被害型」の方が「圧倒的に多い」（構成比89.3％）ことを報告している。
2）内閣府（2012）の「第2－2－2図　雇用保険制度等から推計した被災3県の完全失業率（1）完全失業率」では、「震災後、被災地の雇用情勢は急激に悪化したものの、その後に改善傾向」とあるが完全失業率は震災前より1年間を超えて悪化していたことがわかる。
3）厚生労働省（2011）によると、2011年3月11日～6月30日の期間で、入職時期繰り下げ者は266事業所2,366人、内定取消者は121事業所416人であった。

生等が日本中から震災ボランティアに集まり、1,000年に一度と言われる震災
の復旧・復興支援に関わりながら、成長の機会を得てきたという希望もあった。

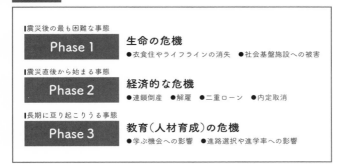

図表3　震災後に起こる3つの危機のフェーズ

2．東日本大震災前後の東北地方及び被災3県の概要

（1）人口について

　東北地方の人口は、青森、岩手、宮城、秋田、山形、福島6県合計で、
2009年には約937.0万人であったが、10年後の2018年には約875.5万人にな
り、61.5万人が減少している。震災を挟んだ期間の人口減少率を、地方別に
まとめたものが図表4である。東北地方は6.6％の減少率であり、日本全体の
減少率である1.2％の5倍以上となっている。他の7地方と比較しても、最も
減少率が大きい。

図表4　2009年から2018年の人口の減少率

日本全体	北海道	東北	関東	中部	近畿	中国	四国	九州・沖縄
-1.2%	-4.0%	-6.6%	3.1%	-2.2%	-1.4%	-3.2%	-5.9%	-1.8%

出典：総務省統計局「e-Stat」の「人口推計」データをもとに作成

図表5は、東北地方の総人口と日本全体の人口に占める割合を表したものである。右肩下がりでの人口減少に加え、人口全体に占める割合も7.3％から6.9％へと下がっている。関東地方だけがこの10年間で約130.6万人増加し、その他方は全て人口を減少させているが、人口の占める割合が0.2％以上下がった地方は、東北地方以外はない。これらのことを考え併せると、東北地方の人口減少は、震災の影響を少なからず受けた可能性がある。人口減少の内訳については、国土交通省東北地方整備局東北圏広域地方計画推進室（2012）に詳しいが、岩手県、宮城県では、沿岸部市町村で「人口が軒並み減少」したが、「福島県では、沿岸部だけではなく、県全体で人口減少傾向が見られる」状況であった。小池（2013）は、人口移動傾向の変化を、図表6のように示したが、宮城県は震災から半年経たずに転入超過となっている。この原因は、他の被災県からの流入が考えられる。

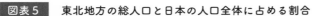

図表5　東北地方の総人口と日本の人口全体に占める割合

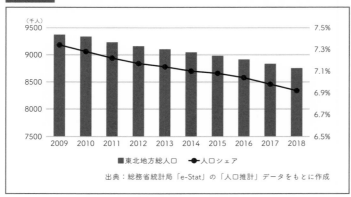

（2）県内総生産（名目）について

　図表7を見ると、東北6県の中でも、岩手県、宮城県、福島県の県内総生産は2011年以降上昇しているが、他の3県は横ばいか微増である。このことから、被災3県はいわゆる「震災特需」の状態にあったことがわかる。ただし、2015年には上昇トレンドがやや緩やかになり始めている。

図表6　3県の月別転入超過数

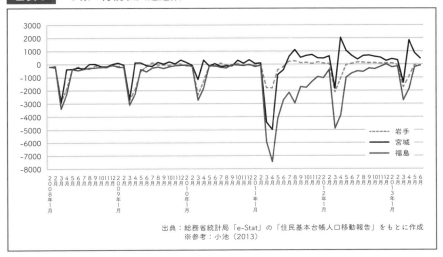

出典：総務省統計局「e-Stat」の「住民基本台帳人口移動報告」をもとに作成
※参考：小池（2013）

図表7　東北地方の県内総生産（名目）のGDPに占める割合

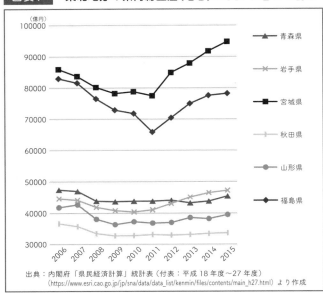

出典：内閣府「県民経済計算」統計表（付表：平成18年度～27年度）
（https://www.esri.cao.go.jp/jp/sna/data/data_list/kenmin/files/contents/main_h27.html）より作成

(3) 第1次産業について

①漁業

　図表8は被災3県の2008年～2017年の漁業生産額を表している[4]。震災前から下降トレンドにあったが、2011年には大きく落ち込んでいる。その後、岩手県、宮城県は徐々にではあるが右肩上がりに回復し、2017年には、震災前の水準にほぼ回復した。一方で、福島県だけは原子力発電所の事故の影響で、沿岸漁業を自粛している等が原因で、回復しないままの状況が続いている。

　なお、漁業生産額は、震災前の2010年には、被災3県はそれぞれ宮城県が全国5位、岩手県が11位、福島県が23位であったが、震災から6年を経た2017年では、宮城県4位、岩手県12位、福島県33位となっている。

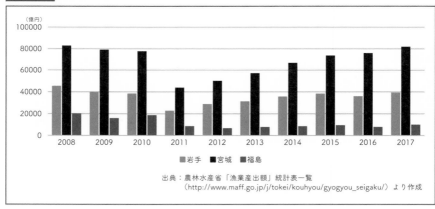

| 図表8 | 被災3県の漁業生産額 |

出典：農林水産省「漁業産出額」統計表一覧
（http://www.maff.go.jp/j/tokei/kouhyou/gyogyou_seigaku/）より作成

4）図表8の福島県のデータには注意が必要である。農林水産省「漁業産出額」には、「個人又は法人その他の団体に関する秘密を保護するため、統計数値を公表しない」データも含まれる。具体的には、福島県の2008年、2009年、2011年～2013年の海面養殖業のデータが公表されていない。ただし、この「秘匿措置」は「調査対象数が2以下の場合」であるため、公表されていない数値は小さいことが予測される。なお、福島県では、2014年度以降、海面養殖業を自粛しているため、この生産額は0となっている。

②農業

　東北では農業も盛んである。図表9は、被災3県の2008年～2017年の農業算出額と、東北地方の農業算出額の日本全体に占める割合を表している。

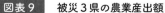

被災3県の農業産出額

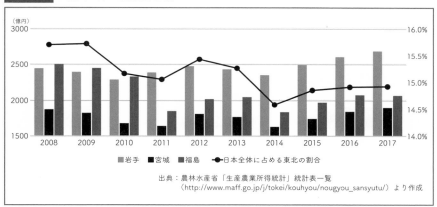

出典：農林水産省「生産農業所得統計」統計表一覧
（http://www.maff.go.jp/j/tokei/kouhyou/nougyou_sansyutu/）より作成

　東北地方は、日本全体の農業算出額の約15％を占めている。被災3県では、岩手県は震災の影響をあまり感じさせず、宮城県は2011年に落ち込んだ後2014年を除き震災前を超えている。一方で、福島県は2011年に大きく落ち込み、やや回復傾向が見られるものの、震災前には届かない。なお、農業産出額は、震災前の2010年には、福島県全国11位、岩手県12位、宮城県19位であったが、2017年では、福島県17位、岩手県10位、宮城県19位となっている。漁業同様、原子力発電所の事故の影響を色濃く感じさせる状況が続いている。

3．東日本大震災による教育（人材育成）の危機

　前節までは、図表3で示した震災後に起こりうる3つのフェーズ「生命の危機」「経済的な危機」について、主に定量的なデータから考察した。ここからは、「教育（人材育成）の危機」について、どのような影響があったのかを考察する。

（1）大学等進学率について

　まず、大学等進学率を取り上げ、2009年度〜2018年度の推移を見る。図表10からは、東北地方6県の大学等進学率が全国平均よりも低いことがわかる。最も高い宮城県であっても、全国平均よりも5％近く低く、最も低い岩手では、全国平均よりも10％以上低い年度がある[5]。

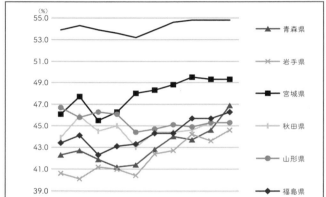

図表10　　東北地方6県の大学等進学率

出典：文部科学省「学力基本調査」※詳細データは「e-Stat」より
（http://www.mext.go.jp/b_menu/toukei/chousa01/kihon/1267995.htm）より作成

　震災の影響に関しては、2011年度は、宮城県、福島県が減少しているが、発災が2011年3月11日であり、大学等の入試で最も定員数の多い一般入試前期日程はすでに終わっている時期であり、多くの高校卒業者が進路を決定していた時期でもあるため、震災の影響とは言えない可能性がある。震災による経済的な影響のため、進路決定していても進学を断念せざるを得ないケースが

5）ここで取り上げる大学等進学率は、当該年度の高校卒業者のうち、大学・短期大学進学者の割合を算出したものである。

あった可能性は否めないが、中央教育審議会（2011）によると、震災発災後2カ月強の期間で、国立大学の100.0％、公立大学の75.2％、私立大学の90.7％で、入学金や授業料の徴収猶予や減免、奨学金、宿舎支援等の対応を行っていたため、支援を受けられた可能性が高い。なお、東北地方6県の大学等進学率は、2012年度以降も徐々にではあるが上昇トレンドにある。

　ところで、文部科学省「学校基本調査」から、被災3県の高校生の県内大学等へ進学する割合は、震災後の2012年度入試では前年に比較して、宮城県で-1.6％、福島県で-1.2％、岩手県で-0.4％と減少したことがわかっている。関連して、旺文社教育情報センター（2016）は、各県の地元大学への進学率を分析しているが、宮城県、福島県は、それまで緩やか上昇トレンドにあったのが2012年度以降緩やかな下降トレンドに変化しており、一方で、岩手県は一貫して上昇トレンドであることを報告している。また、福島ほか（2014）では、被災県に隣接する山形県の国立大学を事例に、震災の大学進学への影響を考察しているが、2012年度入試では、推薦・一般入試共に関東地方等の遠方からの志願者が減少したが、その後の入試では、逆に関東地方からの志願者が増加する、いわゆる「ゆりもどし現象」が起こっていたことを報告している。

（2）公的機関が報告した教育機関の被害状況について

　震災による教育機関の被害に関するデータを、図表11、図表12に示す。

図表11　教育機関における人的被害の状況＜死亡＞

	幼稚園	小学校	中学校	高等学校	大学	短期大学	高等専門学校	特別支援学級	専門学校
国立	0	0	0	0	7	0	1	0	0
公立	7	206	95	133	1	0	0	10	0
私立	68	0	0	6	37	3	0	0	4
計	75	206	95	139	45	3	1	10	4

出典：文部科学省　中央教育審議会 大学分科会 第96回 配布資料
　　　資料1－1「東日本大震災による大学等の被害状況とこれまでの取組状況」
　　　（http://www.mext.go.jp/b_menu/shingi/chukyo/chukyo4/siryo/__icsFiles/afieldfile/2011/06/01/1306377_1_1.pdf）をもとに作成

図表12	公立学校（幼稚園、小学校・中学校・高等学校・中等教育学校・特別支援学校）の建物被害状況		
公立学校の被害学校数 （幼・小・中・高・中等・特別）	被害状況Ⅰ	被害状況Ⅱ	被害状況Ⅲ
6,250	202	764	5,023

被害状況Ⅰ：建物の被害が大きく、建替え又は大規模な復旧工事が必要と思われるもの
被害状況Ⅱ：建物の被害を受けており、復旧工事が必要と思われるもの
被害状況Ⅲ：建物の被害を受けており、復旧工事が必要だが、小規模な被害と思われるもの

出典：文部科学省 東日本大震災の被害を踏まえた学校施設の整備に関する検討会 第1回 配布資料
　　　資料2 「東日本大震災における学校施設の被害状況等」
　　　（http://www.mext.go.jp/b_menu/shingi/chousa/shisetu/017/shiryo/__icsFiles/afieldfile/2011/06/28/1307121_1.pdf）より作成

　震災後2～3カ月以内の暫定的な数値であるが、人的被害については、死亡者が計578人と甚大な被害が確認され、建物被害についても、6,000を超える学校等の施設が被害を受けていたことがわかる。家屋を失った子ども達は避難所や仮設住宅等で暮らしたが、当然ながら良好な学習環境ではなかったと考えられる。小中学校等義務教育の児童、生徒であっても、学校に被害があれば、教育を受けられない期間も生まれる。また、保護者が経済的に大きな被害を受けた場合、保護者に物心共に余裕がなくなり子育てに手が回らない状況も出てくる。また、まずは衣食住を確保し、経済的な問題を一つ一つ解決しなければ生活がままならず、教育は二の次となる。人は学ばなくても生命を脅かされないからであるが、学歴による平均的な年収の差を挙げるまでもなく、学ぶことは、将来を豊かにする可能性を生む。学ぶことを止めれば、将来の就業に問題を抱える等、将来の可能性を狭めることにもつながりかねない。

　被災地の子ども達の状況は大橋（2011）に詳しいが、「転校した先の学校の授業についていけない」「周りの子は塾に行っていて、自分だけ取り残されている気分」等の想いを抱えた子どもも多く、NPO法人アスイクの調査では、調査対象となった被災地の家庭のほとんどで、学習への不安が明らかになっている。

(4) 被災3県の高等学校の進路指導部の声
　福島ほか（2017）は、被災3県の沿岸部に所在する高等学校の進路指導教員から、震災後5年に亘り聞き取り調査を行った結果をまとめている。その中の進路指導部の声を図表13として掲げる。

高等学校ごとに差異も見られるが、震災後５年を経ても、仮設住宅から通学する生徒がおり、地域の経済状況や家計が厳しく、進学のための支援を求める声が数多く見られる。また、当初考えていた進路を、震災後変えざるを得なかった者の存在も明確になっている。震災後は右肩上がりに回復しているわけではなく、復興が遅れるほど転出者が増え、生徒数も減少している様子がわかる。

なお、福島（2017）では「被災した生徒」の定義について、震災によって被害を受けた事実が基準ではなく、支援を行う機関等から認定されたかどうかが基準となっていることを指摘している。諸機関から報告される被災者数と本来的な被災者数とは異なることを示唆しているが、これは極めて重要な指摘である。

4．被災地復興支援から生まれる地域人材育成

（1）震災ボランティアについて

ボランティアへの気運は、1995年の阪神・淡路大震災から高まったと言われる。当時の状況は、ひょうご震災20年ボランタリー活動調査検証・促進事業実行委員会（2015）に詳しいが、予想外の大災害に「想定を超える大勢のボランティア」が被災地に集まり、その多くは、「ボランティア活動が初めてで、食料や寝袋を持たずに軽装でやってくるボランティア」であった。また、ボランティアを求める側のニーズも「大量でかつ短期間に変化するため、把握が困難」という事態となり、ボランティアセンター（以下、センター）で対応しきれなくなっていたところ、「ボランティアが個別に避難所に入り、混乱する状況」も起こった。

その後、ボランティアは、基本的には各市町村の社会福祉協議会のもとにセンターが置かれ、窓口対応を行うというルールが緩やかに決められた。東日本大震災ではこのルールが発揮されたが、センター側の人材が潤沢であったり、経験豊富なNPOやNGO等の支援が受けられた場合は上手く機能したが、一方で、市町村自体が深刻な被害に遭ったケースではセンターの立ち上げ自体に苦労したところもあり、ボランティア募集やマッチングが困難であったため、早々にセンターを閉じざるを得ないところもあった。

図表13　被災３県の高等学校の進路指導部の声

高校名	インタビュー内容まとめ
B高校	・もともと経済的に悪い地域。死亡、転校した生徒が多いため、高校に大きな影響。被災生徒は30〜50%で5年間で減少していない ・震災によって進路動向は変わっていないが、被災者枠を狙って受験する傾向は見られる ・給付型の奨学金の継続が必要である。震災による収入減に対しては、被災認定されない場合が多く、支援がない。何とか支援が欲しい ・支援を受けるための申請書類の作成が大変である。不備があり再提出になったり、結局認定されない場合の保護者の負担はかなり大きい
C高校	・震災2年目以降経済状況はむしろ悪くなっているが回復（5年目） ・震災した中学校からの入学者が減少（3年目）。高校自体が定員割れし、クラス減あり。被災生徒は30〜40名で5年間減少していない ・震災1年目に、保護者会を複数回開催し、保護者に対し進学をあきらめさせないよう対応をしっかり行った ・震災によって動向は変わっていない。ただし、大学進学あきらめ、短大に行く例が1〜2名。被災者枠を狙って受験した生徒も複数 ・大学入試センター試験の減免希望者は50〜60名いる。今後も、継続した支援が必要 ・大学や模試の企業などから、減免等の支援がなくなる流れなので困っている。奨学金等の非該当者が増えている
D高校	・企業が回復しないので経済状況は悪いが、失職した保護者の再就職等やや回復（3年目）。建築系の仕事のみ増加（5年目） ・被災生徒は30%程度で5年間変わっていない。この解消にはまだ4〜5年は掛かるのではないか。ただし、保護者の再就職等で微減 ・被災して進学から就職へ切り替えた生徒がいる ・震災で進路指導が二カ月遅れたため、推薦シフトし、成果が上がった（1年目）。被災枠は利用したが、志望大学を変更した生徒はいない ・中卒後、盛岡に引っ越すケースが増えた。両親が職を変えてまで引っ越すケースあり（2年目。該当者11人）・継続的な支援は必要である。支援の条件が厳しくなって、表面上は被災者が減少しているが、数字上だけである ・支援を受けるための申請書類の煩雑さに保護者は負担を感じている。何とか配慮をして欲しい
E高校	・経済的には相変わらず厳しいが、やや回復状況あり（2年目以降）。高校の諸費用の滞納者の状況は落ち着いてきた（5年目） ・震災の影響で、早めに進路を決めたいと推薦へシフトしている（2年目）。震災が理由で、進路変更した例はない。奨学金で何とか頑張っている ・大学入試での被災者枠は大変助かった。継続的な支援は必要。入学後も、4年間確約型の支援が必要 ・保護者に仕事がある場合、震災によって大きく減収しても被災者とみなされないので、大変困る ・被災生徒が減ったと言っても、支援対象者の範囲が限定的になり、被災認定から外れた生徒が増えたため。実態と異なる
F高校	・2年目以降は、経済状況がむしろ厳しくなってきている。復興の特別ローンも金利が掛かるものが増えている ・高校の生徒数が減少傾向で定員割れ（3年目）。クラス数は回復した（4年目）。半数程度は何らかの被害あり。5年間被災生徒数は変わらない ・震災によって進路動向は大きく変わっていない。ただし、保護者の借金のために進学断念したもの4名。被災者枠で入学した生徒あり ・奨学金に関し、入学後、1年間限定の奨学金とわかり、トラブルになったケースあり。保護者の強いクレームで、急遽4年間確約となった（2年目） ・支援の継続を希望する。罹災証明が出にくい場合では、申請に配慮が欲しい。基準も厳しい。仮説であると被災者認定から外されるケースもある ・申請のための書類負担や証明書取得の負担など、支援を受けるためのペーパーワークが重すぎる ・学年が下がるに従って、支援が受けられないという不安がある。模試の検定料免除もなくなると、模試を受けられない家庭がある
G高校	・生活基盤が安定しない生徒が30〜40%程度で5年変わっていない ・地域の1番手高であるが、高校自体の1年生は定員割れした。転校した生徒が多い（2年目） ・保護者には経済的に無理のない進学を勧めている（2年目）。震災によって進路動向は大きく変わっていない。ただし、就職を選択した生徒あり ・進路指導が遅れたため、推薦から一般入試へシフトした（1年目） ・4年間続く給付型の奨学金が必要。関西等の4年間継続してくれる大学を選ぶ生徒もいる ・支援の基準の絞り込みのため、新たな格差が生まれている。被災認定が、機関によって異なる。もっと間口を広げて欲しい
H高校	・高校の生徒数が減少。被災生徒は30〜40%だが、正確に把握できない（4年目）。被災状況は5年間変わっていない ・震災によって進路動向に影響あり。公務員志望が増加（1年目）。公務員志望の増加と、国公立大学志望者の減少（2年目以降） ・給付型奨学金の継続を希望。被災生徒は震災当時の受験生だけではない。奨学金がなく進学断念し、就職を希望する生徒あり（3年目）

I 高校	・被災生徒は30～40％程度で5年間変わっていない。震災によって進路動向に大きな影響はない。ただし、進学を断念した者が2名（3年目） ・企業奨学金で進学できた者がいるが、特別な書類不要の無審査のものであり、大変有り難かった（1年目） ・検定料免除の資格に、震災による失職者も入れて欲しい。証明しにくいと支援から漏れる。継続的な支援が必要（5年目）
J 高校	・経済的な回復はしていない（2年目）。経済はやや上向きか（5年目） ・生徒約800人中、約300人が支援を必要。30％が被災し、50％程度の保護者が失職（1年目）。被災生徒40％程度であり5年間変わらず ・生徒に困難に立ち向かう指導をし、震災によって進路を変えないよう指導した（1年目） ・進路指導が遅れ、志願状況は変わらないが、学力が追いつかない（1年目）。他校と共用の校舎で授業を行っている高校は本当に大変 ・震災によって進路動向に影響あり。3名が進学から公務員に志望変更（1年目）。入試での震災枠は有り難かった ・3年生の50％が減免申請をしている。継続的な支援を希望する（3年目）
K 高校	・被災生徒は70％程度。宅地醸成やスーパー建設の遅れが理由で人口流出が激しい。半数の生徒が仮設住宅から通学している（5年目） ・生徒のうち30名は転校、10名は戻ってきて、20名減少した（1年目）。高校の生徒数が減少。復興が遅れる程、転校生が増える（4年目） ・震災によって進路動向に影響あり。AO、推薦入試での進路が好調で、就職希望者も決定率が高い。いろいろな大学や企業から特別な推薦枠があり、例年よりも良かった（1年目、2年目）。そもそも学力的に厳しいが、それに一層拍車が掛かり、進学は極めて難しくなった（4年目） ・4年間確約型減免等かどうかが、最初に分かっていないと困る。生活の保障があれば、生徒も学び続ける意欲が湧く（2年目） ・模試の減免がなくなるのは厳しい（3年目）。学力で格差ができる。心配事の内容が学年によって異なってきている（5年目） ・支援の審査は年々厳しくなっている。成績が良い者しか支援が受けられないのは、本末転倒。枠が本当に小さくなっている（5年目）
L 高校	・生徒の100％が被災者であり、55％が転校（1年目）。学年ごとに生徒数が半減（2年目：3年60名、2年30名、1年16名）（2年目：3年34名、2年16名、1年14名）（4年目：3年19名、2年18名、1年17名）。生徒数減と教員減で選択科目を置けない。平成27年度から募集停止が決まった（5年目）。「優秀な生徒は安全なところで学ばせるよう」県から指導があったと聞いた（5年目） ・県内の複数の箇所でサテライト校舎を設置して授業を行ってる（1年目）。サテライト校舎を一本化した（2年目） ・震災によって進路動向には大きな影響あり。就職状況も極めて厳しい（東京電力会社系への就職がなくなったため） ・被災生徒への継続的な支援を強く希望する
M 高校	・経済状況は厳しいが、進学断念までは至っていない（2年目） ・理数系が定員割れしているが、隣接高校からの転校生が多く、定員充足率は向上。トータルで生徒数は増加（2年目） ・被災生徒は30人程度。転出入が激しく掴みにくい（4年目）。流出すると帰ってこない。県内トップ校に転校となると、一層帰ってこない（5年目） ・震災によって進路動向に大きな影響はない。ただし、進路を早めに決めたいので、推薦、AO入試が増加（1年目） ・保護者の失職により家計は厳しい。奨学金を利用して、何とか進路変更せずに進学している状況である（3年目） ・共働きで何とか大学に進学できるという家庭で、主たる家計の主ではない奥さんが亡くなっても、支援対象とならない。何とかして欲しい（4年目） ・被災生徒の把握は困難。模試減免や入試の被災枠等の支援が減少し、生徒の申請機会が減り、学校側が把握できない状況に（5年目）
N 高校	・スーパーなどが開店せず生活困難（2年目）。生徒の約半数が転校（1年目）。震災による転校で高校の将来が不透明（4年目） ・流出すると戻ってこない。首都圏へ転校する者が多い。避難先で親が就職しそのまま転校するケースが多い（2年目） ・240人定員も転校により3年163人。2年は新入時240人も転校により133人。1年は200人ほどいるが、次年度は1クラス減で160人定員になる（2年目）。3年133人、2年153人、1年147人（3年目）。3年140人、1年155人。徐々に回復している感あり（5年目） ・被災生徒は隣接高校から転校が減り30人程度。奨学金も計画的な避難地域まで踏み込んで欲しい。そうすれば被災生徒が130人となり助かる（4年目）。被災生徒は隣接からの転校生が減り現在10名程度（5年目） ・震災によって進路動向は変わっていない。ただし、入試の被災者枠は有り難い。そのためか、めざす生徒もいる。 ・予備校も減免あり。親は何とか奨学金で持ちこたえている状況である（2年目）。奨学金のニーズは高いが、今後何年続くか不透明に感じる
O 高校	・原発避難の生徒は経済的に厳しい。次年度からの1クラス減が決定（2年目）。経済状況が悪いので、奨学金ニーズはある（3年目） ・被災生徒は、ほぼ大規模半壊以上の者で15～20人程度いる（5年目） ・震災理由の進路変更者はいないが、震災の影響はある（3年目）。入試の被災者枠、奨学金の継続を強く希望する（5年目）

※（ ）は年度を付した方が理解しやすいと判断したものに付している
※高校のイニシャルは福島ほか（2017）による。県は本稿では割愛した。

出典：福島真司・鈴木達哉「東日本大震災後の被災地高校進路指導部の声」（大学入試ジャーナル No.27）より作成

東日本大震災のボランティア数の正確な統計はないが、各市町村社会福祉協議会ボランティアセンターを経由して参加した延べ人数は、全国社会福祉協議会で記録されている。このデータから、2017年までの被災３県で活動したボランティアの延べ人数をまとめたものが図表14である。

図表14　　震災ボランティア活動者数

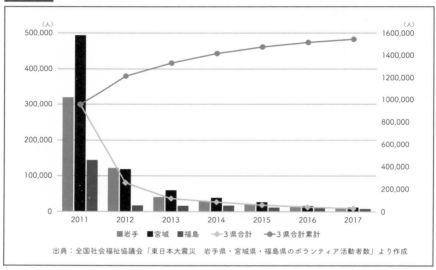

出典：全国社会福祉協議会「東日本大震災　岩手県・宮城県・福島県のボランティア活動者数」より作成

　2012年以降は人数を減らしているが、震災後8年以上たった現在も活動は継続され、延べ人数は160万人に迫っている。

（2）大学での震災ボランティアについて
　震災ボランティアに参加した大学生数を正確に記録した統計は存在しない。しかしながら、図表20に含まれる学生、大学独自の震災ボランティアに参加した学生、そして、現在も活動している学生を合計した人数は、膨大なものになることは想像に難くない。ここからは、大学の正課を通して震災ボランティア活動を継続した事例について、どのような活動を実施し、そこから学生達がどのような気付きを得て、学生自身の成長につながったのかを示す。

図表15	授業で取り組んだ震災ボランティア活動の様子

①大学での震災ボランティアプロジェクト【事例】

　被災３県に隣接県に所在する山形大学では、震災直後から一般市民も募集するボランティアバスを継続して運行したり、都市計画専門の教員がまちづくりのアドバイザーを行ったり、心理学専門の教員が被災地の教員の心のケアを行ったり、大学のリソースを活かした活動を実践してきた。その中でも、全学部を対象とする基盤教育科目「実践的キャリア教育学」「実践的コミュニケーション学」「現代社会を生きぬくためのプレゼンテーション学」において６年間に亘る継続した震災ボランティア活動に取り組んだ事例を紹介する。取組内容の主なものは、当初は、被災現場での泥かき（図表15の上段左から1枚目）、住宅[6]や田畑・海浜の整備や清掃（同２～４枚目）、津波で流された想い出品[7]の収集（同下段左から１枚目）、避難物資の仕分け（同２枚目）、仮設住宅での炊き出し（同３枚目）等が中心であったが、継続する中で、被災地のニーズの変化に合わせて、取組内容を変化させてきた。

6）全壊に近い住宅の泥かきや清掃の依頼では、「もうこの家には住めないだろう」と感じながら作業を行うこともあった。震災で、突然、一瞬にして、これまで住み慣れた思い出い家屋を崩壊させられた方々の気持ちに立てば、簡単に「もうあきらめた方がいいですよ」とは言えない。ご本人達がご自身で判断されるまで、無駄と思える作業でも、経済合理性とは無縁に最後まで取り組む。ただただご本人達の心の整理がつくまで時間を作って上げることは、ボランティアにしかできない重要な仕事であったと感じる。

7）持ち主がいない、未だに見つからないケースも多々あると聞いた。津波で流された大量の漂流物も、もとは誰かの思い出の品々であったはずだ。捨てるしかないものであっても、現地では、決して「瓦礫」や「震災ゴミ」と呼ぶことのないように配慮した。

②現地ニーズの変化に応じた活動

　泥かきや清掃業務は、地域によるが半年〜１年でなくなった。田畑や海浜の整備や清掃は、重機が入った後は人力での作業は減少した。救援物資の仕分けも１年程度で徐々になくなった。想い出品の収集は、特殊な技術による写真等の洗浄やデータベース化等に作業が移り、学生には難しい作業となった。仮設住宅等での炊き出しは、「煮物ばかりで生野菜を食べられない」というニーズを聞いたため、有機農法で野菜を生産している山形市内の福祉事務所の畑を借り、野菜を育てプランターに移し替えて配付したり、料理にして振る舞う等を行った。義捐金は、当初は募集をしたが、政府や日本赤十字社、中央共同募金会、大企業等の義捐金が集まり、配付されるタイミングで募集を止めた。代わりに、この後実施したのは、「仙台市の被災家庭を中心とする小中高生の学習支援」「被災離島（宮城県塩竈市浦戸桂島）の観光再生ツアーの企画・集客・実施」「被災離島での復興連絡協議会の定期開催」「被災離島のお祭等の伝統行事等の支援」等である。

　「小中高生の学習支援」は、NPO法人アスイクと協働し、平日毎日大学の授業終了後に仙台市に移動し、子ども達の学習支援活動を行った。2012年10月にスタートし、２年半の間学年を引き継ぐ形で継続した。「観光再生ツアーの企画・集客・実施」は、現地の皆さんとの長い関係性の中で考案された。震災後、島を訪れる観光客が大きく減少したことを受け、ツアーコンテンツを検討し、山形市内の旅行会社と協働のもと、2011年11月のモニターツアーを皮切りに、2016年度まで６年間継続して20回以上開催し、延べ約200名の参加者を集めた。「復興連絡協議会の定期開催」は、復興支援のために集まった諸団体と島民の役職者を繋ぐ形で2012年２月にスタートし、他の島と共同での要望書を塩竈市長へ提出する等（後に「宮城県離島振興計画」にも影響を与えた）、復旧・復興に関する議論を進めながら、2016年７月の46回目の開催まで、５年半の間継続された。現在も、この会議体で、復興支援やまちづくりに関する助成金の獲得等、復興に関わる島内外のつながりを継続する活動を行っている。「お祭等の伝統行事等の支援」は、毎年度、海開き、夏祭り、秋祭り、お餅つき大会等に参加することだが、卒業生の参加もあり、現在もこれを継続している。

③復興ボランティアに授業で取り組むことの利点——継続することの重要性——

　「ボランティアを単位化するのは、本来的なあり方ではない」等の批判は大手新聞紙上等でも議論されたが、膨大な時間を費やさなければならない本授業群を、単位が欲しいだけの学生は決して履修しなかったというのが、担当教員の実感である。ある者は学年を引き継ぐために後輩指導をし、ある者は授業終了後卒業まで、また、卒業後も、後輩と活動を行った。継続することで、様々な利点が生まれる。島民の方々との信頼関係の構築は、決して平坦な道ではなかった。支援者側の都合のみで島民の方々と十分に調整をしない活動や、支援者側の一方的な想いだけの活動を企画、提案、実施した際は、島民の方々から「学生さんの思い出づくりのために復興事業があるんじゃない」と厳しく叱責されることもあった。関係性はこういったやり取りの積み重ねでしか構築できない。

　例えば、遊歩道の花壇の整備と花を植えるボランティアは、遊歩道を美しい景観に変え、現地の方々を癒やし、記念写真を撮り、満足して帰路につく。ただ、その後、水をやり、雑草を抜き、枯れれば片付けるといった作業を行うのは、現地の方々でしかない。まだ元の生活にも戻れず、忙しい最中であれば、地域には人手もなく、結局、現地の町内会長や区長のような高齢の役職者だけでそれを行うことになる。支援者がどれほど良いと考えることであっても、全て現地の方々と話合いながら進めることが大切である。現地の方々は、ボランティアを断ることで起こるリスクを恐れ、思ったことが言えないということも活動の中では聞いた[8]。

　「何回参加した」「何カ所で活動した」「何人集めた」「何回マスコミに取り上げられた」、これらを重要な指標とする活動もあるかも知れないし、それが悪いことでもないと思うが、何年も一つのところに通い続けることは、関係性を紡ぎ、被災者と支援者の壁を取り払い、復興という同じ方向をめざして共に歩むための、一つの王道であるということを継続した活動を通して学んだ。

8）「あなた達は違いますよね。種を蒔けば、水をやり、雑草を抜き、枯れればそれを抜いて、また種を蒔いてくれますよね。10年経った後もここを覚えていて、ずっと通ってきてくださいますよね」実際に、現地で学生共々本当に御世話になったご高齢の役職者から聞いた切実なことばである。例え物理的に実現出来ない場合でも、こういう想いを持ってくださっているということを心に留め、覚悟をもって活動に臨むことが大切ではないか。

④被災地での座学での学び

　震災ボランティア活動以外にも、復興の最前線で活躍する被災地の中小企業を訪問し、震災前後の中小企業経営者のあり方や行動、復興に対する想いや取組をお聞かせ頂く授業も実施した[9]。

　震災当日に社屋でたくさんの方々の命を救った話、屋上でも膝まで濁流が押し寄せ高齢者を担ぎ上げながら300人近い人達が一晩生き延びた話、家族も家も失った社員達が社長と共にお客様を最後の1人まで安全に家に送り届けた話、「地域を守ることは命懸けで雇用を守ること」と金融機関を駆けずり回った話、避難所を回って経営者仲間に「決して経営をあきらめるな」と説得して回った話、社屋を社員を亡くしても事業の継続を決め1人の内定取消も解雇者も出さなかった話、逆にそこに入社した新入社員から生きることへの壮絶な覚悟を教わった話、売るものもお金もない中で復興市を開催したところ住民の再会の場づくりとなり、また「避難所でただでものをもらうのではなく、自分のお金で自分の好きなものを買いたい」と多くの住民から感謝をもらった話、枚挙に暇がないが、震災当時の本当にギリギリの状況で、社員の雇用やその家族の生活を守り、会社を継続し、地域の雇用を守る、覚悟のエピソードを数多くお聞きした。

　その中でも、経営者の方が、社員から自死を思い留まったという手紙を受け取った話を記しておきたい。老母と娘二人を、一人で養っていたその女性社員は、震災で老母と上の娘を失った。亡くなった娘さんは、新卒の内定研修のため県外の企業に行き、3月10日に地元に戻ってきたところ、翌日被災した。何日も、遺体安置所を何カ所巡っても、その娘さんは見つからず、亡くなっていることは覚悟しても「せめて帰って来てほしい」[10]と願う日々を過ごしながら、「多くの住民が亡くなり仕事もないから会社も首だろう。残った下の子はもう育てられない」と自死を決めた。しかしながら、やっぱり生を選んだ理由は3つあったという。

9）山形大学基盤教育科目集中講義「ホンモノの地域貢献と地域活性化とは何か」は、現在も開講しており、同じ被災地企業訪問を継続して行っている。

10）当時、被災地では、生死はもちろんのこと何をおいても重要だが、被害状況を勘案すると、既に期待が持てず、見つかるか、見つからないかが、重要だという雰囲気があったと聞いた。ご家族が見つかった時は、周囲の方々も含め「見つかって本当に良かったね」と涙ながらに喜ぶ光景もあったと聞く。私たちの日常生活からは想像を絶する。

図表16　被災地の現場で企業経営者の話を聞く授業の様子

　1つ目は、社長がすぐに「誰一人決して首にしない」と社員に誓ったこと。2つ目は、何日も通った遺体安置所の自衛官が「娘さん帰ってきましたよ！すぐに会って上げてください。頑張って良く帰って来ましたね！」と、娘を生きている一人の人に接するように扱ってくれたこと。最後は、内定先の経営者が娘を心配し、道もほとんど通れない中、数百キロの運転で尋ねてきて、娘の死に大きく落胆しながらも「本当に素晴らしい誇るべき社員でした」と初任給を渡してくれたこと。この3つがあったので、こうして生きてこられたという感謝の手紙の話だった。

　この話を現地で聞いて冷静でいられる学生はおらず、講義会場では、嗚咽の声が漏れ続けた。あの場で、人間にとって「仕事とは何か」「生きるとは何か」「生きる上で本当に大切なものは何か」を考えない学生はいなかったと感じる。

⑤学生の気付きや成長――Adversity makes a man wise.――

　2011年度に先述した①の授業に取り組んだ多くの学生達が、「この経験を通して重要に感じたことは何か」という問いに「生の現場を経験すること」「自分の提案や望みをいかに相手に表現するか」「私達自身の自意識を変えること」「本当の意味での自立」「リスクを負う人生を自ら求めること」「安定志向より社会貢献を望む生き方」「社会のどんな変化にも対応出来る適応力を身につける」「苦しい状況に身を置くからこそ人は鍛えられる」等と回答した。学生達は、正に、「Adversity makes a man wise.（逆境は、人を賢くする）」をこの体験から学んだことがわかった。どんなに想いがあっても、自分自身に力がなければ目前の人を支援することはできない。学生達は、現地で、自分達が被災地の方々

に何もできないことで、何度となく、心から悔しい思いを経験した。だからこそ、大いに学び、成長を求め続けることが出来たのではないか。最後に、④の授業に参加した学生達が、授業終了後に記載した感想を挙げ、この節を締めくくる。

・がむしゃらになって復興に取り組む方々の姿を目の当たりにして「自分は今何のために生きていて、これからどう生きていけばよいのか」と何度も考えました。被災地と踏ん張る社長さんの姿を思い出すと同じ問いが自分の中で浮かんできます。

・地元のために、地域のために頑張る社長さん方の話を聞く中で、自分自身の地元に対する考え方が変わりました。地元に対する意識があまりなかったけれど、講演を聞く中で自分の地元を思い出したり、頭の中に「地元」が置かれるようになった気がします。

・この集中講義でお会いした社長さんはみんな仕事において現状に満足せず、常により良いものを求めて努力している人であると感じた。安定ではなく、社会のため、地域のため、家族のため、自分のために、自分がやりたいことをやっていることを知った。

・この講義を履修していなかったら、私はどうなっていただろうか。理屈だけを考え、自分の目先の利益になるようなことだけしか行動せずにいた後悔だらけのつまらない人間になっていたことだろう。

5. まとめ──未来は常に教育（人材育成）にある──

（1）「何を知っているか」ではなく「知らない状況にどう立ち向かえるか」

　1,000年に一度と言われる震災を東北の地で経験し、復興支援に携わる日々を通して考えることは、本当に大切なことは「何を知っているか」ではなく、普段からの良質な準備と覚悟をもって「知らない状況にどう立ち向かえるか」ということである。被災地の最前線で尽力する経営者の方々は、震災で、急に立ち上がったわけではなく、企業理念を定め、普段から、地域のため、お客様のため、社員のため、会社のため、自分自身のために行動してきた方々だった。ただ、私達も決して遅くはない。被災地の経験に謙虚に学ぶことが、生き残った私達には可能である。そして、それが未来を紡ぎ出す力になる。

（2）モチベーション3.0

　震災ボランティアに継続して関わってきた学生達は、一般の大学生活に対比すると、奇跡的なモチベーションを発揮し、粘り強く活動してきた。彼らのモチベーションの源泉は一体どこにあるのか。ピンク（2010）は、21世紀型社会でモチベーションを発揮し続けるには、報酬や賞罰等の外発的な動機付けでは、創造性を蝕み、かえって成果が上がらなくなることを指摘しつつ、内発的な動機付けに関わる「AUTONOMY（自律性）」「MASTERY（熟達）」「PURPOSE（目的）」という3つの軸の重要性を説いている。「AUTONOMY」は自分の人生の方向を自分で決めたいという欲求であり、「MASTERY」は何か大切なことについて上達したいという想いであり、「PURPOSE」は自分よりも大きな何かのためにやり遂げたい切望のことである。震災ボランティアの活動は、学生達にこの3つの軸を与えたと考えられる。

　震災の恐怖を経験し、被災地の凄惨な被害を知り、誰かの命令や単位取得という外発的な動機付けで、自分自身の「AUTONOMY」から活動に参加し、自分自身のためではなく被災地の方々にできる限りの支援をすることを「PURPOSE」に、自分自身が様々な面で「MASTERY」したいと切望した結果が、長期で継続した活動を支えた。内発的な動機付けが整う環境が、東北には存在しているのである。

（3）東北の未来は教育にある

　震災ボランティアを授業のテーマとして扱おうと決めた際に、筆者はカウンターパートナーを求め、仙台市の震災ボランティアのマッチングイベントに参加した。学生が安心して参加でき、より成長機会につながることを求めたためである。NPO法人アスイク大橋代表ともそこで出会い、2年半に亘る学習支援活動につながったのだが、その会場では関西弁があちこちで聞かれた。1995年阪神・淡路大震災時にNPOを立ち上げ、現在に至るという方々だった。彼らによると、彼ら自身も含め同じ経緯でNPOを立ち上げた人々には、多くの大学生が憧れる有名商社や最難関の公務員試験に合格していた者もいたとのことであったが、就職を間近に控えた1月17日に阪神・淡路大震災が発災し、その被害を前に「自分だけがぬくぬくと有名企業に就職している場合か」と活動を

始めた。彼らの一人がこう話した。「先生、東北には、ここから30年で、１万人規模の社会起業家が生まれますよ。震災は本当に悲劇ですが、この経験を経た若い人たちから、必ず次の社会のリーダーが育ちます」。震災から８年を経ても、このことに疑いを挟んだことは片時もない。東北だからこそ出来る教育（人材育成）がある。

（4）最後に

　筆者の前職である山形大学は、震災後、福島大学・宮城教育大学と３大学合同で「災害復興学入門」科目を開設した。単位互換ではなく、３大学が協働で創り上げる授業は、当時は前例がなかった。また、東北創成研究所を立ち上げ、新しい自立分散型システムの研究をスタートさせた。さらに、地域リーダーの育成を目的に、３学部の学生が横断的に学ぶことの出来る「実践教育プログラム」も開設した。震災は、大学自体のあり方にも大きな影響を与えた。

図表17　「南三陸まなびの里いりやど」「南三陸農工房」「入谷Yes工房」

　大正大学は、震災直後から宮城県本吉郡南三陸町の復興を支援してきた活動を発展させ、一般社団法人南三陸研修センターを立ち上げた。大学生、企業人、NPOや地域の方々等が集い学ぶことのできる研修施設「南三陸まなびの里いりやど」を拠点に、入谷Yes工房、南三陸農工房、タコせんべい工場、Kスタジオ、魚市場キッチン等の関連する事業所と共に、様々なプロジェクトを立ち上げ、東北だからこそ出来る教育（人材育成）を展開している。

　学ぶことは時に苦しいだけの場合もある。では、なぜ、人は、ここまで苦しい想いをして学び、自らを成長させる必要があるのか。

　「Learning to Change the World.（人は、世界を、自らが考えるよりよい方向に変えるため学ぶ）」。私達は、自分自身のたった１回切りの人生のためだけで

はなく、次の1,000年先のために今学んでいることを決して忘れてはならない。

(福島真司)

参考文献

- 中央教育審議会（2011）中央教育審議会大学分科会（第96回）資料1−1「東日本大震災による大学等の被害状況とこれまでの取組」
- 福島真司・齋藤祐輔（2014）「東日本大震災と志願者数の推移――地方国立大学の事例から――」（『大学入試研究ジャーナル』24号p187-p194）
- 福島真司・鈴木達哉（2017）「東日本大震災後の被災地高校進路指導部の声」（『大学入試研究ジャーナル』27号p97-p102）
- ひょうご震災20年ボランタリー活動調査検証・促進事業実行委員会（2015）（『ひょうご震災20年ボランタリー活動検証報告書』）
  https://web.pref.hyogo.lg.jp/kk12/kensyouhoukokusyo/kensyouhoukokusyo.html
- 株式会社東京商工リサーチ（2019）「震災から8年『東日本大震災』関連倒産状況（2月28日現在）」
  https://www.tsr-net.co.jp/news/analysis/20190308_03.html（公開日付2019年3月8日）
- 警察庁緊急災害警備本部（2019）「平成31年3月8日広報資料『平成23年（2011年）東北地方太平洋沖地震の警察措置と被害状況』」
  https://www.npa.go.jp/news/other/earthquake2011/pdf/higaijokyo.pdf（2019年5月27日閲覧）
- 小池司朗（2013）「東日本大震災に伴う人口移動傾向の変化――岩手・宮城・福島の県別、市区町村別分析――」（『季刊社会保障研究 49（3）』p.256-p.269）
- 国土交通省東北地方整備局東北圏広域地方計画推進室（2012）「東日本大震災後の東北圏の現状について（平成24年6月15日）」
  http://www.thr.mlit.go.jp/kokudo/pdf/henkou/yuushiki1/99_genzyou.pdf（2019年5月27日閲覧）
- 厚生労働省（2011）平成23年7月8日報道資料「東日本大震災による新卒者の内定取り消し・入職時期繰り下げなどの状況（6月30日時点）」
  https://www.mhlw.go.jp/stf/houdou/2r9852000001i1s6-att/2r9852000001i2ao.pdf
- 文部科学省（2011）「東日本大震災における学校施設の被害状況等」
  http://www.mext.go.jp/b_menu/shingi/chousa/shisetu/017/shiryo/__icsFiles/afieldfile/2011/06/28/1307121_1.pdf
- 内閣府（2012）「平成24年度　年次経済財政報告（経済財政政策担当大臣報告）――日本経済の復興から発展的創造へ――」
- 内閣府（2016）『平成28年度版防災白書』
- 内閣府「県民経済計算（平成18年度-平成27年度）（2008SNA、平成23年基準計数）」
  https://www.esri.cao.go.jp/jp/sna/data/data_list/kenmin/files/contents/tables/h27/soukatu1.xls（2019年5月27日閲覧）
- 農林水産省「漁業産出額」http://www.maff.go.jp/j/tokei/kouhyou/gyogyou_seigaku/#y（2019年5月27日閲覧）
- 農林水産省「生産農業所得統計」
  http://www.maff.go.jp/j/tokei/kouhyou/nougyou_sansyutu/（2019年5月27日閲覧）
- 旺文社教育情報センター（2016）「県別 大学進学『流入v.s.流出』37県で流出超過！」http://eic.obunsha.co.jp/pdf/educational_info/2016/0927_1.pdf
- 大橋雄介（2011）『3・11被災地子ども白書』（明石書店）
- ピンク, ダニエル（2010）『モチベーション3.0　持続する「やる気！」をいかに引き出すか』（大前研一訳）（講談社）
- 総務省統計局「政府統計の総合窓口（e-Stat）」「人口推計」
  https://www.e-stat.go.jp/stat-search/files?page=1&layout=dataset&toukei=00200524&second2=1（2019年5月27日閲覧）
- 全国社会福祉協議会（2018）「東日本大震災　岩手県・宮城県・福島県のボランティア活動者数（2018年3月掲載）」

執筆者紹介（執筆順）

永井　進（ながい　すすむ）　第1章
現在、大正大学地域創生学部教授、法政大学名誉教授
■主要著書
『現代マクロエコノミックス（上・下）』（翻訳）多賀出版、1997年、1999年（原著、Robert J.Gordon,Macroeconomics, 6 th Edition,Little Brown and Company,1993）
「環境再生とサステイナブルな交通」『地域再生の環境学』（共著）、東京大学出版会、2006年

今井　晴雄（いまい　はるお）　第2章
現在、大正大学地域創生学部教授
■主要著作
『ゲーム理論の応用』（共編）、勁草書房、2005年
『ゲーム理論の新展開』（共編）、勁草書房、2002年

水田　健輔（みずた　けんすけ）　第3章
現在、大正大学地域創生学部教授
■主要著作
「第1章 政府の予算・会計制度改革：主要国の制度設計とその決定要因」『「政府会計」改革のビジョンと戦略』（共著）、中央経済社、2005年
「第3章 大学財政の日本的特質」『シリーズ大学 第3巻 大学とコスト──誰がどう支えるのか』（共著）、岩波書店、2013年

小峰　隆夫（こみね　たかお）　第4章
現在、大正大学地域創生学部教授、法政大学名誉教授
■主要著作
『日本経済論講義』、日経BP社、2017年
『平成の経済』、日本経済新聞出版社、2019年

塚崎　裕子（つかさき　ゆうこ）　第5章
現在、大正大学地域創生学部教授
■主要著作
『外国人専門職・技術職の雇用問題──職業キャリアの観点から』、明石書店、2008年
「職業キャリアと国内人口移動」『人口問題研究』第75巻第4号、国立社会保障・人口問題研究所、2019年

高柳　直弥（たかやなぎ　なおや）　第6章
現在、大正大学地域創生学部専任講師
■主要著作
『イノベーション・マネジメント──システマティックな価値創造プロセスの構築に向けて──』（共著）、日科技連出版社、2011年
『イノベーションの普及過程の可視化─テキストマイニングを用いたクチコミ分析』（共著）、日科技連出版社、2016年

佐藤　浩史（さとう　ひろし）　第7章
現在、大正大学地域創生学部専任講師
■主要著作
「企業経営者の戦略的意思決定の傾向と形成過程の分析──意思決定の判断基準要素としての経験の考察──」札幌大学経営学部研究紀要『経済と経営』第49巻・第1・2合併号、2019年
「コンテンツツーリズムによる地域活性化モデルの探究──コンテンツとスポーツによるツーリズムの持続的活用方法の検討──」『大正大学研究紀要』第104号、2019年

高山　誠（たかやま　まこと）　第8章
現在、大正大学地域創生学部教授
■主要著作
『新製品開発の失敗の本質』、東京図書出版会、2002年
『ビジネスキャリア検定2級テキスト「経営戦略」及び同3級』（共著・監修）、社会保険研究所、2016年

岡本　義行（おかもと　よしゆき）　第9章
現在、法政大学地域研究センター特任教授
■主要著作
「産業集積の転換可能性：なぜ産業集積は進化するのか」『イノベーションマネジメント研究』（法政大学イノベーションマネジメント研究所）6号、2009年
「地域の内発的発展に向けて」『地域イノベーション』第4号、2012年

金子　洋二（かねこ　ようじ）　第10章
現在、大正大学地域創生学部准教授、まちづくりアドバイザー
■主要著作
『マチダス〜まちをつくるひとをつくる〜』、NPO法人まちづくり学校、2018年

北郷　裕美（きたごう　ひろみ）　第11章
現在、大正大学地域創生学部教授
■主要著作
『コミュニティFMの可能性: 公共性・地域・コミュニケーション』、青弓社、2015年
『日本のコミュニティ放送──理想と現実の間で──』（共著）、晃洋書房、2017年

古平　浩（こだいら　ひろし）　第12章
現在、長野大学環境ツーリズム学部准教授
■主要著作
『ローカル・ガバナンスと社会的企業──新たな地方鉄道経営』、追手門学院大学出版会・丸善出版、2014年
『交響する空間と場所Ⅱ創られた都市空間』（共著）、法政大学出版部、2015年

古田　尚也（ふるた　なおや）　第13章
現在、大正大学地域構想研究所教授兼　IUCN（国際自然保護連合）日本連絡事務所コーディネーター
■主要著作
『決定版！グリーンインフラ』（共著）、日経BP、2017年
『シリーズ環境政策の新地平8　環境を担う人と組織』（共著）、岩波書店、2015年

臼木　悦生（うすき　えつお）　第14章
現在、大正大学地域創生学部准教授
■主要著作
『知のエクスプロージョン──東洋と西洋の交差──』（共著）、北樹出版、2009年
「主体間相互支援モデルによる地域連携型キャリア教育の在り方に関する考察──東京・大田区の中学校の事例研究から──」『キャリア教育研究』第28巻第1号、日本キャリア教育学会、2009年

浦崎　太郎（うらさき　たろう）　第15章
現在、大正大学地域構想研究所教授
■主要著作
『アクティブラーニング実践Ⅱ』（共著）、産業能率大学出版部、2016年

福島　真司（ふくしま　しんじ）　第16章
現在、大正大学地域創生学部教授、山形大学特任教授（学長付）
■主要著作
『大学生の規範意識と社会性の発達──山形大学学生不祥事防止検討プロジェクトの取り組みから』（共著）、山形大学出版会、2014年
「東日本大震災後の被災地高校進路指導部の声」『大学入試研究ジャーナル27号』、2017年

日本の明るい未来を切り拓く人材を養成

地域創生への招待

2020 年 1 月 29 日初版発行

編　者　大正大学 地域創生学部

発行者　髙橋秀裕

発行所　大正大学出版会

　　　　住所　東京都豊島区西巣鴨 3-20-1
　　　　電話　03-3918-7311（代）

制作・編集　株式会社ティー・マップ
　　　　　　（大正大学事業法人）

印刷・製本　藤原印刷株式会社

ISBN978-4-909099-41-9